家族のための臨床心理学

子どもの福祉の立場から家族を援助する方法

井村たかね　著

北樹出版

はじめに

　現代社会においては女性の社会進出が進み、夫婦共働きの家族が増加するとともに青年の結婚に対する意識も変化しており、また夫婦関係や親子関係についても変貌しつつある状況を迎えている。
　そのような風潮の中で夫婦間の葛藤や紛争も多くなり、それが離婚に発展してしまう場合も少なくない。そのような場合、特に子どものいる夫婦が離婚になる時には、罪のない幼い子どもが犠牲者になることもあり、深刻な事態を招くことになってしまう。
　日本では離婚率のピークは2005年であり、その後に離婚率は上昇していないが、最近の傾向では少子高齢化社会の中で夫婦間で子どもを巡る紛争が起こると子どもを奪い合うことが激化している。
　以上の様な父母の夫婦間の葛藤や紛争に幼い頃に遭遇した者たちは、その状況を苦しみ、自分の問題としても悩む。また、幼い頃にそのような父母間の葛藤を経験した者が、その不安定な家族状況の中で、自分たち子どもが両親に守ってもらえないことを感じて不安な日々を過ごし、その体験が抑圧された後に青年期になり精神的な問題につながってくる場合も見られている。
　青年期という親離れの時期に、幼児期と児童期に出会った苦しい出来事、例えば親の離婚や家庭内紛争を思い出してその体験を自分自身の中で再構成することになるのだが、その課題をうまく処理できる青年ばかりではない。青年期におけるアイデンティティ形成の渦中で精神的に混乱し、何らかの援助を必要とする青年たちも現われる。
　上記のような子どもや青年を、どのように援助するかは、筆者が前職（家庭裁判所調査官）にある時代から、長い間考えてきた課題であった。
　本書は筆者の学位論文「両親間の葛藤と青年の人格形成に関する研究」の内容を出発点として、上記のような青年期の若者のサポートを行う上で少しでも有用な手がかりを示すことのできる書であればと願っている。なお、ここで引

用する幾つかの事例は、既に論文や著書などに掲載された事例と、何らかの機会に心理臨床関係の研究会で事例提供をした事例などである。いずれの事例もクライエントのプライバシーを尊重するために一部分は変えたのだが、事例のエッセンスを歪めない程度の変更であるよう配慮を行っての置き換えであることを述べておきたい。

　拙著が、大学生や若い方々、及び心理臨床に関与する専門家の方々にとっても、家族臨床心理学を学ぶ上で僅かでも参考になる書であることを祈っている。

井村　たかね

●● 目 次 ●●

第1章　事例で理解する家族臨床心理学……………………………………………10

第1節　家族の軸としての夫婦関係……………………………………………10

　　1　自己分化の問題　11

　　2　夫婦間契約　12

　　3　共謀的関係　13

　　4　三角空間　14

　　5　夫婦の関係と家族全体の関連　15

第2節　ライフサイクルと夫婦関係の変容……………………………………17

　　1　新婚期の夫婦の問題　17

　　2　子どもの出生後の夫婦の問題　20

　　3　中年期の夫婦の問題　25

　　4　高年期の夫婦の問題　32

第3節　両親と子どもの親子関係………………………………………………37

　　1　乳幼児期の子どもと親子関係　37

　　2　健全でない親子関係　40

　　3　学童期の子どもの親子関係　46

　　4　青年期の人格形成と親子関係　52

第2章　両親間の葛藤と青年期の人格形成……………………………………67
　　　　──家庭裁判所の臨床事例から

第1節　父母関係と青年期の人格形成…………………………………………67

第2節　本章で対象とした事例について………………………………………77

第3節　事例概要と事例についての考察………………………………………81

１　父母の夫婦迂回連合への介入と子どもの行動化への対処 ……………… 81
　　　　　1　事例の背景となる問題　81
　　　　　2　事例1　父母間の葛藤と進路に迷う大学浪人生　86
　　　２　離婚後の母子家庭における母親の再適応と
　　　　　在宅試験観察による母子関係の葛藤に対する働きかけ ………………… 97
　　　　　1　事例の背景となる問題　97
　　　　　2　事例2　離婚後の母の女性性及び母性性の変化と
　　　　　　　少女の思春期危機　100
　　　３　面会交流を継続することによる別居親からのサポートの活用 ……… 114
　　　　　1　事例の背景となる問題　114
　　　　　2　事例3　再婚家庭への適応を果たした少年　118
　　　　　3　事例4　両方の親に強いと語った少女　126

　第4節　まとめにかえて ……………………………………………………………… 134
　　　　　1　父母のカップルカウンセリングについて　136
　　　　　2　離婚後の女性のサポートを目的とするカウンセリング　137
　　　　　3　父母間の葛藤や家族のストレスに対処する青年の力を援助する
　　　　　　　方法　142

第3章　大学生・大学院生と家族 ……………………………………………………… 150
　第1節　青年と家族の葛藤 …………………………………………………………… 150
　　　　　1　青年と家族の葛藤　150
　　　　　2　着眼点　153

　第2節　本章で取り上げる対象者について ………………………………………… 154
　　　　　1　協力者の抽出　154
　　　　　2　面接の構造と質問項目　155
　　　　　3　注目する視点　156

第3節　半構造化面接による検討 ………………………………………… 157
　① 協力者の分布 …………………………………………………………… 157
　② 女性の大学生・大学院生についての概要 ……………………………… 161
　　　1　A 子　161
　　　2　B 子　163
　　　3　C 子　164
　　　4　D 子　166
　　　5　E 子　167
　　　6　F 子　169
　　　7　G 子　171
　　　8　H 子　172
　③ 男性の大学生についての概要 ………………………………………… 174
　　　1　I 男　174
　　　2　J 男　176
　　　3　K 男　178
　　　4　L 男　179

第4節　まとめにかえて──12名の大学生・大学院生についての検討 …… 180
　　　1　協力者の大学生・大学院生に見られた特徴　180
　　　2　協力者の考えた父母関係の葛藤に対する対応策　192
　　　3　青年との面接による支援のあり方　202

第4章　若い夫婦の離婚紛争と祖父母の登場 ……………………………… 204
　　　──紛争中の父母を支える祖父母たち
　第1節　社会の変化と家族関係の変化 …………………………………… 204
　第2節　片親家庭を援助する祖父母の養育力 …………………………… 209
　第3節　健全に成長した青年の家庭における祖父母の養育力 ………… 211

第4節　家裁の事例からの省察 …………………………………………………… 214
　　1　事例A（暴力的な夫と家出を繰り返す妻の事例）　214
　　2　事例B（父方祖母から母方祖母へ支援態勢が変化した事例）　221

　第5節　今後の課題 ……………………………………………………………… 223
　　1　親の離婚紛争に子どもを巻き込まないために　223
　　2　「父母教育プログラム」について　224
　　3　祖父母との面会交流　225

引用・参考文献　227

家族のための臨床心理学
―― 子どもの福祉の立場から家族を援助する方法 ――

第1章 事例で理解する家族臨床心理学

第1節　家族の軸としての夫婦関係

　家族は、1組のカップルの誕生から始まる。そのカップルが交際期間中に愛を温め、お互いに配偶者となる決意を固めていくことで結婚に至るが、そこがスタートとなる。

　そのような経緯から、家族の中心は「夫婦」なのだが、家族の中で唯一血縁関係がないのも「夫婦」なのである。お互いに異なった生育歴をもち、それぞれは異なる性別の2人という、全く異質な2人の間で共同関係を作っていくことになる。

　この不思議さを秘めた二人関係は、次の様な特徴をもつ。

　巡り合うことは神の意志だったのかもしれないが「2人の意思」に変化していること、口頭で確認するか、または口頭では確認し合わないが何らかの「契約関係」が結ばれていること、更に全人格的関係で他の異性とは交わらないことが必要な要件である。従って、女性が妊娠・出産した場合に、男性には子の父であるという「嫡出推定」が働き、子どもへの養育の責任が発生する。

　また、子どもを含め2人で築き上げた共有の宝物を大事に末長く維持していくことも、この二者関係の特徴である（瓜生, 2004）。

　Morgan（2005）は、クリエイティブなカップルの関係性について、2人の「各々のための空間」があり夫妻がこれまでに形成した独自性と自立性を失うことへの不安をもたずに存在できることが必要であると述べている。一方で、Morganは、結婚前までに形成した独自性や自立性をある程度は放棄していくことも重要であると考えており、全ての面における自己愛的な状態から脱する

ことが心の創造的な状態を発見する方向につながると考えている。万一、カップルとしての臨床的な問題が生じる場合には、「各々のもっている空間」という土台に働きかけるところから回復に向かうことができるが、この場合の「空間」は決して自己愛的なものではない。

この節では、できるだけ臨床的な立場から、夫婦が家族の中心軸であるために重要と思われる点について考えてみたい。

1 自己分化の問題

平木（2000）は、家族療法における多世代理論の視点からカップルの治療に関しては以下の二側面が大切であると述べている。すなわち、カップルの各々（個人個人）の成長という側面と、カップルとしての成長という側面があること、そして、前者では個人のパーソナリティと発達課題の問題の他に個人の自己実現の問題が絡んでくると述べている。また、後者の側面はカップルという関係性の成長の面であるが、それに関しては実家からの自己分化の問題、新婚期の関係作りの問題、更に子どもが出生して三者関係になって以降の子育て期の問題という3本の柱があるという。いずれにしても、家族療法における家族システムの核はカップルというシステムであり、その後に子どもを含んだシステムとして成長する。まず、カップルとしての成長の基礎は夫妻の各々が実家から自己分化していることであるが、この自己分化については次のように説明される。すなわち、「情緒システムと知性システムが融合的になることなく分化して機能するという状態」であり、Eriksonの言う自己同一性の確立や親密性とも関係のある概念である。例えば、実家に近い夫のあり方や、実母との関係が密着している妻のあり方などは、自己分化が進んでいない状態である。

自己分化を達成した2人であれば、実家の親との人間関係に拘束されることなく、また、夫婦外の第三者と密接な関係を結んで配偶者を排除することもない健全な夫妻関係を築くことができると考えられる。もし、妻に自己分化がなされていない場合に、将来的には子どものうちのひとりを取り込んでしまいその子どもと同盟を結んで、夫を排除することになる病理も発生する。これが所

謂「三角関係化」で、夫婦葛藤が子どもを迂回してしまうという「夫婦迂回連合」という家族病理である。このような家族病理を背景として、子どもが不登校、非行、接食障害などの症状を出す場合もある。

また、夫の方が自己分化できていない場合は、実母と組んで妻を排除するような動きが出て嫁姑の葛藤が起こり、夫婦の結合が崩れてしまうことになる。このように、夫婦が家族の核として堅固であるためには、お互いが自己分化を遂げた大人であるという必要がある。

2 夫婦間契約

カップルにとっての新婚期の課題としては、「夫婦間契約」という問題がある。夫婦間契約には3つの気づきの段階があると、平木(2000)は解説する。第一の段階は、結婚に対する期待を夫婦が意識し表現していて合意が明確なものである。第二の段階は、相手に対する期待や望みが意識されるが相手には伝えられていないもので、典型的なものは政略結婚である。日本でも、歴史的には隣国と友好関係を保つために武士の娘を隣国の武将の息子に嫁入りさせることは行われていた。また、現代でも裕福な相手に嫁ぎたいと思う女性は、結婚後の裕福な生活を当然に保証され経済的な利益を得ることを目的としているが、その目論みを言葉には出さない。

第三の段階は、相手に対する期待に自分自身が気づいておらず、無意識でありながら無意識の領域ではしっかり結婚の条件になっているようなものである。この第三の段階に関しては、2人が結婚生活を送るうちに次第に顕在化し、それを巡る争いが発生してきた時にカウンセラーの援助によって初めて気がつくというような問題でもある。

例えば、子どもが出生して後に子育てを巡る問題が起こってきた時に問題へ対処するために気がつくことになる場合などだが、夫のマザコンが強く妻に甘えることができないと実母に甘えることになるなどである。更に、子どもが青年期に入り親に反抗して問題行動を表出する頃になり、事態が判明することもある。例えば、やや怠惰な夫は仕事を辞めたいなどと思っていると、息子が勉

強を厭がり大学受験をしないと言い出すなどである。そのようなケースでは、IP（問題や症状を現わしていると考えられている人）としての子どもだけではなく、家族療法的に関わることで問題行動が解決に向かうことも多いが、この場合でも治療の核は当該の子どもばかりではなく、その父母（夫婦）が主なるクライエントである場合も多い。

3　共謀的関係

次に、精神分析的夫婦療法を行っている精神分析家で、画期的な二者関係の病理についての理論を出している精神科医 Willi（1975）の「共謀概念」について述べる。

Willi は医師としての臨床体験から、病理的な夫婦には「共謀的関係」が生まれていると分析した。「共謀的関係」というのは、夫婦の相互作用において「共生的」、「共依存的関係」のことで、この関係には投影的同一視が働いている。これは、無意識的に共有されている感情を互いに相手のものだとし、自分の中の対抗的、空想的な部分を補ってくれる相補性を相手の中に見出そうとし、誘い出そうとするプロセスがある。つまり、自分が相手に期待しているものを相手がもっていると思い込んで相手を理想化して、そのイメージと付き合っているわけで、それに呼応して対応する相手がいることで、益々その空想のイメージが膨らむ。その膨らんだイメージに相手も合わせることによって2人の間では強制的な関係が作られていく。そのようなメカニズムの例としては、甘えて退行している妻と、彼女を包容力で包んでいるように見える夫は、いわば無意識の共謀的な関係になっている。更に、Willi が臨床家としても卓越しているところは、問題の夫婦の各々が精神分析的人格発達理論のどの段階に固着しているかによって、どのような共謀関係が作られるかを、事例をもって提示したことである。

これは、「夫婦が無意識的に共演する4つの基本型」という部分で示されている（Willi, 1975）。その4つの基本型とは、「自己愛的共謀関係」、「口愛的共謀関係」、「肛門—サディズム的共謀関係」、「男根期—エディプス的共謀関係」で

ある。個々に詳しい説明は省くが、この4類型は夫婦の問題にどのようなテーマが潜んでいるか、夫婦の精神的力動がどのような関係の問題を作っているかを理解する上で助けになる考え方で、カップルセラピーを行う場合に大きな指針になる理論である。更に、Williの理論では、当該のカップルの親のあり方と親子関係が配偶者選択に影響を与えていること、また、そのような対象関係のあり方がカップルの子どもの世代に対しても及ぶことについて述べている。この考え方は、一度形成されたら二度と変化しないというような運命論的な受け止め方ではなく、問題を分析し治療的な契機を把む際に活用すれば効果的である。

4　三角空間

　Williはフロイト理論に準拠して親子関係と夫婦関係を考えているが、Balfour（2005）は、クライン派の理論に依拠して親子関係と夫婦関係について以下のように考える。

　クラインは、フロイトがエディプス期とした時期よりもやや早い時期に、子どもたちは父母との三角構造を意識していると考えた。即ち、肛門期にある子どもたちは、母親と父親の不可分の一対関係から締め出されるという苦痛を経験しているが、早期の母子関係の絆を放棄するという辛く恨みがましい経過を通じて第三の立場を形成することが重要で、そのような第三の立場を形成することによって親からの愛情を続けて獲得できることになる。この第三の立場を、「三角空間」と呼んでいる。この空間を維持できることが、後に親密な人間関係を築き、結婚生活を持続させるためにも必要なことである。

　Balfourは、Brittonの理論を引用し、子どもが「三角空間」を発達させる結果、他者との関係における緊張を抑えられ、そしてそこで対象との親密さが三角形のある地点で保持される。一方で、他の地点ではより客観的な対象の他者性が保たれ、適当な距離を維持することができると述べている。

　青年期には、幼児期に一度は克服したエディプス葛藤が再燃するのだが、再度、上記のような三角空間を明確に形成できれば、均衡のとれる大人として成

長できると考えられている。即ち、父母の世代の一致（調和）を尊重することで、自らが別の対象を求めて発展できる素地が形成されるので、親以外の人間関係に発展していく契機になる。

5　夫婦の関係と家族全体の関連

　前述のスイス人の精神分析家・Willi は精神分析的な方向性をもつ臨床家であるが、当時ヨーロッパでも台頭しつつあった家族療法的な考え方も吟味して取り入れ、臨床的な症例を展開している実践家でもある。

　これまでのところは、少し理論的に傾いたので、より臨床的な立場に立ち帰ると、実際のケースでは、夫婦と親子の関係が密接に絡み合って出現することは、臨床の場における現実的な現象である。例えば、不登校になった子ども・A子がいて、A子は相談所に来所することも難しいとすると、一先ず相談に来るのは母親・B子である。次の回には、父親・C男も一緒に来て下さいと、セラピストはもうひとりの親を導入する。2回目は、父母とセラピストとの面接となる。そのセッションのみでは時間的に不足なので、続く2回のセッションがもたれ、夫婦合同面接とそれぞれの個別面接が行われた。そこでは、子ども・A子が不登校になった経過や原因についての夫婦の考え方の違いなどの話題が展開する。その流れの中で、父母それぞれの生育歴や親子関係についても話され、全く違う育ち方や親子関係を経験した2人が、同じ問題に直面して如何に違った見方や態度を取るかに関して話し合われる。夫婦の調和性ばかりでなく、齟齬の部分も話題の中に出現するが、セラピストから、「ここではお子様の問題を、よりよい方向にもっていくために、夫婦で協力し合うことが必要です」と言い、オリエンテーションを与えて、父母の協力関係を作り、その後に2人で協力して何とかA子さんを連れて来て下さいと、IPのセラピーへの導入を図る。

　そのようにして、IPであるA子を相談所に導入することが可能になり、IPが次第に良好に変化していくこともある。また別の事例では、父母が協力して何かを始め、仲良く揃って出かけることを観察しながら、IPが相談所には来

所しなくても症状が軽快していくこともある。

　以上は実際の臨床経験からの知見であるが、これ程に夫婦と親子の関係は密接につながっていることが分かる。家族としてのシステムが、全体としてファミリーダイナミックスとして機能するということのよい例示でもあると思われる。

　他方、ひとりの個人（例えば、B子とかC男）の中にも、幾つかのシステムが重なり構成されている。人は社会と無関係では生きていけないので、ひとりの人が多重役割を背負っている。例えば、上記のC男であれば、「夫」や「父」ということと実家の息子であるなどの幾つかの役割がある。そのようなプライベートな役割の他に、パブリックな役割として会社での役割や地域社会での役割という複数のシステムが重なっている。このようなシステムの重なり合いとして家族を把握するということは、全体としてのダイナミックな影響と、それぞれのシステムに働きかけることによる展開が予想されると考えるのが家族療法の立場である。家族関係や夫婦関係のカウンセリングを行う場合に以上のような考え方は不可欠であるが、また、問題の大きな事例に遭遇すれば、家族や

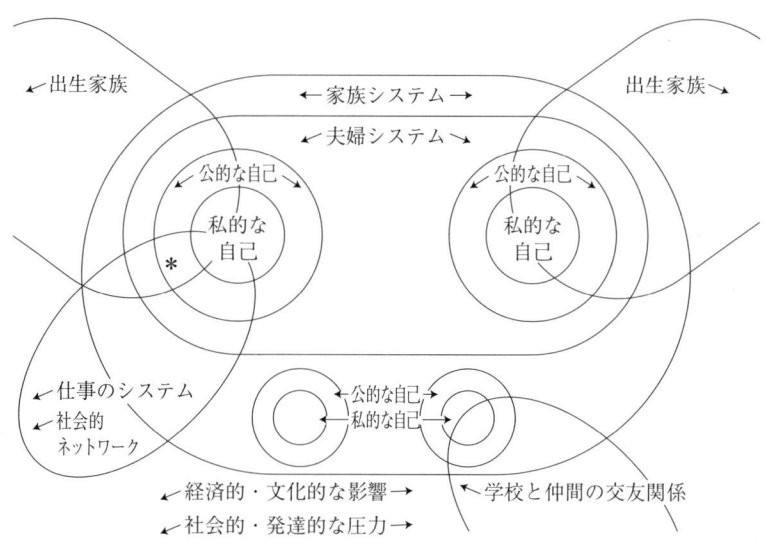

図 1-1　システムの重なり合いとしての家族（中村, 1997, p.202 より作成）

夫婦の合同面接の他に、キーパーソンに対する個別面接を適宜入れて、合同面接と個別面接の滑らかな往還という方法を使っていくことが有効である。

第2節　ライフサイクルと夫婦関係の変容

1　新婚期の夫婦の問題

　夫婦としての二者関係の基礎のできる時期であるとともに、ある意味では、難しい課題もあるが最もハッピーな時でもある。

　前節で述べたように、人格的には「自己分化」がしっかりなされていることが重要である。その基礎の上に、関係性が深まり親密性に進行することが健全な方向である。

　その他にも新婚期の課題は多く、生活時間の調整、新しい生活習慣の形成などの他に、相互理解と役割取得や力関係の均衡などの課題があり、最も重要なことは親密さを巡る問題である。2人でいることが、ひとりでいることよりも幸せと感じられることが何よりも大事なことだ。

　生活時間については、夫は朝に家を出かけることが遅くて夜も帰宅が遅いが、妻は朝の出発が早い仕事をしている場合などは、お互いの生活時間を尊重しつつも、どのように2人が共有する時間を作るかが課題である。

　また、夫の実家の食事の習慣と妻の実家の習慣が違うことはよくあるのだが、いずれかに傾くのでなく、双方がある程度満足できる2人の新しい食習慣を見出すことが必要になる。これは食事の習慣ばかりでなく、家事全般に及んでいる。

　結婚して同居すれば、交際をしていた頃とは違った面が配偶者の中に見えてくるが、お互いにそれをある程度許容的に認識でき、自分は適合できるよう相手に合わせた役割を取る方向に変化する柔軟性が大事になる。また、そのような過程で、相手とともに自分自身の長所と短所を改めて捉え直していくことにつながる。この経緯から相手の強い点、自分の強い点なども見えてきて、そのような力をどのように夫婦の協力関係の中で均衡させるかも考えていくことが

必要だ。例えば、機械に強いが隣近所や親せきとのコミュニケーションに弱い配偶者と、もう一方の配偶者はコミュニケーションは上手だがメカには弱い場合には、2人がお互いに補うことができる特質をもっている。これを、「相補性」があるという。一方で「対称性」ということも問題になるが、双方ともスポーツが上手で一緒にスポーツをすることを楽しみたいような場合、また、双方とも法律の分野に関心が強く、その方面の仕事をもっている場合などは、2人の類似性が共鳴しより大きく関係性が深まる方向に進むと考えられる。

　その他の新婚期の課題としては親密性の問題があるが、夫婦の性の不一致などで悩み相談に訪れる事例も最近は多くなったと言われる。その背景として、学生時代からの交友関係のあり方が変化しメールによる交際が多くなったことで、表面的な人間関係を保つ者が増えたことにもよると、現状を分析する場合もある。

　しかし、筆者は、そのようなことよりは自分が幼い頃から育てられた家庭で経験した人間関係を学び、最も深くは親子関係によって身に付けた対象関係のパターンが、性の問題には影響があると考えているところは、前節で引用した精神分析家のWilliと同様の方向である。

事例1　子どもはなくても幸せに過ごせるという夫妻

　D男とE子は共働きの夫婦で、結婚後数年を経ている。D男は大学に勤務している研究者であり、E子は病院で医療事務を担当している。E子の相談は、この数年の結婚生活の期間に夫と性関係があったのは数回であり、夫が身体的な欠陥をもっているのではないかという疑いを感じているということだった。双方の言い分を聞かないことには不平等でもあり、また、性の不一致の問題は片側だけの問題ではなく相互性が絡んでくる問題であるので、夫との面接を行った。夫は仕事熱心な人で30代半ばになっても受験生のような生活をしていること、年上の妻はそのお母さんのように夫の仕事を支えていることなどが分かった。夫は、妻が支えてくれることについて非常に感謝を感じているので、自分の方は不満がないと話した。40歳近くになった妻は子どもを作れない結婚生活は無味乾燥とも考えていて、その話題を夫に出したがまともな回答がなかったという。カウンセリングが進行する中で、妻は才

気煥発な女性で職場でも重宝がられる存在であることや、2人の仕事は違っても休日に夫婦で対話して一緒に過ごす時間はこの上なく楽しいし、そのような時に幸せを感じるという発言をするようになった。最終的に妻は夫婦はセックスだけではなく、お互いの信頼関係こそ大事だと思い始め、カウンセリングを終了する時点では、離婚よりも結婚を継続することを望んだ。

この事例は人間にとってのカップル関係の意味をとても端的に表わしたものであり、相互の信頼関係が大事なもので、それによる感情的な安定が大切であることも表わされている。最近は同性同士のカップルも出現し、それを法的にも認める国があるが、このような事例に象徴的に示された相互の信頼関係がカップル関係の核になる概念ではないかと考えられる。

以上のような経過によりセックスよりも精神的な豊かさを重視して夫婦の親密性を維持していくカップルがあるが、セックスレスの関係は若い夫婦では例外的である。

お互いが健全さをもった若いカップルの相互関係が進行すれば、将来的に子どもを作り育てる話題が出るが、それをどのように現実の生活の中で実現していくかについての課題は夫妻が前向きに取り組む問題でもある。

女性が妊娠したことを最初に告げる人は配偶者であることから、夫は配偶者としての喜びを、告げられた直後に妻に示すことは当然の反応である。しかし、稀にあることだが、夫が自分自身の責任を感じ、また父親になることの不安を感じて率直に喜びを示すことができない場合もある。妻の側では、そのような心ない夫の反応を予期して、妊娠した事実を実母に最初に伝えることもある。実母は、この場合大体は女性の味方である。実母に支えられて、配偶者に妊娠の事実を伝えるという場合もあるが、このような迂回路を経ても子どもの妊娠が夫妻の今後の喜びであり、また協力すべき課題であることには変わりはない。

妊娠中に、夫が身重の妻をどれだけいたわることができるか、一方で妻の親族や職場の人々が、どれだけ妊娠期の女性を大事にできるかが妻の精神衛生に影響する。また、妻の精神衛生は、妻の体内にいる胎児の状態に影響するということを認識しておくことが、その後の出産と新生児の生育にも関係がある。

また、妊娠中の妻の体調不良と子どもの出生後の育児不安については、多くの場合に配偶者のサポートと周囲の大人の思いやりが、その症状を緩和するということにつながると考えられている (瓜生，2004)。

2 子どもの出生後の夫婦の問題

(1) 乳幼児をもつ夫婦・幼い子どもを育てる夫婦

夫婦という二者関係から三者関係に移行し、家族の構造が変化する時期をどのように乗り切るかは、夫妻が協力し、加えて周囲も応援して進行する過程で、これは重要な家族システムの変化の時期である。

この期は、人生の中で、また結婚生活を通じて一番大変な時期であり、とは言え大事な時期であるとも言える。

「幼い子どものいる家族状況は、これから続く長い家族ライフサイクルの中でもストレスという点ではピークかもしれない」。「サラリーマンとしての夫は、仕事にも慣れ、より高い地位を目指して日夜努力を惜しまない。将来、出世コースにのるかのらないかが決まるのもこの30歳代の仕事ぶりいかんでもある。もちろんのこと、彼はこの努力を自分の家族の将来のためでもあると思っている」(中村，1997)。この世代の夫は、そのような人が多い。一方、妻はどうであろうか。「もちろん妻の方も家事育児、そして夫の世話に明け暮れる。戦後、『家制度』はなくなったが、終身雇用制が主体になっている会社では、妻は会社という『家』に忠義だてをする夫に嫁いだ『嫁』(妻ではなく)のようになる。つまり、妻は会社に嫁いだことになり、会社のために耐えしのぶことが、『よい嫁』の条件にさえなる」。妻の方がこれを覚悟しての結婚であれば、この事態の中でストレスは少ないが、あまり予期していなかった妻の場合にはストレスを集積し、仕事で遅くに帰宅した夫と少しの摩擦から大きな衝突に発展しかねない。妻の側は、結婚前の職歴や学歴をカッコに入れての結婚生活の中で、これだけのストレスに晒されると、「こんなはずではなかった!」「こんなことだったら、結婚はしなかった!」「むしろ、離婚した方が幸せになれるのではないか」と考え始める。そこから、「24時間勤務の家政婦」である自分

を作った現状を腹立たしく感じ、抑うつ感に悩んだり、または子どもに向かってそのストレスを発散したりという最悪の事態に陥ることがある。この様な状況の中で、更に妻と夫の実家とのトラブルも発生し、今も昔も変わらない嫁姑関係の紛争も起こってくることになる。

結婚5年以内の若い夫婦における離婚率が一番高いというのも、この時期の特徴であることから、幼い子どもが犠牲にならないためにも、本人同士の努力と周囲の援助が必要である。

事例2　現代的な嫁と姑の紛争
　F男とG子は、仕事を通じて20代の時に知り合った。F男は地方公務員（清掃局勤務）で、G子はダンプの運転手であった。廃棄物の運搬の仕事にG子が関わったことで、F男と知り合い交際することになった。2歳年下でボーイッシュなG子は、F男にとっては自分とは違う面をもった明朗な女性として魅力的に見えた。一方、F男は、父と死別している家庭で育ち、実母が看護師をして生計をたててきたことから、母には逆らえない大人しい男性であり、そのような静かな面がG子には優しさと受け取れF男に惹かれていた。そのように双方に惹かれ合って2人は結婚に至り、新婚家庭はF男の実家であった。その後に2人の女児に恵まれて、数年間は平穏な家庭生活を送った。

しかし、G子は、育児を手伝ってもらっているF男の実母（姑）の気が強いところや、口うるさい面に次第に不満を募らせた。次女が3歳になった頃から、G子は特技である運転の仕事に復帰したが、G子の生活時間が不規則になること、また若い男性運転手とデートすることがあり、それによってG子とF男との夫婦間で齟齬が生じた。

同じ家に住んでいても対話のない夫妻を見て姑は事実を知り、息子の肩をもって嫁を攻めたてるという代理戦争を始めた。姑の攻撃に耐えられないG子が、家出をして3ヵ月後に、夫・F男から家裁への夫婦関係調整事件の調停申立てがあった。その時点では、家裁調査官（筆者）が関与し双方の意向を確認したところ、夫妻にはまだやり直す気持ちがあることが理解された。そこで、円満同居の方向に向けてのカウンセリングが行われた。

その経過の中で、2人の子どもと暫く会っていないG子と、長女、次女との面会

交流の場が家裁の中でもたれることになった。第1回目の母子の面会交流は、家裁の建物内で担当調査官の立ち会いのもとに行われた。その場では、2人の子どものうち、長女（5歳）が、大人が驚くように賢く立ち回ったことが印象的だった。

「ママ、何処に行っていたの？　いろいろと探したのよ。今日は、一緒にお家に帰りましょう」と言って、G子の腕をとった。3歳の次女も、G子にしがみついた。G子は、この場面で泣き出してしまい何も言い出せなかった。F男が、帰宅してくれるように頼み、G子もそれを承諾したが、この面会交流の直後にはG子は帰宅しないと決めていた。その代わり、1週間後には必ず帰宅するという約束を決め、その約束通りに1週間後に帰宅をした。ここで一段落だったのだが、このケースには未だ後日談がある。約1年半後に家裁の廊下で、筆者はF男に出会った。一時は関係修復したのだったが、やはりG子とはうまく折り合えずG子が再び家出をして、もう戻りたくないので離婚してほしいという意向で離婚調停が係属中であった。筆者と出会った時には、F男は数回の調停を経た後もう修復は不可能と覚悟を固めているところだった。

姑と上手く折り合えないので、自分の子どもたちを犠牲にしてでも自分の世界や、自分の自由を守りたいという若い妻（母）により、養育放棄される姉妹はどのような女性に育つのだろうかと、予後の見通しが不安なケースであった。優しい父と父方祖母の温かい養育の中で、健全な女性に育ってほしいと祈るのであった。

（2）学童期の子どもをもつ夫婦

この時期の夫婦は、婚姻歴10年前後の夫妻という組み合わせである。前節に書いたように離婚統計によれば結婚後5年以内の離婚率が一番多いのだが、次に離婚が多いのが結婚後10年以内のカップルである。

子どもたちに今までよりも手がかからない時期になり、これまで主婦をしていた妻が、パート就労をきっかけに外に働きに出る方向に動く。自分に自由になるお金をもつことで衣料品や化粧品などの消費が進むが、そのことで妻は結婚前の自分を取り戻せたように感じ開放的になる。妻の変化を喜ぶ夫ばかりではなく、中には嫉妬を感じる男性もいて、そのことで口論に発展する場合もある。

ある女性は、数年ぶりに仕事に出かけるようになり、ファッションに関心をもったことからより美しく変化した。或る時、妻が仕事関係の日曜日の研修へ夫には内緒で出席したことから夫が男性関係を疑い、帰宅した妻を攻めたことで夫婦喧嘩に発展した。その状況で、長男（10歳）が妻の味方をした。夫は家庭内で孤立するかと思ったところ、長女（8歳）が「パパがかわいそうだ」と言い夫の味方となった。このことから、夫妻は子どもの心を傷つけていると自分たちのやり方を反省し、争うことは止めて子どもの教育に熱心に取り組みたいと考えるようになるという事例があった。一度は、家庭内で悪循環を経てから、その後晴天になったという経過が見られた。このように、「母であること」と、「父であること」のためには、ある程度の学習が必要で、それも夫婦として協力しつつ一段階段を上る必要がある。

　どこの家庭でも最初から全く順調というわけではなく、子どもたちと向き合っていくことで親の成長も促されていくという経過が見られる。そのことは、当該の夫婦のもっている知的レベルや、社会階層の問題というよりは、別の資質、むしろ情愛も含めた部分の人間力が関連すると思われる。たとえ双方ともに知的に高い夫婦であっても人間的には誤りを起こすこともあり、その盲点に気がつかないために困惑し、その後にその障壁を乗り越えていくことが必要になる場合もある。

事例3　離婚後の父と別居の子どもたちとの葛藤

　H男とI子は、ある大学の医学部の医局員として知り合った。それぞれの出身大学は違っても共通の友人を介しての知人であった上、偶然に一緒の医局に所属したことから交際が進展し結婚に至った。I子の父が開業医であったことから、H男は結婚後にI子の実家に一緒に住むことに同意した。それは、家計を1円も入れずに済むこと、子育てをI子の実母に手伝ってもらえることなどのメリットを計算してのこともあった。また、H男の実家は医者ではなく、診療所もないことから、いずれはI子の家に養子に入ることを目論んでいた。当然、I子の父も、娘だけの家なので男性医師であるH男が入籍してくれることを望み、養子縁組も整った。

　しかし、第二子をI子が妊娠した頃から2人の関係がうまくいかなくなった。I子

が、「2人も子どもがいたら仕事はできない」と不平を言い始め、H男が妻の悩みに耳を貸さないこともあって、I子は精神的には孤独だった。実家の親も彼女の気持ちを分かってくれないことから、薬品会社のセールスマンとの浮気があり、それがH男に発覚した。H男はそのことに立腹し、「相手が医者であればともかく、一介のサラリーマンと」などと馬鹿にした口調で攻めること、またI子に対するやきもちからの暴力も発生したことから、I子は耐えられなくなった。I子はH男の暴力的な振る舞いから避難するために、実家を出た。結局は、夫婦で争った後、子どもの親権者を父として離婚が成立し、I子の父母とH男の養子離縁も決定した。

このことで、H男は多額の慰謝料をI子の実家から得たとは言え屈辱感は強かった。I子は、その後に実家を出て、子どもたちと勤務先の病院の近くに一緒に住み、時々は実母の援助を得て生活した。2人の子どもを養うだけの経済力のあるI子は、H男から養育費の支払いを要請しなかったが、それはH男とは縁を切るためであった。しかし、その一方では、H男が子どもたちとの面会交流を求めてきており、それが実現しないことでH男は憤りをもっていた。2人の子どものうち、上の長女は、通学路で待ち伏せするH男のことを嫌っていた。もうひとりの長男は、実父であるH男をあまり好きではないが、別に嫌いでもないという中立的な態度であった。

長女は、名門私立小学校に通う6年生であったが、同じ学園の中学に進学し将来は母親と同じ医学の道を歩もうと考えているしっかりした女児であった。彼女は、卒業式に戸籍上の名前（親権者である父の姓）で卒業証書が出され、かつその名前を友人の前で読みあげられることに嫌悪を感じており、できれば卒業式の前に親権者変更をして名前を母方と同じにして欲しいとI子に要望した。何故ならば、今は通称として用いている名字（母の姓）を中学でも通して使いたいと希望したからで、その主旨を相手方であるH男に伝達したが、H男は親権者変更には応じられないと強く拒否をした。H男は、離婚後に正式に子どもたちと面会交流を許されたことは一度もなく、そのようなことから子の状況も知らないので安易に長女からの要請に応えることはできないと言い、2人の子どもに会わせて欲しいと主張した。

そこで、このケースに調査官が関与し、父子の面会交流の場に立ち会うことになった。長女は、父を嫌っていたので、面会交流の場面では一切父親との会話をしなかった。長男は、多くはないのだが父と会話をしていた。長女が、自分の気持ちを抑えて、親権者変更に頑固な父が応じてくれることを期待しつつ面会交流したのだ

が、結果として調停での合意はできず、親権者変更は審判に回った。このケースの担当裁判官は、H男の態度は子どもの気持ちを傷つけているだけで、子の福祉に添ったやり方ではないと判断し、数年間は母が子ども2人を監護してきたという実績を考慮して、子の福祉に適合するのは親権者を母とすることとの審判を行った。長女は、それによって、同じ学園の中学でも、戸籍上でも記載されている母の姓を用いることができるようになった。長男に関しては、親権者は母となったが、あまり実父のことを嫌悪しているわけではないので、今後に父子が面会交流するという調停条項を残す方向となった。

3　中年期の夫婦の問題

　布柴 (2009) は、中年期は40歳から65歳頃までの非常に長い期間であり、かつ生活の上でも変化にとむ上、ストレスの強い時期でもあると述べてから、以下のように述べている。「そのために夫婦関係・家族関係そのものがストレス因になることも多い。例えば、子どもの成長と自立、社会的地位の責任と変化、老親介護などの様々なライフイベントを経て、夫婦関係も幾度となく変容を迫られることになる。個人レベルでは、体力や気力の減退や更年期による身体的不調や病気も起こりやすく、自らの身体とどのように付き合っていくかも問われる時期でもある。これらの様々な変化の節目に、自らの心と身体、そして人生に向き合う課題が浮上することになる」(布柴, 2009)。ここでは、成育史における未解決の問題や、夫婦としてのあり方を問われる関係性の問題など、これまでは忙しさに紛れて保留されていた様々な問題が再燃することになる。その時点で、カップルとしては夫婦として生きることを選ぶのであれば、夫婦の関係性の中でいかに各人が納得した生き方ができるかがこの時期に問われてくる。

　平木 (2000) は、カップルカウンセリングの観点からカップルが中年期に取り組む課題の中で大きいものとして、①子どもの自立までの子育てと子どもの巣立ち、②家族変化に伴う夫婦関係の変化、③老年期に入る親世代のケアという3点を挙げている。いずれにしても家族システムとしての変化が求められる

ために、役割が固定化し硬直化した家族、夫婦システムの場合には、変容が妨げられ柔軟に対応できず、様々な多重役割を担うことによって不公平感が生じたり、潜在化していた問題が浮上したりしやすいのである。このような場合に、日本では臨床の場へ子どもの問題として相談に来所することが多く、当初は子どもの青年期的な問題が主訴であったはずのカウンセリングが、面接を継続しているうちに夫婦の問題として扱われるように展開することも臨床的には多い。すなわち、夫婦間の葛藤と親子間の葛藤は重複的な現われ方をすることが実際のケースにおいては起こる。親子間の不和が世代間境界を越えた緊張として子ども世代に伝わり、親子連合、または夫婦迂回連合が形成されるという不自然で病理的な関係に発展することも、問題を起こす家族システムの中にはある。

事例4　夫婦迂回連合に巻き込まれた青年

　J子はK男と同じ大学に通っていたが、大学3年時に1年浪人しその後に留年もしていたK男と知り合った。その後にK男が生活態度を変え大学を卒業する時点では仕事にも就いたことから結婚に至った。しかし、その後に数回の転職があり、今の仕事に就いてからは10年間落ち着いていた。子どもたちは、25歳の長男は既に社会人として自立していたが、20歳の次男が大学浪人中で勉強が手につかずに、もう一度受験することを諦めて、音楽の道に進むことを迷っていた。そのことで、妻・J子が相談に訪れた。ちょうどその頃に、K男も10年間勤務した会社を退社して別の仕事を始めようかと考え悩んでいた。J子にとっては、夫が大学時代に低迷していた姿と、次男がダブってしまい、余計に苦しい毎日であった。予備校も通っていない次男が、自宅に籠もっているのだが、その子と向かい合って話していることが辛いという。そこで、J子には、次男とは昼間からは向き合わずに、昼間は彼女がスポーツしたり趣味の仲間と過ごすことを勧めた。そのような経過の中で、K男が今の仕事は続けていこうという決心を固めたところでJ子も一安心し、夫婦で1週間の旅行に出ることになった。同居中の次男にしてみれば、やっと父母が仲直りして一緒に出かけることや、自分を見張らないでくれることで安堵したことや、友人からの誘いもあって音楽をするためにお金を貯める目的で旅館に住み込みアルバイトをする気持ちになり、自宅から外に踏み出すことになった。これは、次男を介して父母の緊張が走っていたのだが、父母間の緊張が解けたことによって、次男も自発性

が発揮できるように変化したという動きであった。

事例5　高校に復学した長男と当主になった父

　少年J男は17歳で、一度入学した高校を退学し、地域の遊び仲間と遊興的な生活をしている時期に、対立するグループ相互の喧嘩に加わり相手グループの数人に傷害を負わせたために家庭裁判所に係属した。彼は、一度、少年鑑別所に入所後に両親の揃った一応しっかりした家庭の子弟であると考えられたので、自宅に戻した上で家裁調査官による在宅試験観察を行うことになった。J男の家族は、両親と姉が2人いて、その他には父方祖母が同居していた。父は中小企業の経営者であり、母もそれを手伝いつつ家事と育児を行ってきた。父方祖母は、ある宗教を熱心に行っていて、その立場から息子である父に指示を出し、嫁である母には無理なことを求める人であった。

　母によれば、姉2人は大学の英文科を卒業後にイギリス留学を望んで、どちらもその時点ではイギリスに住んでいて出費もかかるが、それなりに娘たちの夢を実現できているので、その点は嬉しいということであった。姉たちのことを話すJ男の母は、とてもエレガントな女性で地味な色の洋服は着ているが、シャネルのバッグをもってくるなどおしゃれである。私の育児は全て失敗というわけではありませんでしたが、今回はこんなことになってしまい困ったことですという困惑を、率直に表わしている優しいお母さんという印象だった。第2回目の親面接は、J男の父も一緒に家裁に出頭してもらった。J男の父も礼儀正しい人で最初の面接には仕事の都合で来ることができなかった旨を謝罪した。筆者は、J男の親として今後どのように対応していったらよいかについて話し合いましょうという方向に向けた面接を行った。父は、比較的無口で受け身的であったが、同席の母は非常に積極的な態度で面接に臨んでいたので、この温度差のあることが問題で、2人が一緒に協力できることが大事であると考えた。父は、長男で家業を承継しているので、J男の祖母の言いつけには逆らえないという姿勢があった。祖母が宗教的な背景から不合理なことを言い出しても、それを大人しく受けていることがあった。更に、祖母の発言によって嫁であるJ男の母が困った状態になっても母のサポートをしていなかった面もあった。J男の父母は表面的には似合いの中年夫婦だが、肝心な部分で協力関係ができていなかった。しかし、そのようには伝えずに、今後はJ男の立ち直りについて相互

に協力して努力して下さいと助言した。このような協力関係を形成することは、親としての養育力をより強化し、また豊かな気持ちで子どもに対応できる素地ができる。

その後の展開を手短に述べると、J男には、高校への復帰について考えさせ、高校受験を再度させる方向で努力をさせた。J男は、定時制高校に再入学し、バスケットボールのサークルに所属しつつ勉学に励むようになり、地域の遊び仲間との交際を止めた。

父母共にこの変化に喜び、今後は2人でJ男を支援することと、父が当主としての自覚をしっかりともち、祖母からの不合理な指示や助言に母が困らないように働きかける方向性も生まれた。

家族療法的な青年期の問題行動に関する研究は海外では多く見られており、成果が上がっている。例えば、「行為障害」の治療において、その父母関係に関しても治療的な接近が行われた研究としてShalini & Ahalya（2005）などがある。また、Marius（2005）は攻撃的な女子少年とその家族への治療に関しての研究を行い成果のある結果を得ている。

更に、Natasha et al.（2006）による薬物乱用や家出のある少年への家族療法的接近の研究などがある。

中年期の夫婦の不調和に関しては様々な面がある。そのひとつの切り口としては、親密性の問題をどのように年代に適合した内容に変容させるかが、重要な課題である。布柴（2009）によれば、アメリカ人の夫婦はセクシュアリティと親密性を同じ意味に考える傾向があるが、日本人の場合には親密性の範囲はより広く把握されていると述べている。すなわち、夫婦間のセックスが決定的に夫婦の親密性に影響するとは考えられず、対話がある、共感できる機会が多い、共通の関心や活動があるなどが親密性に関わるものであると言われている。

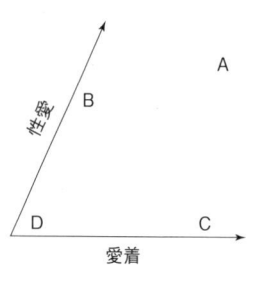

図1-2 性愛と愛着
（水田, 2005, p.57より）

水田（2005）は、中高年期の夫婦に関しては、2つの軸で愛情のあり方を考えている。要するに、

子ども時代の親子関係において形成された愛着という軸と、成長してから異性に向かう性愛という軸の2つの軸である。若いカップルに関しては、性愛が優位の関係であるが、年月を経たカップルになると性愛よりは愛着が優位に変化する。その両方の面が含まれていることが、カップル関係が健全であると言えることになる。しかし、自己愛の強い一方配偶者、または両方にその問題がある場合には、カップル関係が困難に遭遇すると述べている。

平山・柏木（2001）は、中年期夫婦のコミュニケーション態度について実証的な研究を行ったが、その結果として以下のような知見を見出している。

（1）　妻側に優位なコミュニケーション態度は、「共感」と「依存・接近」の2つあって、それは相手にポジティブな感情を喚起するものであった。他方、夫側に優位なコミュニケーション態度は、「無視・回避」と、「威圧」であり、これは相手にネガティブな感情を喚起するものであった。このような夫婦間のコミュニケーションの様態は、子どもの巣立ちの時を迎えた中年期夫婦が、二者関係の再編成という課題に取り組む上での阻害要因であると考えられた。

（2）　夫側のコミュニケーション態度は二者間に上下という関係がある場合に起こりうるもので、これは、妻の経済的な条件や社会的な地位などの問題とも関連し、妻が経済的に優位であり社会的な地位もある場合には、夫に共感的コミュニケーションが増えて、上記のようなコミュニケーションのあり方ばかりではないと考えられた。

（3）　その他に、仕事をもち社会参加している女性（妻）の方が、話題にも拡がりがあるので、夫との対話も多岐にわたるテーマで話し合われ対話が促進され、上記（1）のような対話状況でなくなると述べられている。

この研究結果が示すように、中年期の夫婦においては対話や共通の体験を豊かにしていくことが、夫婦間の関係性を発展的に変容していく上で重要な要因と考察されている。

更に平山（2002）は、「中年期夫婦の情緒的関係」について実証的な研究を行い、情緒的ケアの夫婦間対称性に「夫婦間対称性比率」と言う指標を考案し、

それを手がかりに分析している。すなわち、妻の夫に対する情緒的ケアの遂行度を1として、それを基準として、夫の妻に対する情緒的遂行度とその比率を算出し、それが1であればお互いに同等の情緒的ケアを交換しているカップルであること、すなわち、相互性・互恵性が高い関係性をもっていると考えた。平山が調査をしたカップルでは平均値は0.82であり、比率が1以上であったカップルは23.4%に過ぎないという結果であった。しかし、この場合も妻の学歴と収入の影響があり、情緒的ケアの夫婦間対称性比率は、妻が高学歴（大卒以上）で、100万円以上の年収を得ている共働き夫婦で最も高くなる傾向があるという結果を明らかにした（平山, 2002）。現在の日本社会の若い世代には、妻が大学卒業で年収も100万円以上あるという夫婦が増えていると思われるが、中高年期の世代ではそのような組み合わせは少ないと考えられ、平山のデータは青年期の子どもをもつ世代の夫婦の関係性の一端を示してくれる。

事例6　中年の危機の渦中にいる妻の想い

　39歳の妻は婚姻歴20年を迎えた女性で、夫とは10歳の年齢差がある。妻は地方の県立高校を卒業後に上京し夫のいる会社に勤めたが、その直後に美人の妻は上司であった夫に求婚され、早期に結婚し退職してしまった。夫の実家はきょうだいが多く、妻が嫁入りした後も小姑は男女ともに4～5人もいて、妻は長男の嫁として女中のように夫と姑に仕えて過ごした。その後、2人の男子に恵まれて、それからは子育てに明け暮れた日々だった。長男が17歳、次男が13歳になった頃、妻は、これまでの人生について考え始めた。子育てが終了してからも、婚家にいて年老いた姑や10歳年上の夫に仕え、一生を主婦としての生活に費やすことに疑問を感じ始めたので、しばらく別居をしたいと夫に申し出た。夫も少しだけであればと一時は思ったのだが、別居から3年以上も経ているが妻は戻る様子はなく、夫とは気持ちが離れたので離婚したいという意向で調停を申し立てた。この夫婦のカウンセリングをして痛切に感じたことは、夫妻の間にコミュニケーションが不足していることであった。妻が、このままで人生を終わりたくないという気持ちをもっていることや、姑や夫と、その親族にお嫁さんとして使われ、あまり人権も尊重されずに発言権も与えてもらえなかったことへの恨みが大きいことも、夫は理解していなかった。や

みくもに戻るように命令する夫の姿勢があり、圧力をかけてくる夫の強圧的な態度に反応している。一方で、子どもたちには悪かったのだがと家出を悔やんでもいるが、そのために人生を諦めたくない気持ちが大きかった。筆者は女性として妻の気持ちは理解できたが、夫のように男性関係を疑うという方向はなかった。子どもたちの気持ちも考えてと言いつつ妻に再考を求めてみたが、外で子どもとは面会交流をしていると話し、説得には応じずにそのまま家には戻らない方向を妻は強硬に貫いた。40歳に近くなった妻は、もう一度自分の人生を生き直す決心をして、それを通そうとした。これは、忍従の妻の反逆とも言えるのだが、集積した忍耐があまりに大き過ぎたことの結果でもある。また、妻の生育歴に関しても、農家の長女できょうだいの面倒は見たが自分自身のことは自分で処理してきたという経過があり、実親との関係も薄い絆の女性であったことも、彼女のこのような行動の背景にあったと考えられる。

諸井（2003）は夫婦関係満足度に関する諸研究の中で、家事労働や就労して家計を稼ぐなどの家庭維持にかかる諸機能においては、夫と妻との間では等価な比較はできないものであるが、結局はお互いを理解し情緒的にもサポートし合えるかが重要な鍵であると述べている。

Willi（1975）は、夫婦関係療法を精神分析的立場から行っているが、夫婦の間でのバランスの取れたあり方に関してその著書の中で言及している。第一は境界膜（お互いの境界と外部との境界を仕切る膜）が適度に浸透性もあり纏まったものであること、第二には、夫婦間で発展的態度と退行的態度を交換できること、第三には自己価値の等価性ということを挙げている。第二点として挙げられていることは、ある場合には片方がもう一方を情緒的にサポートする側になり、別の場合には別の方がもうひとりに対する情緒的サポートに回るという交換可能性のことであり、諸井の視点とも関連していると考えられる。

以上のように、お互いにバランスを取り合える二者関係が健全な夫婦関係にとっては重要なことである。

Morgan（2005）は、カップルの関係性についてクリエイティブなあり方は、2人の各々のための空間があり夫妻がこれまでに形成してきた独自性と自立性

を保てるように存在できることが必要だと述べている。これは、境界膜の概念（Williが述べているような）に通じる。一方で、Morganは、カップルが育つためには、結婚前までに形成されていた独自性や自律性をある程度は放棄していくことも重要であると考えている。すなわち、夫妻の各自が自己愛的な状態から脱することがカップルとしての創造的な状態を発見することにつながるし、もしそこに臨床的な問題が生じる場合でも、その2人の健全な結びつきの部分から回復の糸口が発見できると考えている。

4　高年期の夫婦の問題

　高年期に入り子どもが自立して家を出て行くと、夫婦2人の生活が始まる。主婦として子育てに専念していた妻はこの時点で非常に空しい感覚になるが、これが「空の巣症候群」と言われるものである。しかし、最近のご婦人方は、そんな状態を先に予想して、その前に仕事に復帰すること、新しい領域を学ぶことや趣味を充実させることなどを始めて、豊かなる老後を試行している場合が多い。むしろ、より深刻な問題は、男性方に生じる傾向が大きい。

　大半の日本の男性は、退職までは仕事本位でわき目もふらずに猛烈に歩んできた末に、急に毎日が日曜日という状況に至った場合の所在なさは、女性の「空の巣症候群」よりも大きな喪失感に襲われることになる。これからの高年期の男性には、ここの時点で別の人生にスイッチすることの必要性が生じる。大きな期待と責任感を感じて、ひたすら職務に励む生活をひと山越えて、次はなだらかな平野をゆっくり歩く長い期間の第二の人生を考えていくという賢明さが男性にとっても重要だ。これまで勤務していた会社から必要とされなくなったという考え方でなく、自らが長年蓄積してきた経験や知識を活用して社会に貢献していく姿勢をもつことである。

　次の課題としては、夫と妻が長年作り上げてきた伴侶性、すなわち「信頼関係」を共に大切に考えて維持していくことである。これは、高齢化すればする程に、「自分が衰えた時に面倒を見てもらえるか？」「自分が病気になった時に、看病してもらえるか？」等の気持ちとして現われるが、予想外の危機がない限

りは、これが実現していくことが通常のあり方である。そうではなく、想定外の事態が起こった場合には、家裁の調停やカウンセリングなどの特別な対応が必要になることもある。

　更なる課題としては、成人した子どもたちとの関係を、如何に円満に程ほどの距離をもって維持していけるかである。少子化と言われる社会では、夫妻の実家には4人の親がいて、それぞれに子どもがひとりであれば、ひとつのカップルは単純計算でいけば4人の老親を抱えるということになる。それでは、若い世代には負担が大きいので、何らかの方策が必要になる。お互いに何かの労力を提供し合い存在するというよりは、「存在価値」として、何かはしてもらわなくても存在し続けることに価値があるという関係が構築されればベストだ。

　そのようないくつかの課題を経て、Eriksonが述べていたような人生の最後のステージの満足感が得られる。自分の人生は、充実したものだったか、または困ったことの連続で不幸だったかなどの気持ちが交差する中で、差し引きで充実したものであったと感じられ、一応の満足感が得られることが大事である。

　その背景には、健康という条件や、経済的な条件などが必要であるとも考えられる。

事例7　高年期の夫婦の葛藤

　70代半ばの夫婦は、既に子どもたちは自立し自分自身の家庭が忙しいライフサイクルである。子ども世代は、それぞれが多忙で余程のことが起こらない限り親のところには行かない場合も多い。この夫婦では、夫は老化により聴力が弱くなり頑固な傾向が出てきたので、何か気に入らないことがあると妻を怒鳴りつけることが多くなった。妻は、その都度、不愉快な思いを抱きつつも忍耐を重ねてきた。ある時、妻が預かっている家計費の預金通帳から生活に必要な家具（それ程高価なものではない）を購入するために、妻が預金を数万円引き出した。そのことを夫にとがめられた妻は、これ以上は我慢できないと家出を企てた。しかし、妻自身の預金が沢山あるわけではないので別居をする資金もなく、それを問題とする家事調停を提出した。別居するための調停は一応合意に達したが、別居中の生活費の負担をどのようにするかについての話し合いが簡単には纏まらなかった。数回の調停を経て、ようやく

毎月8万円の婚姻費用分担（別居中の配偶者に支払う費用）が決定した。その後、夫は2〜3ヵ月は妻に婚姻費用を支払うがそれ以降は支払わなくなり、困窮した妻から再度の申し出が出てきた。

このように、双方で争うことをしながら、それでも気丈に生きる老夫婦もいるが、この2人の子ども世代が、彼らを助けないのは寂しい状況だ。老年期に至るまでの人生の中で、子どもの養育期に、子どもの利益を優先して大事な存在として接してきたかどうかが、この時期の夫婦に問われるように考えられた。

次のケースは子どもたちに囲まれつつも、病気の進行の中で周囲を巻き込み、困惑させた事例であるが、この家族には相互の助け合いの関係が見られた。

事例8　病的嫉妬に悩む女性とその家族

67歳の妻は、元・電話交換手であった。夫は通信関係の会社に勤務していたことから、2人は知り合い交際をするようになった。結婚生活は、平穏で楽しい生活が続いた。

妻は、実母が早くに亡くなったのだが一番年長の姉が母親代理で養育してくれたという生育歴を経ていた。しかし、働き者の夫との間で、長男、長女と次男の3人の子の子育てをする期間は電話交換手を辞めて主婦業であり、子育てがとても嬉しく楽しく感じられたと話していた。

筆者が関わった当時、長男が結婚し実家の2階に住み、長女は結婚して外に住んでいた。次男は、未婚者で親と同じ階の一部屋に居た。このように賑やかな所帯であったが、問題が約2年前から発生していた。妻は65歳の時、自転車に乗って孫（男子）の幼稚園のお迎えに出て、働いている嫁が夕方に帰宅するまで孫を見ている生活だった。しかし、ある時、妻が自転車で転んだことから、長男夫婦から孫のお迎えを断られた。また、長男夫婦に第二子の女児が誕生した後に、夫が足しげく2階に行き新生児のお世話をするのを見て、嫉妬心をもつようになった。これは、結果としては、「妄想性障害」という病気の進行によるものだと判明したのだが、本人には病識がないために、周囲を巻き込み家族全体を混乱させた。一番の被害者は、夫である。この女性の場合には、夫に女性が居るのではないかと常に疑い、いろいろな面から配偶者を攻め立てるという病的嫉妬が特徴であった。夫はこのために悩み、胃潰瘍の症状が出てきた。「長男の嫁が、夫とおかしい」。「孫の女の子は、嫁と夫の

間の子ではないか？」などという疑惑をもち、それを次男に話すが、全く取りあってもらえない。「お母さん、そんな馬鹿なことはないよ!!」と言われ笑われる。また、長男と夫は、「そんなことありえないのに、非現実的なことを言うな」と怒るなど、家族には共感してもらえない。勿論、これは非現実の病的世界なので嘲笑されることは仕方ないのだが、妻の主観の中では、年齢を経ることによる体力的変化や女性としての機能が衰えていくことなどの悲しみがあり、それを共感してもらえない悩みがあった。通常は、このような根拠のない嫉妬にさいなまれる「病的嫉妬」のケースは、30代女性と50代女性に出現率が多いと言われてきたが、最近は65歳で発症するだけのエネルギーが残っていると、この女性の治療に関与したある精神科医が話していた。この場合には、投薬が有効であるが、本人に病識がないために投薬を継続して受けさせることが難しい。しかし、次男が同居していること、あまり遠くない所に既婚者の長女が住んでいることが、幸いであった。この2人が、交代で女性に医療を受けさせるために病院に付き添ったことが、女性がある病院に係属できる契機となった。

　受診した病院では、精神科医と臨床心理士が女性の気持ちを受けとめカウンセリングに導入し、面接をしながら投薬を継続することができた。また、臨床心理士が、夫を呼び面接を行い、このような妻の支援のために必要な対策や、配偶者としてのあり方についてガイダンスを行った。夫は昔堅気なので、長年、同等に尊重されるべきである妻を劣位に置いて男性は優遇されてしかるべきだと考えていたこと、そのような勢力関係から妻のコンプレックスが女性性への不安として現われたことを理解してもらえるように働きかけた。事態を理解した家族が、妻に対して温かく接していくことから、妻の状態が、投薬を続けつつも落ち着いたのだった。

事例9　元校長の夫とその妻の夫婦関係の危機

　男性は、筆者が関わった当時は64歳で公立高校の校長を退官後に、非常勤の仕事に就いていた。一方、妻は、結婚前は高校の家庭科教師をしていたが、結婚退職して以降は主婦として2人の子どもたちを育てていた。2番目の娘がある程度の年齢になってから、学童クラブの指導員になり、その仕事を60歳までしていた。その時点では、妻は63歳だった。

　この夫婦は、夫の仕事も順調に進行し、妻は家庭婦人として家事と育児を取り仕

切ってきており、2人の子どもたちも問題なく結婚して自立していた。長男は30代後半で、民間企業に勤務し老夫婦の家の1階に妻子と共に暮らしていた。長女も、既婚者で、少し離れた場所に住居をもっていた。そのような理想的に思える夫婦の間で、実は密かに問題が起こっていた。

　夫は、高校の教員としても勤勉で教頭から校長に昇進し、仕事の面での人望もあったのだが、そのような表側の部分を維持していくことには大きなストレスを感じたのだという。その頃より6～7年前に、夫は郷里の中学校の同窓会で元同級生（女性）と偶然に会ったことから文通が始まっていた。その女性は和歌を詠む女性で、手紙の文章も優雅であったことからその文通が長く続いた。そして、郷里の同窓会が再び開かれた時に、2人で野山をデートしたという機会が一度だけあった。夫は、これは全く男女関係ではなく、単なる交友関係であると認識していたが、その認識が妻とは異なっていた。

　妻は、学童クラブの指導員をしている時期は忙しくても気持ちが張り切っていたが、その後、自宅にいるようになりその事実を夫から聞かされたことで、それが大きな打撃となり反応を起こした。たとえそれが男女関係に発展しなくても男女の間のそのような交遊は精神的な恋愛であり、妻の側から考えれば夫の不貞であると考えられた。既に夫とその女性は文通も交際もしていないのだが、妻は、夫の過去にそのようなことがあったことで深刻に悩み始め、夕方になると泣き出し同居する長男がなだめても止まらなかった。妻にとっては、夫婦として長年培ってきた信頼関係について不信感が生まれ、その絆が断たれるように思われたのだった。妻の反応に困惑した夫が、自宅でいくら謝罪しても妻の状態が回復しないので、夫婦関係を円満に調整してほしい旨の家事調停を家庭裁判所に申し立てた。この夫婦は、離婚するという気持ちはなかったが、このように混乱した関係を調整して欲しい旨の気持ちが強かった。筆者は、夫に不貞があり、それに怒りを表出するのではなく悲しみに陥った妻が、それまでの彼女にはないような心因反応を起こす事例を数例体験したことがある。その場合には、まず男女が一対一で対等であるはずの契約を夫が破ったという状況であるので、夫には心からの反省とそれを表わす謝罪が必要になると考えられ、夫に対してはそのような方向性で関わる。これは、家庭裁判所という構造においては非常に効を奏するものであり、裁判所の命令に従うかのように夫からは素直な謝罪が行われる。しかし、謝罪は表明された言葉や行動だけではなく、

夫には「心からの反省」が必要になるので、そこからがカウンセリングの領域になる。
　妻に対しては、夫に一時的でも裏切られたことの悲しみや怒りに共感しつつ、その感情を受け止めることとそれを緩和する方向が目指される。この過程にも、夫が謝罪したということは非常に有効に働く。しかも、夫に、調停委員会が見守る中で調停の席上において妻に謝罪するように指示し、今後は二度とこのように夫婦の信頼を裏切ることはしないと約束させることが、妻を一時的にしても安定させる。
　しかし、この場合にはそこまでの作業では妻はあまり回復しなかったので、次の策としては筆者の面接を継続する一方で、子ども世代に妻のサポートを依頼した。30代前半の長女が頻繁に妻を訪れ対話すること、同居している長男が、毎日、妻と話をすることを協力してくれるように依頼した。この2人も、親夫婦の危機を心配していたので、この依頼に対して協力を惜しまなかったので、妻の状況が改善に向かった。面接を始めて3ヵ月後には、「夫婦円満和合」の家事調停が成立し、無事に終了した。

　これは、夫婦の双方に著患がなくまた子どもたちもそれなりに充実した生活を送る老夫婦のことであり、そのような場合には一時的に危機に陥っても、周囲のサポート態勢があれば回復していくことができるという典型例でもある。
　そのようなサポート態勢は、当該の夫婦がこれまでの人生の中で、周囲の人々をいかに大切にして関係性を作ってきたかに関わることである。
　従って、夫婦という横の関係を最後まで充実して生き続けるためには、親子という縦の関係をどのように構築してきたかが問われてくる問題でもある。ここにおいても、2つの軸は、互いに密接に関連し合っているのだ。

第3節　両親と子どもの親子関係

1　乳幼児期の子どもと親子関係

　母親になる女性が体内に生命を宿した時から、胎児と母親の親子関係は始まる。母親が胎児に声をかけると、胎児はその声を聞いているらしいと思われ、生後直後から子どもは母親の声と別の人の声を聞き分けている。出生後には、

その子どもの泣き声や動作に呼応して、親が子どもの顔をのぞき込んであやしたり、抱っこしたりする。そのような働きかけを、授乳のタイミングや排泄のお世話のためにも行い、乳児の環境をできるだけ快適なものに保つ方向に昼夜をとわず働く。また、子どもが眠そうであれば親からの働きかけを一時止めて、安らかな寝顔を見守るというように、母子はお互いに相手の行動に呼応して自分の行動を調整しながら、このようなやり取りが展開されていく。以上のような親子のやりとりを通じて、母と子の間に愛情関係が成立し、乳児には人に対する信頼感が芽生え、その後の人間関係の基礎が築かれる。

　エリクソンは、人格形成の第1段階である乳児期の課題は、基本的信頼感の獲得であり、上記のような母子の情緒交流が大切であると考えている。例えば、劣悪な環境にあって母子間に信頼関係が生まれずに、むしろ乳児の側に不信感が発生する場合には、その子どもは不安の強い人格的基礎を形成してしまうので、それ程に初期に形成される基本的信頼感は重要であると考えられている。

　クラインは、この時期の母子関係が、乳児にとっては生存するために必要不可欠な「授乳」という相互交流を通じて形成され、母親のイメージもその相互関係によって作られると考えられる。

　マーラーは、分離―固体化理論を20数組の母子を縦断的に観察することによって作った。これは、乳幼児がどのように真の対象関係を発展させるかに焦点をあてている理論で、分離は乳幼児が母親との共生的融合から脱することであり、固体化は乳幼児が自己の個としての性格を確立させることとされているが、この過程が時間経過の中で段階的に進行していくことを明らかにした。

　心的発達は子どもの精神分析の重要な主題であり、フロイトや、エリクソンの発達論、クラインの母子理論、マーラーの分離―固体化理論など重要な理論がある。また、ボウルビィの母親が安全基地であると考える内的作業モデルの見解も大切である。

　ボウルビィは、この時期に大事なことは、「アタッチメント」(愛着)の形成であると考えた。アタッチメントとは、ある人と他の特定の人との間に形成される愛情の絆であると定義されている。乳児の場合、多くは母親がアタッチメ

ントの対象として選択される。アタッチメントは重要な欲求のひとつであり、乳幼児ばかりでなく、人が様々な対象に対して愛着を抱き、自分にとっての他者の存在の意味を分化させていく。アタッチメントの具体的行動としては、図1-3のように、幾つかの態様がある。

アタッチメントの形成には、4つの段階がある（次良丸・五十嵐，2001）。

（1） 第1段階は、出生から3ヵ月までの期間である。授乳を通じて母子が交流し、排泄の世話をしたり産着を変える時、乳児に身体的な快適さが生じる場合に「自発的微笑」が起こる。親や周囲の人はそれを非常に喜びつつ見つめるが、親と周囲の人が、そのほほ笑みを乳児に返す時、乳児はその人を凝視する。授乳の他に、この凝視も母子関係の形成に影響があると考えられている。

（2） 第2段階は、生後3ヵ月頃である。生後3ヵ月の時点で母親が乳児に対して表情豊かに接することが、やがて3歳時点での母子間のふれ合いにおける子どもの積極的関わりを生じさせることが確認されている。6〜7ヵ月頃になると、乳児ははっきりと母親と他の人を区別してほほ笑み（選択的社会的微笑）、見知らぬ人に対しては顔をそむけたり、泣いたり、不安そうな表情をしめす。そして、母親の顔を見れば安心し、ほほ笑み喃語で

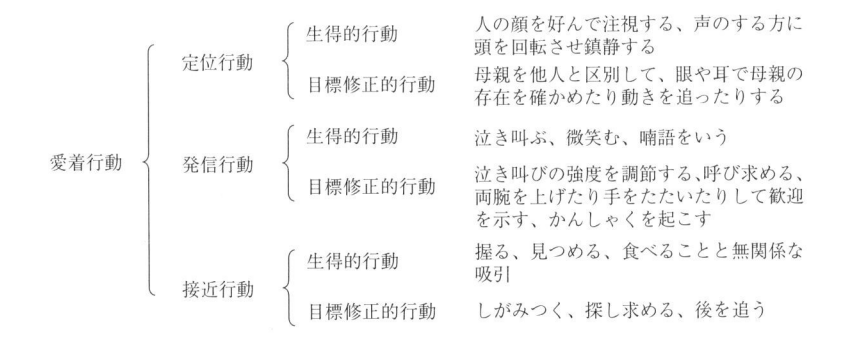

愛着行動	定位行動	生得的行動	人の顔を好んで注視する、声のする方に頭を回転させ鎮静する
		目標修正的行動	母親を他人と区別して、眼や耳で母親の存在を確かめたり動きを追ったりする
	発信行動	生得的行動	泣き叫ぶ、微笑む、喃語をいう
		目標修正的行動	泣き叫びの強度を調節する、呼び求める、両腕を上げたり手をたたいたりして歓迎を示す、かんしゃくを起こす
	接近行動	生得的行動	握る、見つめる、食べることと無関係な吸引
		目標修正的行動	しがみつく、探し求める、後を追う

図1-3　愛着行動の内容と発生機序　(Bowlby, 1969)

話かける。
 (3) 第3段階は、「人見知り」の時期と言われる時期である。これは、アタッチメントの対象が明確になった証拠でもあり、乳児の認知能力が発現してきたことを意味している。

　　母親への反応が他の人への反応と著しく異なり、母親がいなくなると必死で探したり、大きく泣くことをするが、母親が戻ってきて子どもを抱きしめれば、寂しさや不安は吹っ飛び、にこにこと安定する。このように母親の存在が、安全基地として機能するようになる時期である。

 (4) 第4段階は、3〜4歳の幼児期である。その頃の幼児は、目標修正的協調性の形成の時期にあり、母親がそばにいなくても母親との関係をイメージとして捉え、母親の次の行動を推測し、母親と物理的に距離は離れていても安心して遊んでいられる。このように、次第に母子の距離は少しずつ離れつつも、心理的には結びついている状態が形成されることになる。

以上のようなアタッチメントの形成過程に見られるように、ひとりの母性的人間への愛着が基盤となり、子どもの中にエリクソンが言う基本的信頼感が育ち、生きて行く希望を獲得する。また、その基本的信頼感から、やがて複数の人に対する愛着の対象が広がって円滑に豊かな人間関係が形成されていく。

この発達段階に至るのが、通常は幼稚園入園の頃と考えられる。その頃に分離不安が強く、園への行き渋りをする幼児もいれば、登園を嫌がらず集団への参加が積極的な子どもたちもいる。それらの個体差は大きいのであるが、生育環境の影響が色濃く反映されるのもこの頃である。

2　健全でない親子関係

親子の関係性の問題を見て行く場合、2つの重要なポイントがある。ひとつは、どんな領域で問題が生じているのかという点である。もうひとつは、問題の程度に関する点である。これらについては幾つかの指標がある。例えば、包括的親—乳幼児関係性アセスメント尺度（PIRGAS）では、関係性の健康度を0から100までの得点で評定する。これが40点以下のものが関係性障害と診断

される（山口他，2011）。

　関係性の障害には、およそ3段階がある。関係性の動揺、関係性の阻害、関係性の障害の3段階である。

(1) 育児不安

　以上のように、この頃の発達には養育環境と主たる養育者の影響が大きいのであるが、特に母親の精神衛生が健全に保たれ、母性性が健全に育成されることが大事である。育児不安の原因としては、様々なものが考えられる。

　昔は大家族の中で年齢の上のきょうだいに子どもができれば、その乳児を祖父母はじめ、きょうだいが皆で育児を手伝うことになっていた。しかし、現代では核家族の中に暮らしているのでそのような体験が乏しい。従って、40週も自分の胎内にいた子どもと対面し、日々一緒にいて授乳し着替えさせ寝かしつけるというお世話することの中で、嬉しいはずの育児を「不安」として感じる女性もいる。また、病院にいる時期や実家に帰省している時期は人手があるからよいとしても、自分の自宅に戻り夫と2人の子育てが始まると不安定になる場合もある。

　夫も初めて父親になったのでどのように動いてよいか分からず、また仕事も多忙であまり家には居られないという生活の中で、主に主婦専業の女性が育児不安に陥る場合がある。氾濫する育児情報、自分の思うように運ばない日常生活、外の世界ともその忙しさの中で関われなくなる状況の中で、次第に自分の子育てがうまく行っていないのではないかと不安感を感じ始める。その気持ちを早くに夫に伝えることや、実家に相談できる者は、それだけで気持ちが軽くなる。夫の育児参加が、近年は増えつつあるが、これは妻のストレスを軽減し、夫婦の平等感や平衡性の認識に通じている。

　また、妻の友人も子育てをしているような時、その友人とコミュニケーションをとることも大事なストレス解消である。「ママ友」がいて、その友人と子連れで出かけることも健全な発散になるが、そのようなことができないために苦しむ女性もいる。

　産後うつ病に罹る者、また、母親自身の生育歴の中で幼小期に母子関係の問

題があり、その記憶を回想して不安になる者などもいる。一方で、早産によって未熟児として子どもが誕生し特別なケアを受けなければならない場合や、多胎で生まれた子どもたちの育児が相乗的に大変になるケースでは、母親が不安定になりやすい。

いずれにしても母親がひとりで育児ストレスを抱え込まないことが大事で、表情豊かに明るい声で母親が日常を過ごし、その態度で子どもに接することができるように周囲の者がサポートすることが必要である。最近は電話による育児相談も可能であるし、また、行政の子育て支援策も進んでいるので、そのような育児支援の集団に子連れで参加することも一案である。

(2) 未熟な親

昨今の10代の若者はあらゆる刺激に晒されており、従来の青少年よりもかなり早熟な面をもつようになっている。しかし、他方では精神構造が未熟で、自己抑制力が弱いので、男女関係についても問題が発生しやすい。

慎重に行動した上で交際から恋愛関係に発展するという時間的な流れもなく、かなり安易な交際の中で男女関係が生じる場合もある。大学在学中、または高校在学中に、女子学生が妊娠する場合も稀に発生する。そのような場合に、男女2人が納得して人工中絶の選択をするなどの方策をとらずに、「できちゃった婚」として結婚して出産に至るような場合には、子どもの出生以降に相当に周囲からのサポートがなければ実際の生活が立ちいかない場合も多い。例えば、双方の親が育児に協力しても、肝心の母親の自覚が乏しいこともあり、更に父親の自覚はより難しい場合もある。

「母性なるもの」はあるのではなく、子どもを育てながら育つものである。そのためには望んだ状況で子どもを産むことが大切である。10代の母親の場合には、望まれなかった妊娠と出産である場合があるが、生まれてみればやはり可愛いと思うことがある。その萌芽のような母性を、日常的な営為の中で周囲の暖かい支援を受けながら育てることが大事ではないかと考えられる。そのような周囲のサポートを欠く場合には、些細な争いから離婚に発展することもある。年齢の若い夫婦が、結婚5年以内に離婚する率が、婚姻年数別に見た離

婚率では一番多いことは憂える事実である。

　また、日中に孤立無援と感じている母親が、幼児の虐待に及ぶリスクもある。従って、未熟な親が結婚し子どもの親になる場合には、それなりの子育て支援とともに、夫が就労していても更に経済的な支援が必要になる場合がある。

事例10　未熟な妻の育児困難と児童虐待
　M子が高校2年の夏にアルバイトをしていた飲食店に、N男は大学生としてアルバイトに来ていたことから知り合い、双方意気投合して秋以降も交際が続いた。2人の関係はいつの間にか友人関係から男女関係になり結婚の話も出た。しかし、双方の実家は2人とも学業半ばであるために、結婚は数年待つようにととどめたにもかかわらず、M子は高校を退学しN男と同棲を始めた。この背景には、双方がそれぞれの父母とは以前から合わなくて、いつか家を出て自立したいと考えていたことがあったからであった。しかし、2人の同棲の関係はあまりに早急に進み、M子が妊娠したために入籍をした。この結婚には双方の親たちが反対であったので、結婚式もなかった。

　その後、2人の若夫婦の間に生まれた子どもたちは双生児であった。双子の育児は大変な上、M子は実家に手伝ってもらえない状況があった。また、N男も大学を中退して妻子を養うために昼夜働く生活であり、M子は家にいて2人の子どもの子育てに奔走していたが、時々、自分がどのようにしたらよいのか分からなくなる状態に陥った。そのような育児ノイローゼの状態が生じて後、ある日、M子は子どもの腕を噛んだことがあったが、その瞬間は無自覚であった。これは、精神分析で言えば「解離」という現象で、その時にはM子の意識が途絶えており自分の行動をコントロールできない故の行動だった。後からハッと我に返ったM子が、自分のしてしまった行動の痕跡を理解できないのだった。夫に、「この傷はどうしたのか？」と聞かれても何と答えてよいのか分からず、戸棚の角にぶつけてしまったと答えるように曖昧な応答であった。夫は、そのうちに2人の子どもを妻に日中に預けておくことについて疑問を感じて、児童相談所に相談をした。若く未熟な親であること、周囲のサポートが得られないこと、更に子どもたちが双子であったことが育児困難な状況に進行したという経過であり、児童虐待の疑いを懐いた児童相談所が、この母子を経過観察する方向で関わるようになった。

事例11　親としての責任観の希薄な若年カップル
　O子とP男は高校の同級生であったが、卒業して2年後のクラス会で出会ったのち、一対一の交際を続けて結婚した。その時点では、O子が妊娠していたので早速に入籍し、新居はP男の実家とした。O子は若くして母親になったことから育児を楽しめなかったが、P男の実母が手伝ってくれたことから何とか結婚生活が続いた。一方でP男は、ひとりっ子として育てられたこともあり親に依存的で、生活費も子育ても頼りきりであった。父親になってからも、新車を買って友人を乗せて遊び回っていた。
　ある時、O子が姑との間で口喧嘩から溝ができこれ以上は同居できないという事態になったことから、夫婦で別に部屋を借りて転居した。しかし、その後もP男の生活態度が改善しなかったので、若い2人の生活は経済的には苦しかった。O子は子どもが保育園に入れたことをきっかけにパート就労を始めたが、それでは家計が立ちいかないので夜の仕事に出かけるようになった。子どもは、夕方からP男か、P男の実母が見てくれたのだが、P男はO子の帰宅が少しでも遅れると嫉妬心から口で攻撃をするようになった。そのような攻撃に耐えかねてO子が家出して実家に帰り、双方の親を含めた紛争に発展した。O子にしてみれば、P男が勝手に自動車を購入したことから家計が苦しくなったので働きに出るようになったのに、そのことを責められたと憤慨していた。一方、P男はO子が夜の仕事に出たことや、子どもがありながら仕事以外で男性と交際しているから帰宅が遅いのだと非難した。非難された妻は、夫に対して「貴方こそ、新しい車に女性を乗せて走っていた！」と交戦するなど夫婦の争いは大きく広がった。P男の実母は、至らない嫁だとO子を非難し、O子の親は生活力のない夫だとP男を責めた。このようにして紛争が拡大していき、最終的に2人は離婚することになった。子どもの親権者は、P男自身も勝ちを取りたいという気持ちがあり、またP男の実母がひとり息子の長男というところで非常に拘ったことも加わって、P男ということで指定された。この夫婦は、最後まで自主性と親としての責任が希薄な組み合わせであった。

(3) 父親の協力、共同子育ての重要さ

　最近は、「イクメン」という言葉が聞かれるようになってきているが、次第に子どもの養育に関わる男性が増えてきたことは好ましい現象である。孤独な

状況で昼間の時間を過ごして来た妻の話を帰宅後に聞き、子どもの授乳や入浴を手伝うパパの存在は妻にとっても大きな支援であり、また子どもの側からも楽しい瞬間である。特に、妻が働いている女性の場合には、イクメンの役割を背負う男性は保育園の送迎や洗濯、炊事なども行い妻を助けるのだが、相互の信頼関係が成立していれば力関係や見栄などに拘らない協力関係が生まれる。

また、家にいて子どもを育てている専業主婦の女性も、子どもが生まれる前までは社会に出て働いていた経験がある場合が多く、「何故、妻だけが子育てを専業でしなければならないのか？」「そもそも夫婦は対等に教育を受け仕事もしていたはずであったのに、何故、妻のみ家にいなければいけないのか？」「夫婦2人の子どもなのに、何故、男性は親としての責任を感じていないのか！」など、多くの不満を募らせるのだが、夫が協力的な姿勢を見ると、その気持ちが緩和されてくる。夫は、過密な予定で仕事をしていても、帰宅した時に妻の気持ちを受け止め、可愛い子どものお守りをする時間を少しでも捻出することが妻の育児ストレスを軽減するために効果がある。

妻に仕事があってもなくても、いずれにしても夫の協力がなければできないこともあり、子連れの旅行や休日の行楽等も、子どもの記憶には楽しい思い出として残る大事な体験である。

この時期に若年離婚が起こってしまった場合、子どもは母親に引きとられることが多いのだが、その後に父親と接触できるかどうかが問題になる。幼い子ども程、記憶力が乏しいので、子どもと父親とが会う機会をもたない場合には父親の存在すら忘れてしまうことにもなりかねない。父母間で余程激しく争っていなければ、離婚後に子どもを監護する親は別居親と子どもとの面会交流の実施を許可することが望ましいと考えられる。

1ヵ月に一度、別に住んでいる親と交流できることは、ひとり親家庭における閉鎖的な部屋に清浄な空気が吹き込むような新鮮な体験でもあり、その関係が円満に継続することによって物理的な距離はあるけれども、父母の共同子育てが進行することになる。

3　学童期の子どもの親子関係

　この時期は、子どもたちが小学校というこれまでとは違った集団に参加する時期であり、知的な能力の発達とともに、社会性の発達も飛躍的に進行する時期である。

　フロイトとエリクソンによれば、この時期は比較的に基本的な衝動が抑えられている時で、家族や対人関係を巡る葛藤はあまり強くない時期である。従って、集団内にあっても、指導者である教師の言いつけに従順に従い、1日数時間の学習に耐えることができる状態に発達をしている。この時期に経験する葛藤は、生産性と劣等感の両極の間を行き来するもので、その葛藤を解決した時に獲得される心理―社会的な強さ（徳）は、有能の感覚である。

　また、親の方は、子どもが小学校に慣れるまでのサポートはかなり多くあるが、子どもが小学校2年か3年になって生活に慣れ、楽しく登校していることを確認できれば、主婦をしていた女性も仕事に復帰することを考え始める。これが、いわゆるM字型の就労ということで、日本では典型的な女性の就労形態である。

　一方で、キャリアを追求してきた女性は、子どもが就学年齢になると、保育園という長時間の預かりをしてくれる便利な器がなく、下校後に子どもたちがどのように過ごすかということを、腐心するようになる。

　最近では、地域の学童クラブが、頻繁に利用されるようになってきており、キャリアを追求する女性にも子育ての支援策が進んできた。

　また、最近の現象としては物質文明の発達と情報の氾濫ということから、「発達加速化現象」が起こってきている。それは、小学校の児童にも影響があり、6年間の中で高学年になると、「思春期」が早くに到来するということになる。幼い精神にプリミティブな衝動が起こることによって、それをどのように抑制してよいか分からないので不安が生まれる結果、各種の問題行動や症状につながる場合もある。

　この時期に、親が一番困る問題としては不登校の問題として発現する。義務教育期間の中でも基本的で大事な教育を受ける時期に、子どもが学校に参加し

ないという問題は、知識の獲得という知的側面ばかりでなく、社会性や心理的発達という面でもハンディにつながってしまうと考えられるからである。

不登校とは、文部科学省によれば次のように定義されている。「不登校児童生徒とは、何らかの心理的、情緒的、身体的、あるいは社会的要因・背景により登校しない、あるいはしたくとも出来ない状況にあるため、年間30日以上欠席したもののうち、身体疾患や、経済的理由によるものを除いたものである」。つまり、1年間で30日以上登校しない状態が、不登校とされる。

しかし、一口に不登校と言っても実際には多様な形態があり、その程度も様々である。

① 不登校の一形態（年少型）　母親や家から離れることへの分離不安の表現として不登校になるのが、年少型の特徴である。母親からの分離に伴う強い不安感を受け止めてもらえる人や場所として学校が機能し、子どもが次第に慣れ

(死へのレディネス)

								統合性 対 嫌悪・絶望
Ⅷ. 成熟期								
Ⅶ. 成人期						生殖性 対 自己吸収		
Ⅵ. 初期成人期					連帯感 対 社会的孤立	親密さ 対 孤立		
Ⅴ. 青年期	時間的展望 対 時間的展望の拡散	自己確信 対 自己意識過剰	役割実験 対 否定的同一性	達成期待 対 労働麻痺	アイデンティティ 対 アイデンティティ拡散	性的同一性 対 両性的拡散	指導性の分極化 対 権威の拡散	イデオロギーの分極化 対 理想の拡散
Ⅳ. 学童期					生産性 対 劣等感	労働アイデンティティ 対 アイデンティティ喪失		
Ⅲ. 遊戯期	[その後のあらわれ方]		主導性 対 罪悪感		遊戯アイデンティティ 対 アイデンティティ空想	←(それ以前のあらわれ方)		
Ⅱ. 早期幼児期		自律性 対 恥・疑惑			両極性 対 自閉			
Ⅰ. 乳児期	信頼 対 不信				一極性 対 早熟な自己分析			
社会的発達／生物的発達	1. 口唇期	2. 肛門期	3. 男根期	4. 潜伏期	5. 性器期	6. 成人期	(7. 成人期)	8. 老熟期)
中心となる環境	母	両親	家族	近隣・学校	仲間・外集団	性愛・結婚	家政・伝統	人類・親族
徳	希望	意志力	目標	適格性	誠実	愛	世話	英智

図1-4　エリクソンの発達漸成理論図式（子安，1992より作表）

ていくように、学校の先生方との協力が重要である。

　相談のあり方としては、子どもの不安感や変化への怯えに対応するために、遊戯療法等の心理的な援助も有効と考えられる。

　親の動きにまだ密着しているこの時期の子どもたちは、両親間の紛争や、更にそれが拡大した離婚などの影響を受けて、不登校になることもある。例えば、離婚後に母親が親権者と監護者になり、転居をした地域の小学校に転校する場合などでは、新しい学校に慣れ難い場合がある。これまでに慣れ親しんだ地域を越えた生活に親が奔走する期間、子どものことには関心が薄くなり手薄になることが多々ある。また、子どもは、仲が良かった友人や慕っていた担任教師とも別れ異なった人間関係を作るのだが、最初はそれが上手くいかないこともあり、子どもなりに試練に遭うことになる。

　② 不登校の別の形態（思春期型）　子ども自身の特徴、学校での友人関係、家庭の要因が影響し合って生じるのが思春期型の特徴である。このため、理由をひとつに決めずに、その子どもが不登校になった要因を、様々な視点から考える姿勢が大切になる。この年齢になると、子どもは学校へ行っていないことで、強い罪悪感、皆ができていることが自分はできないという劣等感、あたり

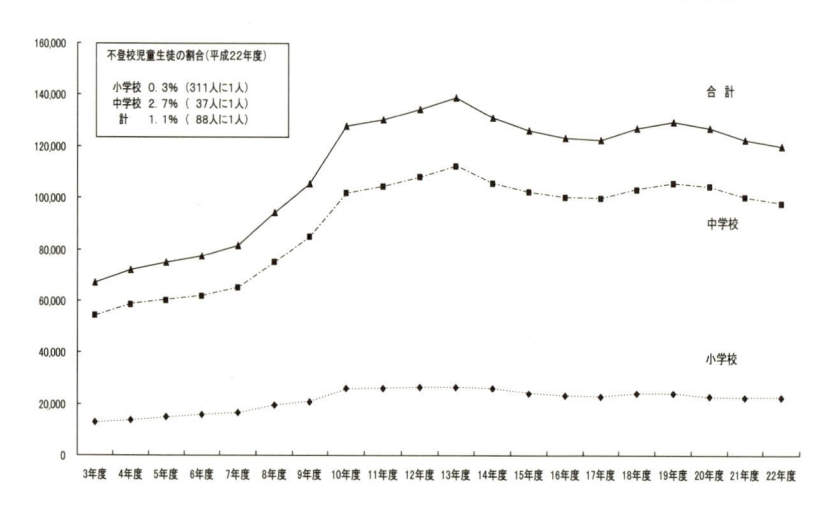

図1-5　不登校児童生徒数の推移（文部科学省，2011）

前のことさえできなくなってしまったという絶望感を抱えることがある。

　心理的な援助としては、子どもの罪悪感や劣等感を感じとり、子どもの気持ちに寄り添うように心掛ける。

事例 12　兄弟の不登校と夫婦の対応
　8 年程前に関わった事例であるが、先ず兄の Q 男が高校に入学した 6 月頃から一時的に不登校になったのだが、続いて中学生の弟 R 男が不登校になった事例である。兄 Q 男は夏休み中に治療に通い、2 学期からは次第に登校を始め、高校に適応していった。それによって母親も安堵しここで一段落できそうだったのだが、兄が順調に歩み出した頃から、小学校 5 年の弟 R 男の状態が次第に悪化した。R 男は、自宅付近の公立小学校に通っていたのだが、小学校 5 年半ば頃からクラスにいじめ問題が発生し、そのグループの仲間に入らなかったのだが、それによって R 男自身がいじめに遭いそうになったことで登校を渋るようになった。兄の次には弟が、心理治療に通ったのだが、そこでやっと父が登場してきた。相談所に初めて来た猛烈社員の父は、公立中学校の実態を知らなかったと言い、少し自分も学校に出かけて担任の教師と話をしないといけないと、責任感の強いところを見せた。それによって、母も自分ひとりで抱えていた問題を夫婦で分かち合えたことがあり、気持ちが軽快した。管理栄養士の母は、とても几帳面な性格で 2 人の息子が次々に問題を起こしたことで憔悴していたが、それもやや緩和されたのだった。R 男の状態も 2 学期の終わり頃には全快し、友人と連れ立って毎朝登校するようになった。

　この事例から、思春期型の不登校には家族の影響が大きいこと、急に自分の中に沸き起こる衝動に不安を感じる子どもたちの友人関係が時に悪化すること、そのことについて現場の教師の対応があったことなどの背景があって、R 男の不登校の例では、比較的早い解決に向かったことが考えられる。父親の治療への参加は、ここでは大きな展開の一歩であった。

　小学校高学年から「思春期」が始まるのが現代の小学生の状況であるが、思春期について、Blos は以下のように述べている。
　Blos（1962）はエリクソンと同様に精神分析学派であるが、その著書『青年期の精神医学』において、少年と少女は異なった情緒発達をすると論じており、

女性の精神発達の特殊性を論じている。彼は、青年期の非行行動の分析から、「男性と女性の非行は、別々の道を辿り、実際、本質的に異なったものであるというのが常に私の意見である。男性と女性の非行の諸症例は、女性の非行が、性的倒錯に近いという印象を与える」「女性の非行者では、決して放棄されなかった幼児期の本能的機構が、思春期の開始とともに出現し、性的活動にはけ口を見出すので、この相違が発現してくるのである。少女の非行的行動を支配している前性器期の本能目標が、彼女の非行を性的倒錯に関係させている」と述べている。一方、男性に関しては、「父親との両価的葛藤に陥った思春期の少年は、酔うことにより、財産を破壊することにより、あるいはまた車を盗んだり、破壊したりすることによって、去勢不安と去勢願望の両方に対して自分を守っている」と述べ、Blos は、非行を行った少年と少女を比較することにより、性別による人格形成の違いを論じている（Blos, 1962）。少女の場合について、「非常に強い父親への愛着が、少女のエディプス状況を示している時にはいつでも、われわれはその背後に、前エディプス的な母親への、非常に深いかつ永続する愛着の先駆者を常にうすうす感じているのである。少女が母親への受動的絆を放棄し、受動的（陽性）なエディプス的態度へ進むことが可能になった時のみ、彼女は前エディプス的母親への宿命的退行をせずに済ますことが出来る」と述べており、この見解は女子非行の事例を考察する場合に有効である。以上のように、女子の人格発達では、前エディプス期の母子関係への固着が次のエディプス期における父親との愛着関係に強く影響をするが、それら2つの愛の対象に対する葛藤を克服することが性別同一性の獲得に向けての課題となる。このように、アイデンティティ形成とジェンダーアイデンティティ形成のメカニズムは複雑に絡み合っており、これはまた文化の影響も受けるのでその子どもがどのような文化的な土壌において育つかによっても相違があると考えられる。

　数年前に長崎県であった小学校6年生女子の殺人事件は、チャットをしていた親友の女子を学校内で殺害したという恐ろしい非行であるが、これは現代という時代と、そこにおける思春期の問題、更に少女たちの家庭状況や親子関係

などが絡み合った背景が、その非行につながったものと考えられる。このように思春期の欲動は、まだ幼さを残す子どもたちの心身に影響を及ぼし子どもが自己コントロールを失いそうになるのだが、その時に傍らにいる教師や大人がどのように適切にその子どもをサポートできるかが問題である（須永，2005）。

　Waddell（2008）は、思春期について以下のように論じている。「思春期には、多くの人が出来る限り避けようと努める内的な葛藤と不安が刺激される。自分自身で考えることを止め、青年同志で共有されている心性に埋もれてしまい、薬物やアルコール、物質乱用のような文字通りマインドレスな活動に没頭しているように思える青年もある。一方の極には、混乱し矛盾した感情に直面し、考えることに対する防衛として、知性そのものに頼ろうとする者もいるだろう」。つまり、親密な関わりを避け、机上の空論によって敵対的な関与から逃げるというのもひとつの方法なのであると述べているが、そのような知的な防衛が機能しなくなった時に青年は専門家に援助を求めることになる。それまでに青年が慣れ親しんできた防衛の戦略を決定的にするためにそれが試される重要な時期が、ストレスと自由を伴う思春期という年代であり、これは家族のコンテインする機能が低下し、心的機能の質や一貫性が試される時でもある。コンテインとは包容機能とも言われるもので、自己と対象間において相手からの投影物である感情や思考を受容的に受け入れられる心的態度の特性とも言える。

　他方でWaddell（2005）は、後思春期においてエディプス葛藤が再び激しくなり、その葛藤からの分離とフラストレーションに耐えること、幻想に生きることや現実原則と快楽原則の間で闘うことなどを通じて、青年はより大きな能力を獲得することになると考え、この能力が後に親密な関係に入り、カップル関係を維持する持続力にも通じるものであると述べている。

　以上のように学童期でも、小学校5年～6年は、子どもたちが非常に変化してくる時期であり、かつては中学生で発生していたような問題が起こる時代になってきている。その意味では、4の青年期の問題と、かなり重なり合う部分がある。

　また、この時期に両親間の葛藤や紛争、そして離婚の問題が起こる場合には、

そのことが子どもたちのその時点での状態に影響し問題行動を触発する。それ
ばかりでなく、そのことがそれ以降の子どもの成長にも関わってくるが、この
問題は次章と次々章で詳しく取り上げることとする。

4　青年期の人格形成と親子関係
（1）　青年期の人格形成

　青年期に入った若者は、子ども時代を総括して振り返りをすることになる。
小倉（2001）は、「このおさらい、振り返りは、様々の形をとりうる。例えば、
自分のルーツを知りたいと思う。父方、母方両方の祖父母のことをもっと知り
たいと思う。……父と母とのどんな結婚生活の中で自分は生まれることになっ
たのか、などを詳しく知りたいと思う」と記している。青年期の若者は、両親・
祖父母のことを知り、赤ん坊時代からの自分の生育を思い起こすことを通して
自分という人間をよく眺めてみたいと切実に思い、真の自分探しを始める。こ
れは、エリクソン（1959：1973）の言う自我同一性の探求のひとつのあり方と考
えられる。

　アイデンティティ（自我同一性）とは、「どのような状況においても首尾一貫
した同じ自分であるという感覚」「本当の自分とはという答えと、社会に対す
る自分の存在意義や価値について認識していること」であるが、更に、その感
覚や認識が周囲との関係において現実的であるかどうかによって自信を失った
り、挫折を感じたりすることがあり、そこから新たな自己の再統合が行われる
のである。また、青年期に獲得されるアイデンティティは、その前段階の児童
期までの発達段階において形成されたものの総和以上のもので、プラスアルフ
ァが加わったものであると考えられている。エリクソンは、フロイトの心理・
性的な人格発達論から出発して、それを心理・社会的な側面から補充し、ライ
フサイクル理論を展開した。ライフサイクルとは健康なパーソナリティが危機
を体験しながら、自己の潜在的なものを「漸成原理」に従って発展させていく
過程と、その潜在的なものにとって必要な他人との相互作用の距離の拡大を意
味している。彼は、「成長するものはすべて内的な予定表をもっていて、この

予定表から各部分（こころの成長する部分）が発生し、その各部分はそれぞれの成長がとくに優勢になる時期を経過して、1つの人格が完成する」と述べている（Erikson, 1959：1973）。また、各部分、各要素が優勢になると、その反対側のもつ危機に直面しなければならなくなると考えられており、「ある重要な部分機能の成長やその機能に関する自覚の芽生えが、本能エネルギーの移行と平行して起こり、しかもその部分に特有な傷つきやすさを引き起こす結果、その段階は1つの危機になる」と述べている。心の成長は、適切な環境や指導が与えられれば、発達の内的法則に従って自然に進むが、同時にその部分その時期に特有の傷つきやすさ、つまり危機にも直面せざるをえない。臨床心理学におけるエリクソンの大きな功績は、青年期の人格形成について画期的な精神分析的アプローチをしたことと、アンビバレントな力関係の統合の上に成長があるという見解を示したこととである。エリクソンの理論は、現在の日本社会における青年期の若者の臨床心理学的問題を理解する上でも、基本的な考え方として有用である。

　鑪他（1997）によれば、エリクソンの後に、彼の理論を実証的に検討しようとする多くの試みがなされている。Josselsonは、女性のアイデンティティの形成過程においては、エリクソンの言う第5段階（青年期における自我同一性の確立）と第6段階（若い成人期における親密性の獲得）が並行的に進行するという見解を出している。O'norは、中流階級で大学を卒業した女性を対象に3つのタイプ分けを行い、伝統的タイプ（出産後、専業主婦となる群）、新伝統的タイプ（子育て後、職業に復帰する群）、非伝統的タイプ（結婚・子育てと同時に職業にもついている群）のうち、非伝統的タイプの女性たちは、人生の全段階ではっきりとした自己定義を促進している点では、男性のアイデンティティ形成とよく似ているとの結果を得ている。Hopkinsは、女性の自我発達において、「内的空間」とともに、社会的・経済的活動によって家庭を維持する「外的空間」についても検討すべきだとして、面接による調査を行った。その結果、女子青年においては、「内的空間」よりも「外的空間」の方がアイデンティティ形成にとって重要な役割を果たしていた。すなわち、女性の場合も、これまでは男らしさとされてきた

領域においてアイデンティティが形成されていた。

　Andersonも、この時期はリスク要因の多い時期であると考えている。「この時期の発達は両親への依存から他者との相互依存的な状態へと変化する。最終的にそれは性的パートナーシップへと移行し、親になるための能力を獲得していく。この過程は当然かなりの動揺を伴うが、こうしたすべての発達過程は依存と自立を巡って強烈な矛盾した感情を生み出す。そして、傷つきやすい青年は耐えがたい不安という形で自分自身をあからさまに表現する。その不安が極端な防衛へとつながるが、このような状況にある思春期では、しばしば耐えきれない諸感情の結果として行動化が起きる」と述べている（Anderson & Dartiton, 1998）。一方で、健全な青年期のあり方としては両親を一時的な投影の受け手として利用する必要と、不安をコンテインしより自立することができる能力との間を揺れ動くのであって、成熟とは青年が次第に親機能を引き継いでいくことを意味すると考えられている。上記のような青年期危機の状況においては、衝動と不安が高まりアイデンティティが危機的状況に陥ることがある。

　Marty（2002）は、このような危機的な過程を経て、それを通過することが青年期の人格形成を終了し、若い成人期に至るためには必要であると述べている。Martyは、思春期について革新的な理論を出したGuttonの理論を引用し、以下のように解説する。Guttonによれば、思春期には近親相姦的な願望についての葛藤（フロイト理論のエディパルな葛藤）が増大するが、それによって掻き立てられる攻撃性の性的な性格を弱めるために、主観的な世界の中に生きるような働きが発生し、アイデンティティの探究がなされる。それは、主観的な世界の中で心の仕事として進められる。このことによって、関心が親以外の性的な対象に向かうという発達が起こり、困難な局面を乗り越えることになる。またMartyは、精神分析の立場から思春期を論じているCahnについても引用し、健全な発達と病理的な発達をつなぐ概念として「主観化」という概念について述べている。健全な発達では「主観化」は分化の過程であり、この過程は自分の考えを内側に向け性的な身体を認めつつ、自分自身のクリエイティブな力を用いることによってなされる。また、主観化は、客観化の否定と考えられ

ている。これは、その青年にとって特徴的な活動によって自己表出することになり、症状の発症、逸脱行動の出現の他、より積極的な意味でも自分を表わすことになる。健全な発達では、試行的な活動の中で超自我が変容し、自我の理想を形成することになる。一方で、病理的な発達においては、同一化の対象であった親から分離して別の対象に前進的に向かう時に、その移行過程では2つの極を往来する。

　Cahnによれば、そのような過程において困難に遭遇する若者もいて、その困難さのために主観化のプロセスは妨害されたままになることもある。こうした若者たちの防衛システムは、他の人たちとは異なっている。一方で、青年期を前進できる若者は、自分自身を表象し、象徴化し、比喩を創造したりして理解をする。自分自身を内省し、それによって未知の部分に直面することができ、自分自身を理解するためにできる限りよい解決法や方法を探すことに専念することができると述べている。ここで論じられている、内省化と象徴化は青年がアイデンティティを探索する過程において非常に大切な機能であると共に、それは青年期の精神療法にとっても、重要な要因であると考えられる（Marty & Charjou, 2006）。

　このことは、Andersonによれば、青年が自分自身と周囲の人々にあまり大きな危険を及ぼすことなく、パーソナリティの混乱した部分を処理できるような調整機能を身につけることである。青年がその課題を遂げるためには、親や友人のような身近な人や、セラピストによる周囲からのサポートを巧みに活用することが大切であると考えられている（Anderson & Dartiton, 1998）。

　Marty（2002）は、クライン派の精神分析家Schmidebergが非行問題について精神分析的アプローチを行った業績について評価している。Schmidebergは、幼児期と児童期に両親から愛情をかけられない環境に置かれ養育された青年たち、または攻撃性を統制された状況で育てられた経験をもつ青年たちが、その欠乏感と抑圧された攻撃性を思春期・青年期になり非行行動として表出する事例について精神分析を行ったが、数ヵ月間に非行から立ち直るという経過を報告した。その業績を、Martyは貴重なアプローチであるとして評価して

いる (Marty, 2002)。Schmideberg によれば、小児期に形成された神経症が、青年期になり内的な葛藤が強まり非行動として出現するのであるが、精神分析的な方法が矯正教育や刑事政策による方法よりもそのような青年の治療としてより有効な方法であるという事実を数例の治療例を引用して論じている。Marty は、Schmideberg が、思春期における外傷体験の研究のベクトルとして青年期の非行問題を捉えそのような青年の精神病理への介入を行ったことは、青年期に関する精神医学的問題点について認識を広げてくれるものであると考えた。これは現代の精神分析的な青年期治療の領域で盲点となっている非行臨床に光をあてたものであり、新たな展開がそこから生まれる方向性を与えると解説している。

　Winnicott (1984) はイギリスの精神分析家であるが、その著書『愛情剥奪と非行』において以下のように述べている。「非行はいくらか希望が残っていることを示しています。子どもが反社会的に振る舞うとき、それは必ずしも子どもが病気であるとは限らないし、また反社会的行動はしばしば、強くて愛情に満ちた、信頼できる人々にコントロールを求める SOS に過ぎないことがわかるでしょう。しかしながら、ほとんどの非行は或る程度は病気であり、また、病気という言葉は、多くの場合、安全の感覚が、その信念に組み込まれるのに充分なほど子どもの人生の早期にはもたらされなかったという事実を通して初めて適切となります」。Winnicott は、反社会的傾向には希望が含まれていると考えるが、この考え方は、非行少年の治療に関しては非常に重要な視点として強調されている。

　青木 (2002) は、1980 年代以前に青年期の危機として用いられていた概念はそこを通過すると良い状態に通じる途中経過として考えられ、健康な青年との連続性、肯定的な雰囲気、そして一過性というイメージなどがあったと述べる。ところが、1980 年代に DSM-Ⅲ が DSM-Ⅳ に改訂された時から青年期の危機という概念が使われなくなり、適応障害や人格障害という概念に分類されるようになったために、どこか一過性でなく病理的な様相を帯びることになり、「社会的に適応できない人」、「人格に問題のある青年」という持続的なものを感じ

させるようになった。その様な診断的な面が強調されることになり、従来のように青年の中に潜んでいる成長の力を見出し、それを治療や援助の中で活かしていき可能な限りよい経過を引き出そうとする方向性が後退したと述べている。筆者は、そのような方向性が失われたことを遺憾に思い、青木のように青年の秘めたる力を信じて彼らと関わりを続ける治療者が存在することが、現代の青年を元気にする方向性であると考える。

　下山（1992）は、エリクソンの理論が提出された時と現代の日本社会の状況の違いに注目し、大学生のモラトリアム傾向に関する研究を行った。既に小此木（1977）が、エリクソンの言う心理社会的モラトリアムと日本の青年の「モラトリアム心理」とは異なると述べている。

　小此木によれば、日本の青年の「モラトリアム心理」はエリクソンの言うような自己探求といった真剣な色彩は希薄で、しらけと遊び感覚という特色があり、それは日本特有の競争・管理社会と密接に結びついているという。その背景には日本の大学生の無気力状態が考えられ、これは大学受験までの激しい進学・受験体制という教育の問題ともつながっている。更に、アイデンティティの模索は、本来であれば思春期におけるアイデンティティの基礎の形成と関連があるのだが、日本の学生たちはその時期には学業や受験の問題で管理された教育を受けているため、自由に役割実験のできない状況である。下山は、このような小此木の理論に触発されて実証的な研究を行い、日本の大学生は職業選択を延期する傾向にあり、職業決定を拒否する者は大学生活の中心的要素となる学業に対しても無気力になる状態であることを見出している。更に、アイデンティティの模索は、本来は思春期のアイデンティティの基礎の形成と関連があるのだが、日本の学生たちはその時期には学業や受験の問題で管理された教育を受けているため、自由に役割実験のできない状況の中で育つ。そのため、大学入学後に職業決定を延期し、その猶予期間中に思春期の課題である自由な役割実験を行うようになる。日本の大学生については、自由な役割実験を学生時代に行うことでアイデンティティの基礎を固め、更にアイデンティティの確立に向かうことができるのだという方向性を明らかにした。

現代の青年にとってアイデンティティは生きているという実感を与えていないのではないかという説（百合草，2007）、現代では青年期におけるモラトリアムが形骸化しているのではないかという説（宮下他，2009）などもある。

アイデンティティという概念を狭義に捉えるか、広い概念として捉えるかという問題はあるが、自己形成という過程は青年期においてのみ起こるわけではなく一人の人の生涯を通じて形成されるものである。従って、それは容易に完成されるものではなく、普通に経過する場合でも若い成人期に入って以降も青年期的な課題や不安がつきまとうことになると考えられるが、そのような認識は、現代的な状況の中で生きる若い成人期の人々にとって珍しいものではない（Kroger et al., 2010）。高度に発展した社会への社会参加とその社会への適応には時間を要することを考えれば、青年に対してよりサポーティブな視線を治療者たちが、また周囲の人間も向けることができる。

（2）ジェンダーアイデンティティの形成

青年期を語る場合に、ジェンダーアイデンティティ形成については見逃すことのできない大事な問題である。

現代の法治国家では、法的権利や教育上の原則では男女は平等であるという建前があるが、男らしさや女らしさへの期待が青年の第二次性徴の受け止め方、身体に対する捉え方、学歴や進路などに大きな影響を及ぼしている。前節で記した精神分析的発達理論に関しては、身体的な男女差を基盤として男性と女性における人格形成のあり方の違いを述べている理論もあり、社会学的な立場から見ればこれは「伝統主義的価値観の影響」が大きい理論であるという批判を受けることは免れない。

最近10年間における変化としては、女性がかなり広い分野へ社会進出し、職業的にも躍進がめざましいことから、青年期男女に関する男性性獲得における性差は縮小する傾向にあると言われ、青年期の男性のもつ伝統的な「男らしさ、女らしさ」は、年々弱まる傾向にあると考えることもできる（武智，2008）。

内閣府の2004年の調査では、「夫は外で働き、妻は家庭を守るべきである」に反対の人が、初めて賛成を上回った。これに代表されるように、やはり伝統

的性役割観は弱まる傾向が見られること、その傾向は女性に顕著で、男性は女性よりも保守的な性役割観を保持していることについて、多くの研究ではほぼ一貫した結果が得られている。女性が社会的に躍進する時代に、男性が女性への認識を変化させるか否かに関しては、その問題のタテマエと本音の違いについて実情はそれほど変化してはいないということが、統計的な数値によっても表われている。

　結婚して子どもをもち、仕事も一生続けるライフコースを「理想」とする独身女性は、1987年には18.5%であったが、年々上昇し2005年では30%を超えている（厚生労働省，2010）。しかし、現実的にはどうなると考えるのかを尋ねた「予定」のライフコースになると、両立したいという理想からおよそ10%近く低い20.9%にとどまっており、就労意欲があっても断念している女性の姿がうかがえる。社会一般やタテマエとしてはリベラルになって来た時代ではあるが、現実にプライベートな面においてはどの女性についてもそのような意識変化があるとは言えない。

　柏木（1974）は、中学生から大学生に至るまでの青年を対象とした性役割認知についての実証的研究を行っている。これは我が国で最初にジェンダーステレオタイプに関して取り組んだ実証研究であった。柏木は、中学生から大学生までの男女を対象として、29の形容詞項目について、男性についての望ましさと女性についての望ましさを評定させ、それらの評定値の個人内の差異得点の因子分析を行った。その結果、「男性役割因子」として、知性、行動力の2因子を、「女性役割因子」として、従順と美が複合した1因子を抽出した。更に、柏木は、発達心理学の観点から、「性別同一性」の取り入れ方が時期によって違ってくるとも述べている。すなわち、幼い時期のそれは親からのしつけや関わり方によって強化されるものだが、子どもが成長してくると、「子どもは、外的な強化からの規定から脱して、別な仕方での学習に移行してゆく」と言う。そこでは、他者からの期待や強化によらず、自分自身が自身の性役割をどのようなものと考えるかが重要となる。すなわち、自分自身の性役割認知ないし性役割観に従って自己の性役割特性を選択し形成していくことになる。このこと

は、Kohlbergの言う認知学習にあたる。大学生男女に関して、柏木は、「女子青年においては、性役割の認知的発達—特に青年自身における性役割観と、社会一般での性役割観との関係が、中・高段階と大学段階とでは格段の変化が質的にも量的にもある」「大学生段階になると、それまでの中・高レベルまで社会一般と変わりなかった女性役割次元において急激な変化がおこり、青年自身と社会一般との間に大きなズレが生ずるのである。つまり女子青年では、青年と社会一般のズレ、ギャップは、大学生段階で飛躍的に大きくなり、おそらくピークになる」と述べている。これに関して男子の場合には、そのような社会一般の役割観と自分自身のそれとのズレが年齢によって異なるという現象はなく、伝統主義的役割期待と基本的には対応したものであるのに対し、女子の大学生では社会一般の役割期待と自分自身のそれとの間に量的にも質的にも大きいズレがあり、それが対立的なものであり、その認知構造には多くの葛藤をはらんでいることが実証的に明らかにされた（柏木, 1974）。

　土肥（1996）は、ジェンダーの社会化の理論には精神分析学によるもの、社会的学習理論によるもの、認知発達理論によるものがあるが、前二者が外側からの要因を重視しているのに、認知発達理論では学習者の能動的でかつ知的な側面が尊重されているという相違があるという。従来の社会心理学の研究分野では、ジェンダーを社会的カテゴリーのひとつとして捉え、「ステレオタイプ」や、「態度」の分野で研究が進められてきた。その後、自己概念のレベルでもジェンダーの研究が行われるようになったが、その代表として挙げられるのが、「心理的両性具有性」（psychological androgyny）の研究である。心理的両性具有性とは「個人における男性性と女性性の統合である。つまり、社会において男性性とされているパーソナリティ特性を自己概念として持ち（男性性）、かつ女性的とされるパーソナリティ特性も自己概念として持つ（女性性）ことである」と土肥は述べている。これは、男女にかかわらず、本来人間として備えるべき人格特性を幅広く自己概念として具有することを意味しており、これを備えた者は社会的な適応にも優れ、また心理的な健康度も高いことが示唆されている。土肥の見解はBemの理論に依拠しており、大学生男女を対象とした実証

的な研究を行い、ジェンダーアイデンティティ尺度を作成している。

　後藤・広岡は、MHF（伊藤が1978年に作成したMasculinity-Humanity-Femininityスケール）を用いて、現代の大学生がもつジェンダーステレオタイプの構造と内容、その変化を検討した。その分析結果によると、Femininity-Masculinityの次元と、性的次元・非性的次元が抽出された。また、それらの次元に高く負荷した項目内容は20年前と大きく変わっていないことが判明した。そのように時代を超えて存続する部分は確かにあるということが理解される。更に、男女とも、Femininity（女性役割の主要概念）よりも、Masculinity（男性役割の主要概念）の方が、自分自身にとっても社会においても重要であると評価する傾向が見られたが、これは伊藤がスケールを作成した時点の研究結果と同様の結果であった。そして、女性は、Femininityを自分自身にとって重要であるとはあまり評価せず、Humanity（男女共通の役割の主要概念）が重要であるとする傾向も見られた。ただし、Femininityのうち「献身的な」や「言葉遣いの丁寧な」は、男女とも社会において重要と評価するという新しい傾向が見出された。以上の結果は、現代の大学生においては、特に女性が両性具有的な部分が拡大してきていて、男性の方も猛々しさよりは優しさや洗練された態度などが尊重される時代になってきたという状況を背景としての結果であると考えられている（土肥, 2008）。

　現代は男女という性別についての意識も多様化していると言われている。教育の分野では既に垣根が取り払われてきているし、また、労働を中心とする社会的役割の面でも男女の差は減少してきている。別の視点から見れば、ホモセクシャルが欧米では市民権を得ており同性間の連帯を結婚と同等の法的地位とみなす民事連帯契約という概念もある。更に、医学的には性同一性障害の人々が転換手術を経て反対の性に変わり、別のジェンダーにおける人生を選択する場合も出てきているという社会状況がある。

　精神分析の理論においても、本章の第1節でも引用したエリクソンのように身体的な男女差から考える立場もあるが、Chiland（2008）のようにジェンダーはビリーフであると考える精神分析家もあるというように、ジェンダーについ

ての精神分析学派の議論にはまだ定説がなく、結論を出すことが難しい多義的な問題であるとも言える。

　Chiland（2008）は、ジェンダーについて、シモーヌ・ボーボワールが『第二の性』で論じたように生まれた時点で女性であるというのではなく、育てられる過程を経て女性（第二の性）になるという見解を精神分析の立場から論じている。「ジェンダーアイデンティティというのは、ひとつのビリーフ（信念）であり、それは子どもがこのようであると指定されたジェンダーから生じるもので、また彼（または彼女）が育てられる方法に起因する」と述べている。もし、いずれかのジェンダーで育てられた後に別のジェンダーに変更することを求められた場合には、その人は変わることを拒絶する。それは育てられる過程で培われたジェンダーに自分は属していると強く信じているからである。また、幼い子どもで自らの性を拒否している場合には、それには親子の相互関係が影響していることが観察される。即ち、両親の男性性と女性性についての態度がどうであるか、同時に親自身のセクシュアリティがどうであるかが、幼い子どもには意識的かつ無意識的に伝達されるのであると述べている。以上のようにジェンダーアイデンティティの構造は複雑であり、いずれを選択するかによってその人の人生が変化し、ジェンダーの問題での悩みが死につながるという場合もある程に、ジェンダーアイデンティティは、人格の中核的な部分であるとも考えられている。

（3）青年期の子どもと親の関係

　親世代は青年期にある子どもからの挑戦を受けるが、その時の親世代はライフサイクルでは中年期にあり仕事面でも社会的要請が大きく、そのように問題が重なっている時期に子どもからの挑戦を受けるという親子関係の構造が作られることになる。しかも、青年期の子どもからの問題提起が、子どもの問題行動や精神症状として出現する時に、親世代はそれを深刻に受け止めることになる。

　青年期の子どもたちは、自分とは何かという事柄を基本的な課題として捉え、その課題と日々闘いながら生きていると、小倉（2001）は述べている。更に、

大人の側は、本来ならば自分もそういった課題と真剣に取り組んだ生き方をしなければならないものを、目前の出来事に気をとられてそれを忘れて過ごしている。そのような大人たちは、真剣に問い続ける青年期の子どもと接する時に、様々な思いを体験することになる。

　家族療法家の Minuchin は、子どもが両親との三角関係化に巻き込まれるのは、両親の葛藤を解決しようとして努力することや、その両親間の葛藤から生ずる緊張を緩和したいと考えるからであると三角関係化について説明している。両親間の葛藤に巻き込まれ三角関係化することは、思春期や青年期の子どもにとっては危険因子であるのだが、その影響については、Fesco & Grych (2010) によれば以下のようなことが考えられる。青年期の子どもが両親間の葛藤へ取り込まれた状況にいることへの反応として大きな脅威や不安を経験している場合には、両親との三角関係化が却って長引き、青年の側に自責や嫌悪が増大して親との関係が困難になるのである。Davern et al. (2005) は、中学生・高校生の青年期の子どもが、どのように両親間の葛藤を認識しているかがその後の心理的適応を予告することになると仮定し、実証的な研究を行った。その結果、青年期の子どもが早い時期に両親間の葛藤に気がついてスクールカウンセラーなどの専門家のサポートを受ける場合には、適応が促進され予後は良好であるという結果を得た (Davern et al., 2005)。

　従って、青年期が発達の途上であると考えると、その時期に問題が生じた場合には、早期発見と早期治療が必要である。

　乾 (2008) は、精神分析的アプローチによる治療を長年青年とその親に対して行ってきたが、子どもの問題で訪れた親についての並行面接に関して以下のように考えている。「そのような患児の動きに誘発されるように、家族の特に夫婦の間での生き方や価値観、夫婦としての経済的・性的などの役割、人柄や相性などのそれぞれのレベルや段階における未熟さ、コンプレックス、こだわりなど、つまり夫婦関係の一致と不一致あるいは快・不快、葛藤性、恨み、嫉妬、憎しみ、怒りなどの感情がまさに噴出してくる」と述べ、このような局面になると父母面接が親自身やその夫婦の問題をテーマとして行われるようにな

る。これは、子どもの治療としては本来の方向性でないとしても、ある程度までは扱うことが治療者にとっては必要になる。

高橋（2009）は、現代青年のアイデンティティの確立に絡む問題として、自己の安定を保つ様式のひとつとして人々の心に潜む「仮想的有能感」があると言う。それは、現代青年が自分の体面を保つために周囲の見知らぬ他者の能力や実力を、自分より軽視する傾向にあるからであると指摘する。そして、このような傾向は現代人の多くに見られ、他者を否定したり軽視することで、無意識的に自分の価値や能力を保持したり高めようというのである。以上のように高橋が説明している概念である「仮想的有能感」は、競争や相対評価のまかり通る現代社会と大人たちの人間関係においても色濃く存在しているものであり、青年期の子どもをもつ父母に関しても例外ではない。そのような大人社会であるからこそ、親子の緊張関係に関してもこの問題が現われてきて、より葛藤的関係を増加させるものになる。高橋によれば、心を揺さぶられている青年期の子どもたちに対して、「家族は、青年の健全な成長を信じて見守る姿勢を求められる」と述べている。

飛田・狩谷（1992）は、青年期の親子関係は「心理的離乳」や「脱衛星化」と言われており、親子関係が再構成化され人間関係の重要度が親から友人へ動くことなどがあるが、青年期の女性の人格発達については、両親間の関係の性質や両親の適合の程度が大きな影響を与えていると述べている。また、同様に両親の夫婦関係がその娘にとって理想的に近いほど、その娘の父親に対する魅力が大きくなる。また、青年と父との関係あるいは母との関係は、単に独立した二者関係の集まりではなく、父親—母親—子どもというひとつのシステムとして理解する必要があるとも考察している。

特に青年期の女子は、母親との関係を見直して再び距離を捉え直すために、自分の親に対して直線的には成人女性としての同一化はせずに、内的、外的な問い直しや挑戦を通じてその作業を行っていく（井村, 2001；大野, 2006）。母親の側から考えると、これまでは母子関係が良好に経過していたはずであるが、急遽その様相が変化してきたこと、それが時期を同じくして母親の更年期と重

なっていることから、更に負荷が強いということがある。本来は健康な自我機能を備えた女性でも、そのような窮地から容易に立ち直ることができない事態に至ることもある。そのような時こそ、娘にとっての父親が登場する必要がある。父親の性格や社会的な活動のあり方が子どもへの影響としては大きいのであるが、青年期に至る前の幼児期・児童期に良好な父子関係が形成されていれば、この機に父親が仲介役に入ることの効用がある。反抗を示している青年期の娘に対して侵入的でも干渉的でもなくほどほどの距離を示して接する父親が、その時点で困惑している母親を夫として支える姿を子どもたちに示すことは非常に有効である。この場合にも、高橋（2009）が述べたように、静かに見守る姿勢が大事である。青年期の子どもは、そこまで自分の母親を困惑させたことを感じ、また、父母関係が良好であることで健全な家庭であることも再認識できる。そのような認識があることで、子どもは安心して親に反抗もできるし、自分のアイデンティティを探求できると考える状況の中で、青年自身の成長が促進されることになる（管, 1998；大島, 2009；高橋, 2009）。

諸井（1996）は、Norton の結婚の質（夫婦関係全体のよさ）に関する項目を参考にして、日本における夫婦関係満足度の6項目の尺度を作成し、その尺度と性役割観を測定する尺度（Spence, J. T. & Helmreich, R. I. が作成）を用いて、幼稚園及び保育園に通園している児童の両親を対象とした調査研究を行っている。その結果、伝統主義的役割観をもつ妻と平等主義的役割観をもつ夫との夫婦関係満足度が一番高く、平等主義的役割観をもつ妻と、伝統主義的役割観の夫との組み合わせでは、夫婦関係満足度が最も低くなることを明らかにした。更に諸井（1997）は、女子青年を対象にして上記の研究で用いた夫婦関係満足度の項目を「子どもの目から見た両親の夫婦関係満足度の項目」に修正したものを用いて、子どもの目から見た父母の夫婦関係に関する調査研究を行った。ここで、子どもの目から見た夫婦間の平等性が問題にされているが、女子青年は母親の過少利得と過重負担傾向に注目しているという結果を得た。そして、そのような夫婦間の不平等性を夫婦外比較（他の家庭における父親のあり方との比較）によって認知的に軽減しているという結果も得ている。この結果を諸井は「女子

だから母親に同一化しているからではなく、自己のジェンダーの将来に関する手がかり」として母親を見ていると考察している。確かにこの年齢の子どもたちは一見関心がないように装いつつも、実はしっかりと父母関係を観察していることがある。そのような観察の目に晒されても、父母が夫婦として協力している姿を見せることは意義がある。臨床的な立場から言えば、青年期の子どもたちが反抗を続ける時期に、母親が父親と離別していて父親が不在の場合、または父親が病死している場合、更に母親自身が病理的な部分をもっている場合などには親として十分な対応を示せないことがある。上記のように親性を示すことができない親に対する青年期の子どもたちの反抗は、歪んだ様相を呈するものになる（管，1998；井村，2000；Kyrre et al., 2009）。

　この節では家庭裁判所に係属した少年事件の事例は出さないが、そのような非行をした少年の事例においても、両親の紛争や離婚を経験した少年たちが親性の乏しい状況にある父母に対して依存できない状態の中で、歪んだやり方で青年期の反抗を行っていることが表わされている。そのような場合には、親以外の大人がその少年の気持ちを受容し、彼らが誰かに表出したいのにその機会を失っている話題について聴くことが大切である。そのような場を得ることができた者は、青年期的な願望やそれが叶わないことによる焦燥感、更に予測できない将来に対する不安などを語る中でストレスを発散することができ、非行には向かわずに適応的な対処（コーピング）ができるようになることが認められた。

　青年期の子どもの表わす不適応状態は、様々な要因が絡み合って出現するが、その中でも家族的な要因、特に父母の夫婦関係という要因は大きいと言える。このように家族という受け皿は、青年の問題行動、特に非行問題の治療の上では大きな役割をもってくるが、それに関しては、この後の章において述べることとする。

第2章 両親間の葛藤と青年期の人格形成
家庭裁判所の臨床事例から

第1節　父母関係と青年期の人格形成

　ここで取り上げる事例は家裁に係属した未成年者の事例で、彼らは父母の紛争や離婚によって困難な体験に出会った後に行動化をしたものの、それを克服して成長した者たちである。彼らの立ち直りの過程と彼らを支えた筆者の関与の経過から、上記のような問題状況を克服していくにはどのような対策が必要であり、また青年の心の中でどのような変化が起こることが「成長すること」、「生き抜くこと」にとって重要であったのかに関して、「治療的な視点」から解明していく。上記の少年たちは、家族の混乱と崩壊というストレス状況に当初は戸惑い不適応に陥ったのだが、家裁におけるサポートを受けてそのようなストレス状況への対処能力が育てられていき、適応的に変化したのだった。それと同時に、子どもたちが立ち直る経過の中で親世代、すなわち葛藤の渦中にある夫婦や離婚後のカップルの各々が「親としての自覚」を回復し変化するが、その変容が起こった要因についても考察する。

　Constance（2004）は、1979年に離婚したカップルとその間の子どもたちの面接調査を開始しその後20年間にわたる追跡研究を行ったが、21歳から47歳に至った子どもたち200人以上が調査に応じている。彼らは20年間に両親の離婚を乗り越えたばかりでなく、大多数が親の離婚に直面した時のストレスや環境の大きな変化を克服して立派に成長していることが把握されたという。

　堀田（2009）は、母子家庭の自助グループ「しんぐる・まざーず・ふぉーらむ」に所属する18歳以上の青年に対して面接調査を行い、彼らがどのように親の離婚という生活歴の中での辛い出来事を捉え直し（ストーリーとその筋立てを変更

させていくこと）を行い、どのように困難な状況を通過したかについて研究を行っている。これは、親の離婚によって青年たちが必ずしも挫折を経験し立ち直れないのではなく、むしろ、そこから自分なりのやり方で問題を克服できることを強調した研究である。

　欧米諸国では、「児童の権利条約」の批准と前後して、離婚後の共同子育て（共同親責任、共同監護、共同親権）の制度が整備されているので、現代的な考え方としては離婚後の別居親と子どもの「日常的な面会交流」（子育て時間と言われる）は常識である。父母がかなり高葛藤状態であっても、離婚問題に関与する各方面の関係諸機関が連携して別居親と子どもの「面会交流」の継続が模索されている。しかし、父母が激しく争った後にも協力して子育てをすることは困難な状況であるため、離婚後の共同子育てを支援する各種の取り組みが開発されてきている。すなわち、面会交流による紛争の調整援助、離婚後の子育てプラン作成の支援、親教育プログラムや子育てカウンセリング、ひとり親自助グループの活動の支援などがある（青木，2002；Karlter, 1989）。

　しかし、日本の実情は、「子どもの権利条約」を批准してはいるが、家族法の上では他の先進国と比較して改正が遅れており、日本の家族法では離婚後は単独親権と定めている他、離婚後に別居親と面会交流をするという明文化された規定もなかった。こうした社会状況のために離婚後に親権者に指定されなかった親と子どもとの関係は、夫婦の離婚が子どもとの別離になる可能性が大きいことから、最近は家庭裁判所において子どもを巡る紛争が激化している状況であった。しかし、2011年5月に「国際的な子の奪取の民事面に関するハーグ条約」を日本も批准する方向になり、そのために国内法の整備に入ったことから日本の家族法も変化する方向に向かっている。以前より諸外国からの要望で、共同監護・共同親権の国の離婚法に添った離婚後の親子の法整備をという強い要望があったためである。

　そのようなことが要請されている理由は、例えば日本女性と外国人男性が国際結婚をして外国に住み子育てをしていたが、数年後に夫婦間の亀裂が起こり女性は日本に子どもを連れて帰国してそのまま日本にいる状態が長引いてしま

う時、多くの事例では離婚について子どもの住所地である日本の法律が適用され、子どもの監護者指定や親権者指定も日本にいる女性の側に有利に展開する。そのことは、外国人男性にとっては不合理な法制度であるという問題提起がなされていたからである。そのように法的に不備な面に注目し、従来は日本人女性が外国人男性のDVから逃れたいという口実を使って、自分の方で子どもを取り込んでしまうこともできた。

　条約は国際的な取り決めで何よりも優先する約束であるため、ハーグ条約批准後は諸外国の離婚法と離婚後の監護権の問題を考慮に入れた判決が日本でもなされなければならない。そのような状況から日本国内の離婚を巡る子の親権・監護権の問題が見直されるようになっている。それは、現在の家族法の大きなテーマであるとも言える。

　日本人同士の夫婦間でも、ある程度以上の生活力をもつ女性は毅然として父親から子どもを自分の方に引き寄せてしまい、離婚後には父親を疎外してしまうという事例も見られる。

　これは片親阻害症候群と言われ、問題とされている。また、反対に子どもを養育している側の父親が寛大でなく、子どもの気持ちを理解しない場合には母親と子どもとの面会を拒否する事例も見られ、これも子どもの健全な成長を阻害することになる。このように身勝手な親たちの犠牲になり、その後の子の利益が守られない生活を送ることになる離婚後の子どもが日本では相当に多く存在していた。この点は、以前から問題とされてきていた。

　2011年5月27日に民法の一部改正が成立し同年6月3日に公布され、改正後の法律が2012年4月から施行された。協議離婚については離婚件数の9割を占めているものの、これまでは離婚後の面会交流と養育費については明文の規定がなかった。この改正によって、「父母が協議上の離婚をするときは、子の監護をすべき者、父または母と子の面会及びその他の交流、子の監護に要する費用の分担その他の子の監護について必要な事項は、その協議で定める。この場合においては、子の利益を最も優先して考慮しなければならない」とされ、その協議がととのわない場合には、家庭裁判所がそれを定めるとされた。

更に、2011年5月26日付の国会（参議院法務委員会）の付帯決議では、以下のように決議されている。「離婚後の面会交流及び養育費の支払い等について、児童の権利利益を擁護する観点から、離婚の際に取り決めが行われるように明文化された趣旨の周知に努めるとともに、面会交流の円滑な実現及び継続的な養育費支払い等の履行を確保するための制度の検討、履行状況に関する統計・調査研究の実施等、必要な措置を講ずること」。

このような家族法改正の潮流の中、日本の社会でも離婚後の共同監護の問題が法律の面でも再検討され、面会交流の権利・義務が確立していけば、上記のような子どもを巡る父母間の紛争も次第に解決される方向に向かうと予想される。離婚後の面会交流が一般化されれば、どの家庭における離婚後の子どもにとっても別居親と面会交流することが通常の状況になり、面会交流に付随していた子どもの悩みや拘束感が緩和されることになる。

これは、子どもにとっては利益につながることである。従って、別居親が子どもに面会交流を通じて悪い影響を与えることがはっきり予想されるような場合には、子どもの利益に反するので面会交流は制限されることになる。

また、離婚後に親権者と監護者になる者は圧倒的に母親が多いのであるが、ひとり親世帯における経済状況は豊かでない場合が多いので、別居親である父親からの養育費の支払いは重要な財源である。子どもは、もし父親の生活水準が母親の生活水準よりも上である場合には、父親と同等の生活水準の生活をする権利がある。しかし、従来の離婚後の家庭状況ではそのような場合は少なく、父親からの養育費が支払われなくなったために母親が長時間労働をしたり、子どもが進学を諦めるなどの困難な事態に至っている家庭が多かった。離婚時に協議によって合意で決めた養育費を支払うという義務については疎かにはできないので、義務者にはその責任について強い自覚のもとに履行（約束通りに支払うこと）をさせる働きかけが不可欠である。

2008年の離婚件数は、2005年のピーク時よりも数が減少傾向にあるとは言え、約251,136件もある。その中で未成年の子どもがいる場合の離婚件数は、143,834件に及ぶ。2008年の婚姻件数が約726,106件であるので離婚件数は総

数で言えば婚姻件数の 34.5％ となっており、有子夫婦（子どものいる夫婦）の離婚件数は、その年の婚姻件数との比では 19.8％ である（厚生労働省，2010）。

　以上のような数値を考慮しても、日本社会においても親の離婚によって物心両面で不利益な状況になる未成年者を援助する取り組みは、児童福祉の視点からも非常に重要な課題となっている。

　非行問題に関しては、その少年の親子関係や家庭の問題が非行原因として、また少年の矯正と治療においても非常に関連が深いことが司法臨床の場では重要な認識となっているが、その背景を理解するためには精神分析学派の知見が役立つ。

　Winnicott（1984）は、反社会的行動と愛情剝奪には直接的な関係があると述べ、1 歳児から 2 歳児頃の愛情剝奪との間で関連があると述べた。第二次世界大戦後のヨーロッパで悲惨な状況に置かれ非行を犯す子どもを治療した経験から、Winnicott は反社会的傾向をもつ子どもには、「その体験の中である時点まではポジティブな何か良いものの喪失がある」「何か良いものが引っ込められている」状態であると考えている。子どもの中の良いものを引き出し育てるのは愛情ある親の役割であるが、その環境を欠いていては良い資質も育成されない。一方で、Winnicott は、反社会的行動は希望でもあると述べているが、これはその子どもが SOS を出して周囲の大人に援助を求めるだけの力をもっているという証しとして解釈されている。

　Schmideberg（2002）も、精神分析の立場から反社会的な子どもの治療を行ってきたが、Winnicott が表現したような家族的要因に恵まれないある児童（8 歳半男子）の治療例を紹介している。児童は貧困の中で飢死するのではないかと不安だった過去や大人から保護してもらえなかった幼い頃の経験があり、食物の窃盗を続けていた。彼は非行をすると超自我から罰せられるという苦悩に悩みつつも窃盗を続けたが、Schmideberg によるセラピーの結果で人を受け入れ愛せるように変化した。Schmideberg によれば、子どもの早期の親子関係のあり方や親の愛情や養育を受けて来なかったことが、後に非行行動として発現する要因になるが、精神分析療法によって深刻な問題でも小児期に関われ

ば改善されることを示した。

　Mannoni (1965) は、非行少年に関しては大人や世界に対する彼らの抵抗の態度が、ある日非行につながると述べている。この段階においては、治療が彼らをアウトローの役割に永遠に追いやらないうちに開始されれば治癒の見込みはあると考えた。「少年たちは言葉によって自分の欲望を表現できないために力によってそれを認めさせようとし、その結果、主体は症状（性格障害や非行）の象徴的側面において自己を表現するようになるのだ」と考えている。基本的にMannoniの非行理論は、少年の周囲の大人や世界に対する反応としての非行動という考え方である。Mannoni (1965) の著作の中で、DoltはMannoniと同じ精神分析的な立場から、「言語が停止するところで行動が語り継ぐ」と述べている。つまり障害をもつ子どもは、両親が気が付いていない、あるいは既に気付いている家族や夫婦の強い葛藤を身体で示すと述べている。すなわち、子どものリビドー（口唇的、肛門的、エディプス的、前性器期的なリビドー）の亢進や減退、あるいは内的な衝動の象徴化は、社会生活、あるいは結婚生活に満足していない両親の抑圧された欲望を補うものであると考え、夫婦と親子の三角関係化が子どもの行動化に関わると考えている（Mannoni, 1965）。

　Mannoniは、非行を犯すことは言語で自分自身の苦しい内界を訴えることができない少年がその代理的な表現として非行という形で現わすと考えているが、そのような少年が自分を言語で表現できるようになることが治療にとっては重要であると述べている。

　石川 (2008) は、精神分析の視点から非行少年の治療については言葉による精神療法が非常に有効であると述べている。その際、非行少年に接する姿勢で重要なことは、治療者が非行少年に何らかの「関心」をもち、更生や社会復帰という共通の目的に向かっての「共同作業」（対話）を続けることであると述べている。このような治療関係の中でこそ信頼が生まれ、治療者と少年の心が出会い共鳴し、共感し合う可能性が高まる。そのような契機を経て、少年と治療者は互いに人間として出会い心と心が触れ合った時、急展開が起こり非行から立ち直る転機となるのだと考えている。このような精神療法で培われた信頼の

もとで、「開かれた非行少年の心から率直に話される内容に聴き入ることにより、彼らとともに治療者もまた、彼らの本音を知り、彼らがどのようにして罪を犯すに至ったか、また彼らがどのように更生し人間としてよみがえったのかを『教えられる』のである」と述べている（石川，2008）。このような石川の謙虚な治療者としての姿勢は、少年事件に関与する家庭裁判所調査官には貴重な教えであり、家庭裁判所調査官研修所では多くの調査官が少年事件における面接技法について石川の指導を受けた。

　司法機関としての権威構造の上に家庭裁判所職員として座っているだけではなく、少年部で関与した少年たちと人間として対等な存在として向き合うことは、易しいようで難しい。ともすれば司法機関の職員としての意識が先立ってしまい、少年に対して統制的な姿勢をとってしまうことは調査官として仕事をしていた時代には様々な場面において起こった。しかし、そのような状況にあっても少年法第25条による試験観察を行う場合には、通常の調査面接とは意識的に構造を変え、石川（2008）の述べているような姿勢で臨むように筆者は試みた。筆者が過去に関与した全ての試験観察の事例でそれが必ずしも成功したわけではなかったが、上記のような出会いが一部分でもできたと考えられる事例を大切にしてきた。

　乾（2008）は、青年期のクライエントの家族との関わりについて治療構造との関係で述べているが、家族を治療対象に据えるとしてもどのような家族メンバーに対してどのような枠組みからアプローチを行い、どのように限定してゆくかなどのことが治療目標との関連で重要であると考えている。このようなアプローチの方法や治療構造の設定が治療関係に多大に影響を与えているという臨床上の基本的な認識が考慮されねばならないが、乾の立場はクライエント（児童・青年）指向的で、治療構造的にはクライエントと母（父）は同時にかつ並行的（"concurrent"あるいは"collaborative"）なアプローチが行われると述べている。

　それは「並行父母カウンセリング」であって、「並行父母治療」ではなく、父または母そのものに対する個人心理療法ではない。このようなアプローチは、家庭裁判所の少年部の面接構造でも、基本的なやり方であると考えられる。

筆者の場合は、基本的に父母面接の範囲をより広くとったアプローチをしている。例えば第3節の事例1では、父母の関係そのものが青年の問題行動に影響していると考えて、両親の間の関係改善を対象とする夫婦療法的なアプローチを取り入れている。

　乾（2008）は、上記のような並行父母面接においても、精神分析的心理療法の原則に即した構造化した設定で行うが、そのような進行の中で治療導入期には親が感情的な反応を示しそれに対応する必要が出てくることが述べられている。また、親面接における作業同盟の形成期にはクライエント理解の促進から親役割を自覚するように援助し、親役割の自覚から家庭内葛藤を理解できるように促す。治療の展開期と終結期においては、親自身及び家族力動に関する洞察を助ける。この段階に至るとクライエントは親からの分離と独立の方向性が出てくるので、親自身を含む家庭内のいわば古い情緒関係や問題点が暴かれてくる。

　父母は夫婦としての問題に直面することになり、ここで相互関係の問題の様々な局面が出現する場合もある。すなわち、Williの理論で言う「夫婦としての共謀」という夫と妻をつなぐ無意識の深い共犯関係の問題が露呈してくるようになる。

　しかし、治療者は、この状況で「中立的な立場」を維持し家族葛藤に取り込まれないように、かつ親を拒否しない範囲で双方から十分に心理的距離をとるという対応をする。

　ここで乾が強調する点は、親たちの内的洞察はあくまでクライエントの治療の継続を支持する範囲に限定されることである。以上のように、クライエントの親には多様な父母がいるが、「親面接における原則」は親役割に対する教育的・育成的働きかけを行っていくことで、過度の治療的退行を予防し現実志向的対応を心がけることである。即ち、主役はあくまでも少年自身である。

　小林（1991）は精神分析の立場から、青年期の治療について、非行などの行動化による青年の主張の中には自我の芽生えを発見することができ、そこでは知性化という防衛機制による「偽りの自己」を放棄する姿が観察される。それ

は、「環境を使用する能力」の開発であると肯定的な見方を示している。これは、先に Winnicott が、反社会的行動は希望でもあると述べたことと関連する。親への関与については、子どもを統制する対象として見るのではなく、存在する（関わる）対象として見ることができるように支持するのが親面接であると述べている。「new object」（親以外の新しい対象）としての治療者の役割は治療初期には意味をもつ場合が多いが、結局はそれぞれの青年が親との出会いを完成することが治療の終結になるので、治療者は、new object として彼らの親にとって代わろうとするよりは、「患者をして親に出会わせる勇気」が必要になる。治療の過程で治療者が new object の役割を担うことは意義をもつが、その際に、「親に何を問い、どう出会うのかをひもとくこと」が、治療的関わりであると述べている。

　以上に挙げた青年期のクライエントに対する精神分析的アプローチは、いずれも筆者の臨床活動にとって示唆の大きかったものである。

　筆者の場合には、家族の軸である父母が夫婦としての関係性の問題をもつ場合には、その親たち自身の夫婦関係の改善を含んだアプローチを行う場合があるが、それは家庭裁判所という臨床の場において許容され、かつ有効であると考えられた範囲の構造と司法臨床としての枠を考慮しての活動であった。そのような構造と枠は家裁調査官の活動においては厳守すべきルールであるが、それが許容する範囲であれば子どもへの働きかけにおいても様々な働きかけが可能であると言える。これは、クライエントである子どもたちが改善する方向につながるのであれば多様なアプローチを統合して用いていくという考え方にも通じることで、統合的心理療法とも言える（村瀬, 2003）。また、実際の面接技法の側面から言えば、多様な心理療法の現実的に役立つ技法を集約して用いるマイクロカウンセリング技法にも通じるものである（Ivey, 1971：1995）。マイクロカウンセリングは日本でも多くの臨床家に用いられており、最初は傾聴技法から入り面接の進行とともに積極技法を用いて介入を行うが、それらの技法を時機（タイミング）を見て柔軟に活用するための介入のあり方について詳しく解説しているもので、非常に実用的な方法である。

いずれにしても、青年が混乱した感情を整理して自己覚知をすると共にその状況を克服し乗り越えていく対処の方法を見出し、それを実際に使える能力として獲得させることが子どもたちへの関わり方では重要である。

従って、本章の目指している着眼点は次の３点である。

＜着眼点１＞

本章では過去において家庭裁判所調査官であった筆者が面接を行った事例を素材として扱い、親世代に様々な紛争や葛藤があった末に子どもの心理状態が影響されて家裁に係属したが、家裁調査官の関与の結果によりその状態が好転し青年期のクライエントがどのように変化したかに関してのプロセスを再検討する。それを通じて、青年の人格形成に及ぼす両親間の葛藤の影響と、青年の側でのその問題の克服のあり方を探る。

＜着眼点２＞

上記のような経過で家庭裁判所に係属したケースに関与する中で、筆者は青年自身が変化する過程と同時並行的に保護者の側にも大きな変化が起こることに関心をもっていた。

すなわち、反抗期にある子どもと親との間の親子関係調整を目標とする活動の中で、保護者側も自分の問題に気が付いて反省するという流れが起こる。夫婦で争っていた父母が、自分たちの未熟さに思い至り、夫婦関係を修復する努力を始めるというような保護者側の変化の過程と、そこに働く諸要因についても夫婦の改善という視点から考察する。

＜着眼点３＞

上記の検討を行うことによって、家庭不和と両親の離婚に遭遇する子どもたちにどのような対策が重要かという対応策を考えていくことも、本章の目指す方向である。例えば、治療的な状況で現われる変化についての経験的な所見ばかりではなく、それ以外の領域、すなわち青少年が危機的な状況の中でどのようなストレスマネジメントを可能とするかを検討することで、ここで取り上げた事例の子どもたちとは別領域に登場する対象に対しての対応策を発見できると考えられる。そのような対応策の発見ができれば、その知見がより広範囲、

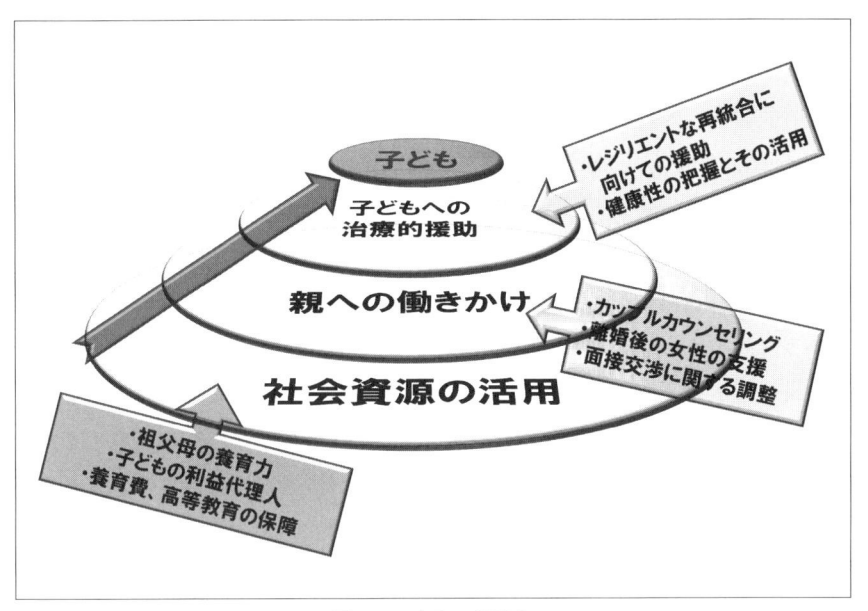

図 2-1　本章の着眼点

かつ効率的な「子の福祉」に合致する方法になると考えられる。

以上の着眼点について図示したものが図 2-1 である。

第 2 節　本章で対象とした事例について

　この章で扱う事例は、これまでに筆者が担当した家庭裁判所の事例の中から少年法第 25 条により調査官が継続的に関与する試験観察を行った事例と家事部でのカウンセリングによる関与を行った事例を合わせて 4 例である。

　これらはいずれも既に学術誌または大学紀要の論文の中で取り上げたことのある事例であるが、それを再検討することによって、先に挙げた目的に沿った考察を行う。

　これら 4 人の少年たちの特徴に関しては、いずれも知的には IQ100 前後であって幼児期や児童期から顕著な問題行動はなく、思春期や青年期に入って行動化が始まったというものである。これは齊藤（2008）によれば、ここで引用

する少年を非行があったということによってあえて行為障害というカテゴリーに入れたとしても、その中でも「思春期発症型」に分類され軽症にあたると考えられる。

なお事例1（N男）に関しては、少年部に係属したことはない青年である。彼が、大学浪人中であることと葛藤的な親子関係があることで、青年期危機に一時的に陥り母親に対する家庭内暴力が発生した事例として取り上げたので、行為障害の分類に入らない。

清永（1999）は1980年代末頃から少年たちの様子が変化し始め、1990年代に入り5～6年を経た時期にはそれが顕著になり、1990年代の末には非行の第四のピークに至るという予測をした。清永によればその時期に出現してきた重大事件を解明すると、これまでとは違ったタイプの少年像が現われて来たと述べ、これは衝動の論理に基づいて非行を犯す者たちであると考えた。その特徴は、これまでに非行歴があまりなく日常的生活態度は抑制的で基本的性格も内部思考であるが、感情的・衝動的に非行行動に及ぶというものである。

彼らは空洞の世代と言われるが、「社会的規範の喪失」「自己感覚の喪失」「他者感覚の喪失」という3つの喪失を抱えているとも考察されている。このようなタイプの少年たちは重大事件を起こした少年たちの分析によるもので、その時期の非行少年の全ての者の特徴を代表しているのではない。すなわち、別の特徴をもつ少年たちが、他にも存在したと言えるのではないだろうか。筆者がこの研究で引用する少年3例については、1990年代に非行をして家裁に係属した者たちであった。また家事事件の中で扱われた青年も、その時期に家裁での関与が行われた事例である。これらの青年に共通していたことは、親のあり方に反抗をしているという反抗の論理があり、「自己感覚の喪失」というほどの混乱はなく、「他者感覚の喪失」という問題も認められなかった。言い換えれば、彼らは現実感覚を持ち合わせている青年だったのだが、青年期の葛藤的な状況の中にあって一時的にも危機的な体験をもち、そこから行動化が起こったと考えられる。筆者は、この少年たちにある程度の関与を行えば改善するかもしれないという「見立て」を行い、その見立てによる意見を担当裁判官に具

申して試験観察の命令を受けている。担当裁判官に対して、3ヵ月から6ヵ月の期間で関わることで少年たちが改善の方向に向くという予後を強調することができた背景は、彼らの中に病理的なものではない健康な自我、すなわち「自我の強さ」を認めたからであった。

これらの少年は過去に児童相談所への係属歴は無く、また、クリニックへの受診歴もない者たちで、精神科などの医療を受けた経験もない。

これらの事例を提示する方法は、以下の3つの柱を立てそれに沿った展開について解説することによって青年期の問題を理論的に考えていくというやり方である。

筆者は、親が離婚後または離婚紛争中などの家庭状況と、少年の非行が発現する状況は密接に関連すると考え、以下の3分類とした。

図2-2、図2-3、図2-4に、①〜③を図示する。

① 父母の夫婦迂回連合への介入と子どもの行動化への対処・・第1事例
② 離婚後の母子家庭における母親の再適応と在宅試験観察による母子関係の葛藤に対する働きかけ・・第2事例
③ 離婚後の面会交流を継続することによる別居親からのサポートの活用
・・第3事例、第4事例

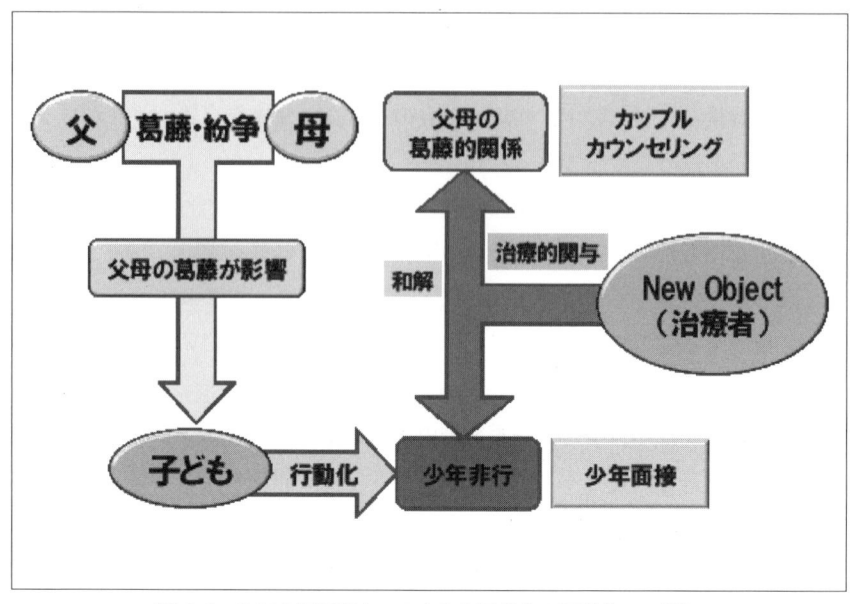

図2-2 父母の迂回連合への介入と子どもの行動化への対処

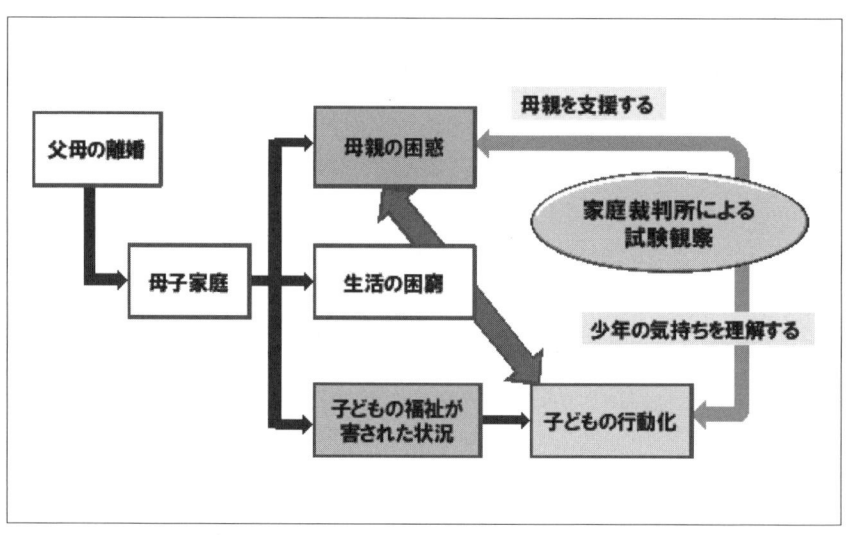

図2-3 離婚後の母子家庭における母親の再適応と在宅試験観察による母子関係の葛藤に対する働きかけ

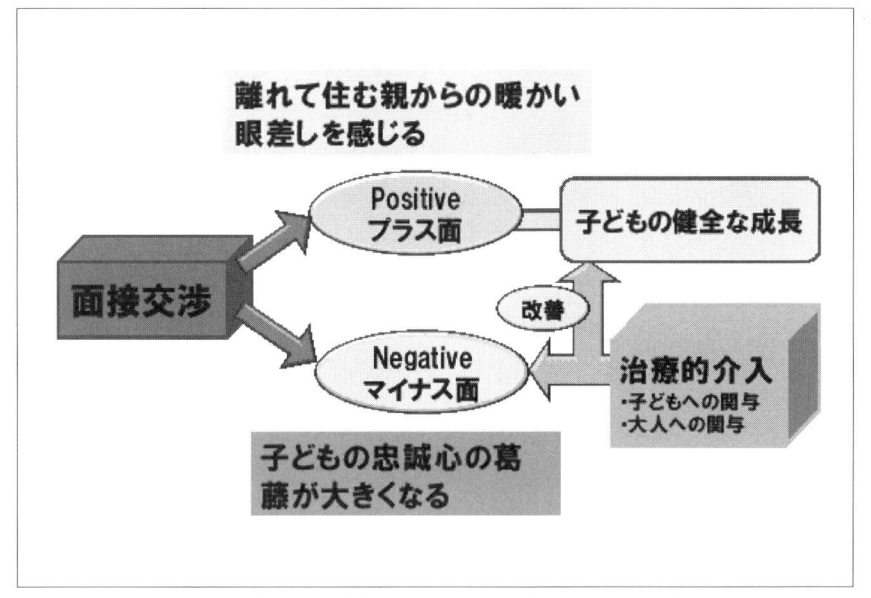

図2-4　面接交渉を継続することによる別居親からのサポート

第3節　事例概要と事例についての考察

①　父母の夫婦迂回連合への介入と子どもの行動化への対処（事例1）

1　事例の背景となる問題

　序論でも述べたように、父母の夫婦関係の葛藤が子どもの世代を迂回して現われる現象は、家族療法の立場からは「夫婦迂回連合」と言われる。ある父母の間に葛藤的な関係があり、それが表面には出てこないが、その子どもにある症状が出現しているような場合である。最初は当該の子ども（IP/Identified patient、患者の役割を背負った子）の問題の治療に来たはずの親が、次第に配偶者との葛藤について語り出すことがある。そこでもう一方の配偶者を治療に導入し、父母の並行面接か、あるいは子どもを含めた家族合同面接を行うことによ

って、次第に当該の子ども（IP）の状態が変化していく。更に、面接が進行し父母が関係修復できた時点では、IP も問題が軽減してくる。このような家族力動は、臨床の現場ではしばしば経験されることである（中村，1997；廣井，2005）。

　精神分析家の Willi（1975：1985）によれば、家族療法の概念で「夫婦迂回連合」と言われていた現象は、以下のように説明される。すなわち、「夫婦葛藤への第三者の取り込み」と言われ、そのような取り込みを行うことが、夫婦双方にとって防衛的に利用されていると考える。これは、Willi の基本的な概念である「病理的な夫婦の共謀」のひとつの表現型であるとも考えられる。序論でも説明したが、Willi は病理的な夫婦関係では 2 人でそれを作り出しているような病理的相補関係があり、それは犯罪で言えば共犯関係のような関係である。

　それは夫婦双方の性格の病理によって作り出されるメカニズムで、それを「共謀」という概念で説明している。Willi によれば、そのような取り込みには、以下の幾つかのパターンがあり、各々に不健全な三角関係が形成されるという。

① 脅威となる第三者に対して夫婦が結束する。
② 緩衝器、または連結器として第三者を入れてくる。
③ 一方の側の同盟者としての第三者を設定する。
④ 結婚生活の三角関係における機能分担を行い、相互の葛藤を軽減させる。

　このようなパターンの中に取り込まれる第三者として、夫婦間の子どもが登場する場合もある。そのようなことになると、「子どもは自分自身に、あるいは家族全体に共謀が転付される媒体となる」。そのような経過で子どもが症状を発現したところで、子どもの治療に夫婦が専門家を訪れることになるが、子どもの症状ばかりを訴えるのであって、父母である自分たちの病理には気付いていないか、または、夫婦の問題に関心はあってもなかなか話したがらないというのが大勢であると述べられている。Willi の指摘するこのような問題は、筆者も臨床的な場で、頻繁に経験したことであった（Willi, 1975：1985）。

　皆川（2000）によれば、上記のような父母との間で起こる三角関係に起因するエディプス葛藤は子どもの幼児期から問題になり、大半の子どもはその段階

を経過して成長する。その際に、子どもの側に形成される「自我理想」が大きな役割をもつ。「大きくなって、何かになろう」「何かになれる」と考えることで、子どもは心の安定を得ることができる。そのように経過した幼児期と児童期を終えて、子どもが思春期に入ると、「自我理想」の書き換えが必要になってくる。より現実的な「自我理想」に書き換えが行われるためには、2人で対立関係にある両親に相談できない状況にある家庭では、特に同年齢の同性仲間との関係が重要になって来る。その意味で思春期の友人関係は、その時期の子どもにとって最重要な存在となる（皆川, 2000）。そのような友人関係を維持することのできる思春期の子どもは、友人と家族関係の悩みを共有しながら適応的な変化をしていくことができる。

　従って、両親の葛藤に晒された全ての子どもたちが、それに取り込まれてしまうわけではない。さらに、そのような子どもたちが健全な方向に発展するためには、子どもたちを見守ってくれる親以外の理解ある大人の存在が重要である。そのような役割を担う人は、セラピストばかりでなく、学校の教師、地域の大人たち、また、親族（祖父母や叔父叔母）などの人々で、その大人たちの暖かい眼差しは青少年の健全な成長にとっては大事な要因であるとも述べられている (Karlter, 1989 ; 小林, 1991)。

　しかし、現代日本における家族は核家族化が進行しており親族とのつながりは希薄になっている上、人口の移動が頻繁にあるので地域共同体のつながりも乏しいという状況にあって、社会資源としての大人の存在も少なくなりつつあることは青少年にとっては不利な状況である（石坂, 1990）。

　核家族化が進行し人口の移動が多くなった現代社会においては、子どもたちも親の仕事の拠点が変化することによる住居の移動をして転校するなどの課題を抱えることになる。

　公立小学校と公立中学におけるいじめと不登校の問題は、今まで在校していた生徒で歪んだ態度をもつ生徒たちが新入生に挑戦するという状況の中で起こる場合が多い。上述のように思春期における友人の意味は、その子どもの健全な人格発達にとって必要なものであるという点から考えると、小学校と中学校

における教育の場面で教員によるストレスマネジメントへの取り組みが必要である。スクールカウンセラーが不登校になった生徒を支える以前に、より予防的な観点から児童と青年のストレスマネジメントに取り組む姿勢が望まれる。いじめる側にも家庭的問題から来るストレス状況があり、他方、いじめられる側にはより強いストレス状況がある。このようないじめの状況にある生徒が自分自身では行えないストレッサーに対する認知的評価を変化させることや、その過程で始まるストレスへの対処（ストレスコーピング）の側面を援助することが重要である。ストレスコーピングには、問題焦点型対処と情動焦点型対処の分類があると言われてきたが、神村他（1995）は、問題焦点と情動焦点をひとつの軸として考え、更に接近と回避を第二の軸とし、次に機能が認知的であるか行動的であるかを両極とする反応系を第三の軸とした対処方略の三次限モデルについて検討した。それによれば、コーピングの方略としては、カタルシス、放棄・諦め、情報収集、気晴らし、回避的思考、肯定的解釈、計画立案、責任転嫁などの方略が見出された（神村他, 1995）。

　そのように多様なストレスコーピングがあるが、子どもたちが自分の状況を把握し直し、それに適応的に反応するための対処の方法を見出すには、事態が深刻であればある程、大人からの援助が必要になる。

　また、学校等の集団場面ではストレスマネジメントの対策を集団として行うという方法もあり、これは教員主導により可能である。それによってストレス耐性を高めて、「生きる力」を育成するという側面から言えば、知育と共に教育における非常に重要な取り組みであると考えられる（坂野他, 1995）。

　今日の日本社会ではストレスフルな職場環境に置かれる大人たちも多く、その労働条件の劣悪さ故に心身の健康を害する父母が存在し、それが子どもたちの家庭に暗い影を投げる場合もあるので、ワークライフバランスの概念が重視されている。大人社会でもストレスコーピングの問題が尊重され、また一次予防という点から言えば地域におけるストレスマネジメント対策も重要である。子どもたちは、自分たちの生活の背景である家庭と学校、及び地域からの影響も受けながら教育を受けることになるので、このような背景となる諸々の問題

が配慮されることが必要である。少年非行の社会的背景としては、上記のような要因が望ましくない方向に重なる状況において起こると考えられている。

　Flook & Fulini（2008）は、青年期の子どもに関する家族ストレスの影響が、その年代の子どもたちの学校適応に密接に関連があることを実証的な研究において示しているが、これはこの章で引用する少年事例においても明らかであり、また高校生活への不適応と中途退学から日常生活が崩れ非行化するという点においても、同様の動きが観察される。

　Karlter（1989）によれば、中学・高校に在学する青年期の子どもたちは両親の関係については敏感な感覚をもっており両親間の不和や離婚後の紛争などによって非常に感情をかき乱されるために、ある者は暴力的になり、またある者は抑うつ的に反応する。しかし、そのような反応も両親が理性を取り戻し、親としての役割で協力できる関係が取り戻されると収まるのである（Karlter, 1989 ; Malanie et al., 2005 ; Fesco & Grych, 2010）。

　この節では、少年の行動化の背景に強い父母の夫婦葛藤がある事例を取り上げたのだが、家庭裁判所の中で父母のカップルカウンセリングを行い親性に目覚めさせる働きかけを、先ず行っている。

　それによって父母双方が自分のことのみに関心が限られていた状態から脱して、子どもや配偶者への愛を再確認できるだけの許容の幅を広げ、現実的な対処を使えるように変化するという方向に好転したものである。

　事例1のN男は家庭裁判所家事部にN男の両親の離婚問題で係属した事例である。この場合、父母の夫婦関係に関して筆者がカップルカウンセリングを行い、その結果として夫婦の関係が調整され、青年期の子どもが落ち着きを取り戻すという過程を経た事例である。

　ここで少年事件の事例ではないN男（事例1）を引用した理由は、父母間の葛藤にN男も巻き込まれ夫婦迂回連合が形成されていたのだが、家事調停の中で父母がカップルカウンセリングを受けたことで夫婦関係が好転し、N男の状態もそれと連動して変化するという顕著な展開が見られたケースであったと考えたからである。

2 事例1 父母間の葛藤と進路に迷う大学浪人生（N男、19歳）

（1） 家族状況

N男は筆者の関与した時点では19歳で、同胞3人のうちの長男であった。高校卒業後に大学受験を目指して浪人中であったが、大学受験のための予備校に行くわけではなく漫然と自宅浪人をしていることから、母とは口争いが時々生じていた。しかし、N男には以前に非行歴もなく、高校卒業までは順調に来ていた。

事例1 （N男）家族関係図

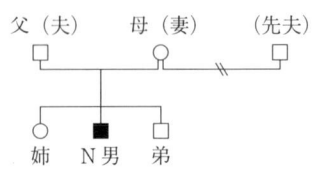

母（N男の母・離婚調停の申立人）は47歳で、20代で一度離婚した経験のある女性である。父（N男の父）が自宅で営む工務店の電話番を、最近まで5年間してきた。

4ヵ月前に母が家出をしたのはN男の家庭内暴力が原因で、その後、実家に暮らしていた母から離婚調停が提出された。「夫が自分に対して思いやりがない」「子どもが暴力を振るうのに、夫は話し合いをしてくれない」という趣旨であり、弁護士を代理人として選任していた。父（母からの離婚調停の相手方）は、現在46歳。数回の転職の後に6～7年前から自宅を事務所として工務店を営業している。大工だった実父と早くに死別して母子家庭で育った父は、大学に進学したが経済的な理由で中退しており、いろいろと職業を変えた後に今の仕事を6～7年前に始めた。最近3年間に父の仕事も増え繁忙になったが、たまに長男のN男を手伝いとして使う他には従業員はいない。N男の同胞で成人した姉は、高校卒業後に銀行員として働いている。また、中学生の弟もおり、N男との兄弟関係は良好である。一家は5人家族で同居してきたが、母が調停申立ての4ヵ月前から家出し母の実家に住んでいる。母の実家は80代の両親が健在で中小企業を経営しているが、その時点では景気がよかった。母には同胞が多く男兄弟もいるが、女性では姉2人と妹ひとりがいる。母は姉妹の中でも高校卒業の学歴しかなく、また若いうちに実家の使用人と結婚して1年後に離婚をしたことで肩身が狭かった。母の実母は健在であり、今回は避難する形

で実家に帰っているので母は少し娘返りをして両親から保護されていること、弁護士を代理人として選任していることで、やや居丈高な姿勢になっている。一方、父の方は子ども3人と同居していることから気持ちの上では余裕をもっているが、実生活は主婦がいないため家事も行いながらの自営業の経営で忙しかった。父によれば、母と別居した後に一度は父が母を実家に迎えに行ったことがあったが、その折には母から家には戻らないと言われそのままの状態で経過していた。

（2）家　族　歴

　父母は、母が20代で離婚をした後、喫茶店で働き始めた頃に知り合った。それまでに、父は大学を中退後に様々な仕事を転々として水商売も経験してきたので、母に離婚歴があってもよいから結婚したいと申し出た。父は、母の離婚歴を容認する他に飲酒にも寛大で、結婚後も飲酒してもよいと認めていた程、許容的であった。結婚後、父母はスナックを開店し、それを経営することで新婚生活が始まった。しかし、スナックの経営は母にとっては身体的に辛い労働であり、内臓を悪くしたことから閉店した。その頃、母にも父にも2人共に不貞があり相互の関係が一時険悪になったが、直ぐに関係修復に至った。その後は父がサラリーマンとして働くが、子どもが生まれた後も転職が多く家計が苦しかった。母は子育てをしながら、アルバイトに出るなどして収入を補充してきた。母によればそのように夫をサポートして暮らしてきた23年間のうち、最後の1年間だけ飲酒に溺れる生活になったが、それ以外は主婦としても真面目だった。N男の母が何故飲酒に逃げる生活になったのかに関しては、3年前から父の経営する工務店の注文が多くなりお客からの電話が頻繁に入るので、自宅兼事務所での電話番が忙しくなり母は日中に全く外出できず気晴らしもできない状態となったためであった。また、仕事が軌道にのった頃から父の態度が横柄になり、母の貢献に関して何の感謝もなかった。そのような中で不満を蓄積したN男の母が、夕方から女友達と出かけて近所のスナックで飲酒する日が続き、一度は或る男性と夜通しスナックで過ごし帰宅しなかったことで、父が母の再度の不貞を疑ったこともあった。

以上のような経緯で、N男の父母の関係は、3年程前から生活が安定してきたにもかかわらず険悪になってきた。この頃から、高校生だった長男のN男が反抗的になり家庭内で母と口論をした際に少しだけぶつかるつもりで母に足をあてたことがあったが、華奢な身体つきの母が転倒して怪我をした。その時、N男は両親に謝罪したのだが、その事件から母子間の葛藤が強まっていた。一方で、娘（長女）は銀行員として稼働していて妻にとっては自慢の娘だったが、職場の付き合いでしばしば遅く帰ることがあった。その娘に対して、母として若い女性の深夜の帰宅は危険であると一般的な注意を日頃からしていた。また、長男のN男は大学浪人していたが、自宅での受験勉強があまり進まない状況だった。そのようなN男と母は家庭内で日中から顔を合わせることが多く、もっと受験勉強に精を出すように口うるさく長男に注意を与えていたことから、衝突して口論になることが多かった。

 そのような葛藤的な家族関係の中で、ある日長女の帰宅が深夜12時過ぎになりそれを母が非難したところ口論に発展し、近くに居たN男が姉に加担した。N男は、「お母さんだって飲酒して遅くに帰ることも、また帰って来ないこともある」と言い、その後は母とN男の口喧嘩に発展した。その延長で身体の大きなN男が身体の細い母に足蹴りを一発したところ、それがまともにあたり母は転んだ。父はその時に在宅しており全ての経過を聞いて知っていたが黙っていた。また、長男に足蹴りされ倒れた母を見ても、父は一家の長として助けに入って来なかったことが母にとっては一番辛いことだった。母はこれ以上N男と言い争いをして自宅で怪我をしたくないし、また精神的にも辛い思いをしたくないと考え実家に戻り4ヵ月を過ごした後、実家の父母とも相談して離婚調停を提出するに至った。

 母が提出した離婚調停は、配偶者である夫が父として子どもをコントロールすることができないでいる頼りない状態であることについて、異議を申立てたものであった。

 調停委員会から調査官への受命の主旨は、アルコールと交友に溺れている母をサポートして、逃避的な構えから現実的な姿勢になれるかどうかについて自

己検討させること、他方、父に対してはこれまでの母への対応について振り返って考えさせ、夫としてのあり方について再検討を促すことであった。

(3) 面接経過

調停開始から終了までの期間は合計10ヵ月を要している。その間に2回の調停期日間のカウンセリング命令を調査官が調停委員会から受けている。前半の期日間カウンセリングでは、妻に10回、夫に4回の並行的な個別面接と、夫婦合同面接を1回行った。その他、夫と子どもの住居への家庭訪問と長女との家裁内での個別面接を行った。後半の期日間カウンセリングにおいては、妻に2回、夫に2回の並行的な個別面接を行った。調停の行われた回数は、合計7回であった。

① 前半の面接経過

母との初回面接では、身体不調を訴えつつ涙を拭きながら依存的な様子を見せていたが、健康な時の彼女ははきはきと活発な女性なのではないかと思われるような服装と雰囲気であった。長男の家庭内暴力の発生状況を話し、「夫は、妻をアル中に仕立てて子どもを取り込んでいる」と父の仕打ちの過酷さについて話した。また、婚姻歴を聞くと、「23年間の結婚生活のうち、22年間は自分は一生懸命に尽くしてきた。最後の1年間だけ夜遊びが多くはめをはずしたが、それは寂しかったため」と言い、夫婦のコミュニケーションの乏しさが辛いとも話した。

筆者は、その部分に共感しつつ聞いた。転職が多く収入を入れない父との間で、3人の子どもを育て、かつ一番上の長女に日本舞踊を習わせてきたという母は、生活力のある奥さんでもありはきはきしたお母さんだったと推察した。それだけ頑張ってきたにもかかわらず、最近3年間で状況が変化したのは、自営業が軌道にのってきて父が多忙であることと、父が夫としてのプライドを回復して妻へのコンプレックスを解消してきたことから、母に対して横柄な態度に変化した点にある。また、長男のN男が高校生になり反抗的になったこと、長女が就職し母の支配の圏外に行ってしまったことなどがある。近所の女友達と昼間の外出もできなくなったので、夕方の炊事の後にスナックに行くことが

頻繁になった。

　それは誰かと話がしたかったからで、夫婦のコミュニケーションが乏しかったこともその原因である。にもかかわらず、父は母を「アルコール中毒者」扱いして母の気持ちを受け止めてはくれず、子どもたちも父の方に取り込んでしまった。そんな父のやり方に以前から不満であったが、母が家出した直接の契機は、N男の暴力により母が転んだ時に父が全く介入せずにN男の後ろで薄笑いをしていたこと、N男以外の子どもも母に加担しなかったことである。母は、これらのことが長年連れ添った配偶者から裏切られたように、また、育て上げてきた子どもから離反されたように感じられたと涙ながらに語った。

　初回面接が始まる冒頭では年下である筆者を見下していた母が、面接終了時には変化し、次回を心待ちにする姿勢になった。N男の母は気位が高いが依存的なところもあり、N男の父がこの母の依存性を支えるようにすれば夫婦関係がよくなることに早く気がついて対応する必要があるとも考えた。

　一方、父との面接では父は比較的に常識的な態度のとれる人で、子どもが自分の方についているので余裕を感じているという印象であった。「絶対に離婚という感じではなく、やり直したいが、どう改善してよいか分からない」と言う。更に、過去に長いこと母からサポートされたことは認めつつも、最近の彼女は飲酒に逃げていて、それが現在のような問題を作り出したと断定的である。育児や教育に関しても、「妻は子どもの心を傷つけている」と述べる。初回面接時の父は、このように現在の事態の原因を全面的に母のせいにして淡々としていた。しかし、父との面接が進行する中で筆者から母の飲酒癖の背景について考えさせる場面もあり、父に対して母との夫婦間のコミュニケーションの問題に関しても直面化する局面があった。直面化とはカウンセリング技法のひとつで、問題や矛盾を率直にクライエントに示して、当該のクライエントの受け止め方に応じて対話の中で一歩一歩その問題についてのクライエントの理解を進めるという技法である。父に対してはその時機の直面化には即効性がなく、面接経過の前半部分では父の態度にあまり変化がなかった。

　しかし後半の面接経過になってから上記の直面化が効いてきたように思わ

れ、父は自分が父性を発揮して母子の面会交流の場面を設けることが事態の突破口になることを理解し、それに力を尽くすという努力が見られた。

　母は、面接4回～7回では留守番をしている子どもたちのことが次第に気にかかってきたと語った。特に中学3年生の次男に関しては、これから高校受験の問題があるので母が必要だと思うが毎日どのように過ごしているかを見てきて欲しいとの要望を調査官に出した。

　調査官は、即座に妻の要望に応じて父と子どもたちのいる家を訪問した。それは、ちょうど4月で桜の咲く時期であった。新中学3年生になった次男を想う母の気持ちが、新学期が始まったことにより一層強く喚起されたのだと推察された。N男の父は調査官が訪問して挨拶を済ませた後、その時間に仕事があると恐縮しつつ外出した。N男の家にはその時にN男と次男の2人がいて、N男がお茶を運んできた。次男は兄であるN男に味方するようにピッタリと寄り添って、兄の言葉を肯定するような状況だった。調査官は本来の職務である「家事調査官」としての自己紹介と、その日の調査の目的を話した。筆者は、子どもたちに状況を理解してもらうために、少年部の調査官としてN男の行為について質問するために来たのではなく、父母が調停をしているのだが2人の関係が円満にいく方法について考えたいので訪問したと目的を告げた。2人は笑顔になり、とても素直な態度で、「お母さんは、早く帰ってくればいいのにね」と、母を思いやる発言をした。なお、長女には家庭裁判所に来所してもらい面接をしたが、父母の葛藤について冷静に距離をもって見ているようだった。真面目な感じのサラリーマンの長女は、長いこと家出をして娘にも家事の負担を背負わせている母に対しては、やや批判的でもあった。

② 後半の面接経過

　以上のような子どもたちの状況を、母に伝達したところ、母は落ち込んでいた状態から立ち上がる。筆者も、「あなたさえその気になれば、やり直せる！」と励ました。母は次第に抑うつ状態から立ち直って、「母親としての役割」に目覚めていった。

　次に、父母の合同面接の機会をもつことにした。葛藤の低い夫婦であれば、

調査官が仲介する合同面接の中で仲直りの条件を探し、それなりの妥協点を見出し折り合える場合があるので、このケースにも適用できるかと思ったがそれは早計に過ぎた。

　まず、母がセッションの最初の約10分は父を責めることに終始してしまった。母は調査官という女性の味方がいることに気を強くしたのだと思われるが、父は沈黙したまま顔面蒼白の状態で我慢をしていた。それ以上の継続はかえって混乱を招くと考えてその事態に介入し、「今日の合同面接はこのようなことを目指して行ったのではない」と発言し、「もっと今後にとって生産的な方向で何か話し合うことはできないか」と2人の関係の調整を行った。当日は、婚姻費用（別居中の配偶者に対する毎月の仕送りのこと）が話題に上ったが金額は決まらず、近日中に入る調停の席で決めることになった。しかし、父は合同面接の終わる直前に、母に対して毅然と以下のように述べた。「飲酒がすべての問題だから、貴女が飲酒を止めてくれれば」「飲酒さえなければ、貴女は最高の女性」と母を賞賛する言辞を表明した。これは、あれ程母から攻撃されたのだが、父はその直後に男性としての包容力を見せた場面であった。その後に入れられた調停の席で、当面の婚姻費用分担として毎月5万円が決まり、双方ともやり直す姿勢があるので調査官のカウンセリングを継続し、同居の妥協点を探るという方向が確認された。婚姻費用分担というのは、別居中の配偶者に対して収入の多い方から収入の少ない方に毎月支払われる生活費の援助のことである。

　以降の経過を要約して述べれば、母については子どもの親としての配慮と愛情に目覚めたところで、高校受験生の次男には特にサポートを開始したいと望み、まずその意向確認のために面会交流することを望んだ。面会交流というのは、離れて住む親子がたまに出会いコミュニケーションをすることである。筆者の橋渡しもあって、父が子どもたちと母との面会場面を設定する努力を開始し、2回にわたる会食の機会をもった。その席で子どもたちが、母に自宅に戻って欲しいという態度を見せたことから、しばらくは母が実家に住みながら昼間には家事を行うために自宅へ通うことになった。こうした動きの背後には、

父が夫婦のコミュニケーションをしなかったことについて謝罪したこと、他家に母が家政婦に行くのであれば自宅に来て欲しいと要望を出したことがあった。また、父母が懸命に関係修復するという様子を見て、N男の心の中でも変化が始まり大学よりは専門学校に進学して実技を学び、家業である父の仕事を一緒にしたいと考えるようになった。実際にこれまでひとりで頑張ってきた忙しい父とN男が一緒に仕事をする日も増えて、父もよき助手を得て喜んでいた。その後、離婚調停は、夫婦の危機が去ったという判断で取り下げられたが、母が直ちに家族と同居するのではなく準備期間を経て6ヵ月後に自宅を改修してから同居するという運びになった。勿論、母も父の仕事を手伝うことになるのだが、電話番をしていた暗く寒い部屋は明るく暖房の効く場所に改装されて母の帰宅を待つという合意ができ、家族の再結合が図られた。

(4) N男の事例の考察
① 母の性格と面接の経過について

母は当時40歳後半で長身の美しい女性であったが、若い頃はその容姿を男性からも女性からも褒められた人であった。依存的で訴えの多い彼女は自分が持ち上げられれば機嫌も良いが、そうでない場面では怒りと攻撃性が強まる女性で感情優位なところがある。しかし、現実処理能力は高く、生活力の乏しい父を長年サポートしてきたことは事実であった。

それにもかかわらず、最近は父の仕事がうまく運び2人の勢力関係において優位になったことから父が横柄になり、夫婦のコミュニケーションも乏しくなった。また、母と青年期の子どもの間の葛藤的関係についても父は母に同情してくれないと悩んでいる彼女は、若い頃に一度離婚しているので、今度は2回目の離婚になるかもしれない危機的状況に陥り、抑うつ的になっていた。筆者は気分の沈んでいる母をサポートしつつ、父とのコミュニケーションについて橋渡しを行った。そのことによって夫婦の対話が復活し、父が母子の面接の場面を設定することになった。更に、母が子どもたちと面接することができて子どもたちの母に対するポジティブな意向が伝わったことから母子関係が修復に向かい、母が親としての自覚と愛情に目覚めていく過程が見られた。

② カップルカウンセリングの経過の中での父の変化

　この父母の結婚の経過について、母の方には離婚歴があるがそのような傷を背負った女性でも父の方の恋愛感情が強いのでそれを乗り越えて結婚に至ったということで、当初から妻の優越的関係が結婚後の関係にも影響していた。しばらく後には、2人とも容貌が美しい男女であったことから短く経過する浮気が双方にあったが、大事に至らずに関係修復したという過去もある。従って、お互いに許容し合うことのできる、柔軟性のある人たちとも言える。上記のように父は若い頃から美人の妻には頭の上がらなかった男性で、転職も多く母には経済的にも助けられているという認識もあってコンプレックスが強かった。

　父は一時期の不貞によって妻への反抗を試みたが、もう一方配偶者である母もしたたかで、結局は元の鞘に収まったのだった。しかし、最近は父が仕事の面で優位に立っていることから母に対して横暴になり、ジェンダーセンシティブな感覚が麻痺していた。父との面接で、母は、長男と長女とのトラブルによってどれだけ悲しんでいたかを伝えたのであるが、女性調査官として母との女性連合が強くなり過ぎれば父との関係がかえって悪化することを念頭に置きつつ、子どもの意向を反映させての距離感のある面接として経過した。

　父は相手方であったが、面接経過の途中で投影法の心理テスト（ロールシャッハテストと文章完成法テスト）に応じ、自己検討を行う謙虚な姿勢を示した。父の心理テストの結果の解釈からは、幼い頃から母子世帯で育つという恵まれない父の生活史を反映して、親との愛着関係にやや問題はあるが、基本的な能力もあってそれほどに歪んだ人格とは考えられなかった。筆者は、心理テストの結果を父にフィードバックしつつ、彼の側の内省を促す関わり方をした。これに対して父は謙虚な対応をしており、初めて気が付く自分自身の一面に驚くなど素朴な反応を示すこともあった。これは、筆者との面接の中で、父が自主的に自分を理解する過程が始まっていたからであり、このように進行する背景には父の中では子どもの親として夫婦の関係修復を心から望む意向があったからでもあった。

③　N男の変化について

　上記のような父母の葛藤による夫婦迂回連合に取り込まれていたN男であったが、2人の肯定的な変化が混迷していたN男に方向性を与え、プラスの影響を及ぼした。先ず、妻（母）の側の不合理な衝動（50歳を前に更年期的葛藤もあり女性として不安定になっていた）とアルコールへの逃避的態度は、N男も気がかりで自分の非理性的な状況と二重写しになっていた。薬物嗜癖の親と同居することは子どもがその親の不安定感を観察するところで精神的にも非常に動揺すると言われているが、母が精神的に安定したことによって、N男も現実適応的な状態に変化した。

　N男と筆者の面接は、N男の弟（次男）との同席面接としてN男の自宅において設定されており、そのような面接は1回のみであった。筆者が、N男の家に訪問した際には家事部の家裁調査官であるという役割を明確に説明し、父母が円満になるための面接であって、少年部の家裁調査官のようにN男の暴力的行為を問題にして、それについての質問をするために来たのではないと状況説明を行った。それによって、N男と弟が叱責されたり詰問されたりする場面ではないことを知り安堵した表情を浮かべ、2人が共に調査官に対して協力的になったことを思い出す。

　藤田（2009）は、親の夫婦迂回連合に巻き込まれた子どもは、親からの慰労や謝罪の言葉があれば少しは癒されるが、それができない親たちが多い。そのような場合に、両親以外の大人が子どもたちに対してそのような関与をすることが、親の葛藤に巻き込まれた子どもたちを守る重要な要因になると述べている。

　筆者は、N男を家庭内暴力のあった男子として見るよりも、母親が家出した後に父子世帯を形成している子どもが父母の紛争を心配しているという文脈として、N男に会っている。裁判所の調査官から叱責されるのではなく援助される対象として自分を再認識したことから、N男が「自己肯定的解釈」をして欲しかった。次に、進路に迷うN男が、自分と父を肯定的に認知し評価できたところで、自分の進むべき道を探す方向に向かえた。N男に対して、将来的な計画を立てることをサポートするまでには至らなかったが、当面は専門学校へ

の入学とすることと父の仕事を手伝うことという計画を立てるところまで進んだ。結局、N男は大学進学を諦めて方向転換することにしたのだが、これも現実的なコーピングのあり方であると考えられた。

④ 父母関係の葛藤に対処するための対応策

ⅰ）家庭訪問と子どもたちの意向を尊重すること

親が離婚する際には、15歳以上の子どもに対して法律的に意向調査が必要とされるが、それ以下の年齢についても子の意向調査が必要である。しかし、その方法に関しては工夫が必要になる。この事例では、筆者が息子たちのいる家庭に訪問したことが彼らを尊重する姿勢を示したことで好転につながった。筆者が子どもたちの領域に入ったことのメリットは第一に彼らの警戒心を解きやすくしたことがあり、家庭内の様子をより詳しく理解することにもつながった。

それ以上に、筆者が、家事部の調査官として自己紹介し（少年部の調査官ではないと自己紹介を行い）、家族内葛藤に巻き込まれている彼らの気持ちを尊重しつつ家族が仲直りできるように協力したい旨を伝えたことが、子どもたちには「家庭外の大人」が自分たちの味方になってくれたという印象を強く与えたと考えられた。

青年期の治療において非常に重要なことは、その青年の意向を尊重し、一人前の人間としての尊厳を重視する関わりである。

ⅱ）夫婦のコミュニケーションの補完をすること

父母に対しては、抑うつ的な妻をサポートしアルコールへの依存から離れて母性性に目覚めさせるように関与した。夫には、妻への接し方について考えさせた上、ジェンダーセンシティブな感覚（両性の平等という前提にたった婚姻制度における女性のあり方の尊重という感覚）をもたせることに向けての内省を促した。その際に、夫には投影法の心理テスト（R-testと文章完成法のテストバッテリーによるアセスメント）を活用し、その解釈のフィードバックの過程においても内省を促した。夫婦の危機に介入する方策としてカウンセリング面接の中でクライエントに対して投影法の心理テストを用いて内省を促す方法があり、それは効果

的であることが家庭裁判所の臨床では定説となっている。この場合には母が投影法の心理テストを拒否したことから父のみの使用となったが、通常のやり方は双方の心理テストの所見を解釈することからクライエントの内省の契機を作り、面接の中でそれを取り上げていくことにより、夫婦の調和性と齟齬の部分を検討していくという有効な方法となっている。また、投影法の心理テストの結果を考慮に入れつつ、相互のコミュニケーションの進め方を考えることもできる。

2 離婚後の母子家庭における母親の再適応と在宅試験観察による母子関係の葛藤に対する働きかけ（事例2）

1 事例の背景となる問題

離婚後の女性に関する研究としては、序論にも挙げたWallerstein et al. (1988) の研究があり、母親の自己同一性や女性性の動揺があることでそれが子どもたちにも影響すると述べられている。更に、親の離婚の影響は、離婚の前後という短期間ではなく長期間にわたることについても述べられている (Arnold & Caranahan, 1990)。また、親の離婚の直後の子どもの反応は年齢段階により異なるが、4年〜10年後の遷延反応も起こってくることがあり、初期反応でどのような影響を与えられたかによってその後の遷延反応の様相が異なる。従って、離婚後の子どもの問題は早期発見と早期治療が望ましいと考えられている (猪股, 1997；Kyrre et al., 2009)。

Hetherington et al. (1998) は両親の離婚と子どもの適応に関する研究の中で、子どもの状態に以下のような要因が絡んで、影響を与えると述べている。すなわち、親の個人的な特性（人格、教育水準、精神病理）、実生活上のストレス（経済的な面での変化、再婚の有無など）、家族をサポートする態勢があるか否かなどの背景要因があり、更に子どもの個人的要因が絡んでくる。すなわち、子どもの年齢、性別、気質、知能などであるが、これらがお互いに相互作用することによって、その時々の子どもの適応状態は規定されると考えられている

(Hetherington et al., 1998)。

　離婚後には男女共にその後の生活を立て直すことと、精神的にも離婚による心の傷から回復することに専念せざるをえない。離婚は、配偶者との死別の次に大きいストレスフルなライフイベントと考えられ、その体験を克服するために先ず親の側のストレスコーピングがされなければならない（坂野他，1995）。次に、一緒に暮らす子どもたちとの関係を配慮して、親らしい言動に目覚めていくのが通常の道筋となっている。しかし、そのような親性に基づいた配慮が再びなされるようになるまでに、養育的関心が薄くなる期間が男女ともに存在することは事実である。その間に、子どもたちが感じている不安や苦痛は、後になって親の方が気が付くということで、それが問題につながることがある。

　Hetherington (2003) は、長期間の離婚後の子どもたちに関する追跡研究から次ページの図2-5のような反応に苦しむ子どもたちも観察されるが、その他の子どもたちは親の離婚というストレス状況を次第に克服して適応的な状態になると述べている。そのような子どもたちには、非離婚家庭の子どもと比較しても全く変わらない内的資質、能力と自尊心を備えるグループや、状況依存的であるが優秀なグループ、世話好きで優秀なグループなどが観察されると報告している。即ち、必ずしも親が離婚したことが、そのまま子どもにとって生育歴の上での負因になるというわけではない。

　Elizabeth & Jeffrey (2001) では、離婚後に親が如何に共同子育てを実現できるかが、その後の子どもの成長にとっては重要な影響を及ぼすというが、ここで引用する事例は離婚後の元夫とは全く交流のない環境で育った青年たちである。離婚後に別居親からの何らかのサポートがある場合とは異なって、全く金銭的援助も面会交流もないという面でハンディが大きいのであるが、家裁調査官の治療的関与によって多くの困難を克服していく過程が起こっている。

　第2事例は劇的な展開が見られたケースなのであるが、少年の立ち直りと母の側の変化の要因についても究明する必要があると考えられる。

　以上の問題について図示したものが、図2-6である。

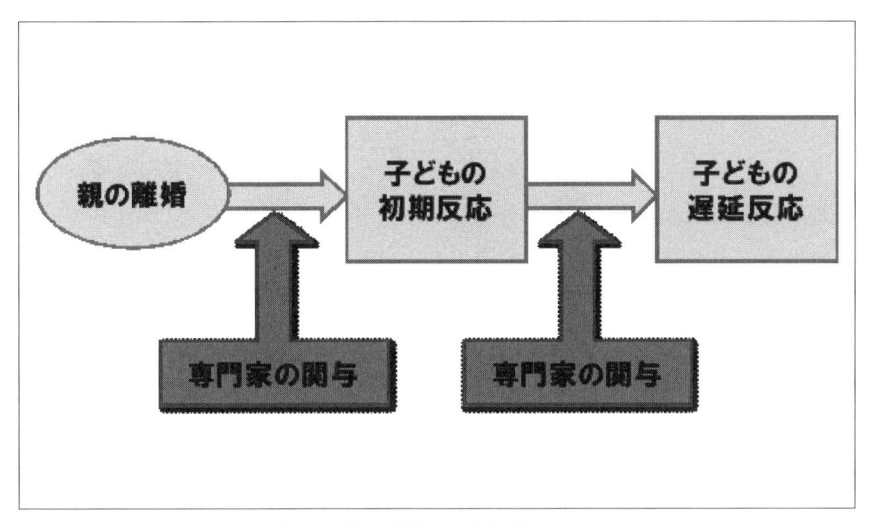

第 3 節　事例概要と事例についての考察　99

図 2-5　親の離婚による子どもの反応

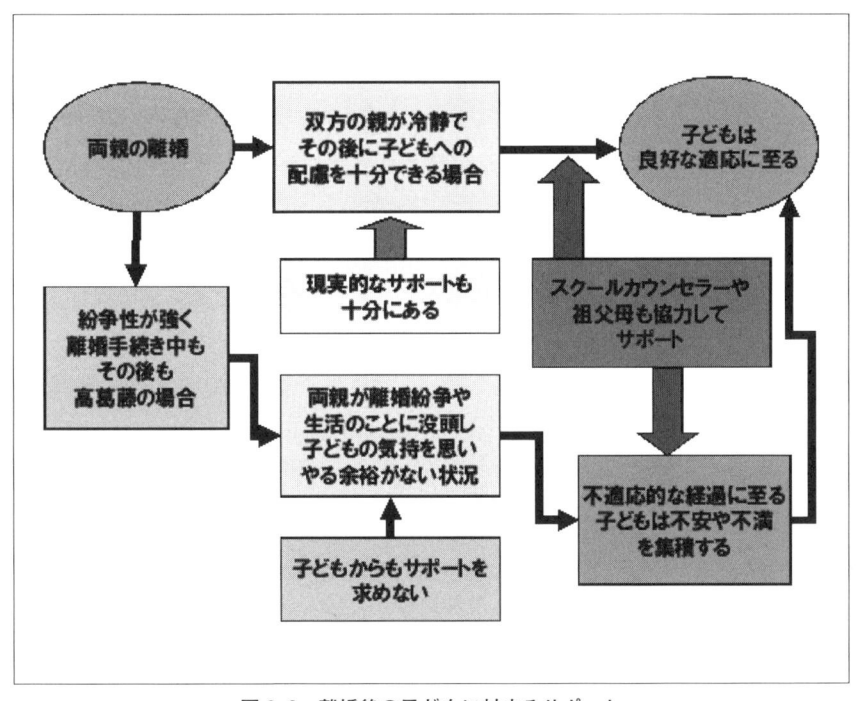

図 2-6　離婚後の子どもに対するサポート

2 事例2 離婚後の母の女性性及び母性性の変化と少女の思春期危機

(O子、17歳)

(1) 家族状況

O子は高校を中途退学後に就労もせずに遊興的な生活をしていたが、非行傾向のある男子との交際を母に反対され家出し、その後に保護されて少年鑑別所に入所した。

O子の母は40代半ばであるが、O子が8歳の時に離婚しており、以後は母の実家を頼って暮らしてきた。母は、子育てをしながら実家の営む会社の事務員として働いてきており、同居しているO子の祖父母の家事の手伝いもしてきた。O子には兄がひとりいて、その兄は非行歴もなく成人し、親の住居から仕事に通っていた。兄と妹の関係は仲がよかった。

事例2 (O子) 家族関係図

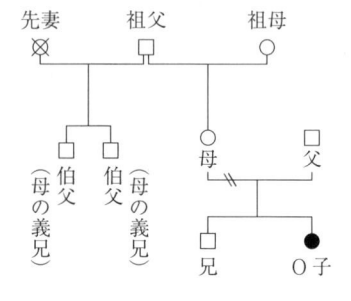

祖父母に関しては、祖父は町工場をある程度の会社にまで発展させた働き者であるが、先妻と死別しておりO子の母方祖母と再婚している。O子の母はその祖母の実子であり、祖父にとっては後妻の子どもだった。祖父の先妻の子どもとして2人の異母兄がいて、そのうち長兄の方が祖父の会社の副社長に既に就任しており、祖父の会社の後継者とされていた。

(2) 生育歴、及び家族歴

O子は保育園では甘えん坊でよく泣く子であった。小学校では消極的な生徒であったが問題はなかった。中学2年の時に非行傾向のある女子と交際を始め、勉強に身が入らなくなった。その後、高校へ進学はしたものの、1学期からバイトを始めるなど勉学意欲が乏しかった。この頃、母は会社の業務や休日の会社関係者の接待などがあって多忙で、O子の変化にあまり気がついていなかった。しかし、高校1年生の夏休みには薬物非行があり、それに続いて不純異性交遊などの問題行動も起こり、高校1年後期には自主退学をした。高校退学後の彼女の崩れ方は急速で非行歴のある男子と交際し、自室にその男子を連れて

きてシンナー吸引をするなどの問題行動があり、家族全員を心配させた。母は、O子の行動がエスカレートするので厳しく注意するようになったが、その男子とO子が夜のデートに出かけるのを止めたところ、それに対してO子が暴力的に反抗したこともあった。そのような葛藤的な母子関係がしばらく続いた後、O子が家出を敢行した。それは、高校退学後から約1年を経た時であった。O子の行動化がその時期にエスカレートしていたので、家裁の少年部に係属した際に少年鑑別所に観護措置をとり、これ以上の事件に発展しないよう暫定的な対応がとられた。

(3) 面接経過

① 前半の面接経過

O子との初回面接は少年鑑別所で行われた。言語表出と感情表出の少ない少女で、面接関係が作りにくい人だった。O子に、＜何故、あれほどに家族に反抗して男友達と交際したかったのか？＞について聞いても、「何故、交際することがいけないのか？」と言いたげな表情をして黙っている。筆者には、自分の気持ちを分かってもらえないと思っているような目つきをしていると感じられた。O子との面接は一歩一歩進めることしかないと思ったのが、初回面接における印象であった。

一方、O子の母は多弁で、その内容も展開が上手く分かりやすかった。多分、母は筆者との初回面接で何を話そうかと準備してきた様子であり要領がよかった。また、母は家裁少年部という場を適格に考慮しており、態度も慎み深かった。これまで比較的素直だと思っていた娘が別人のようになったことに驚愕し、何とか家裁の力で娘を立ち直らせて欲しいと懇願してきた。品行方正な兄に比べO子は学業成績もあまり良くなく、また最近は反抗的な行動を家庭内でするので、家族の実力者である祖父にも「困った孫」として扱われてきており、母は祖父母とO子の板ばさみになって困っていると実状を話した。母はそこまでは一気に話し、少し間を置いてから、自分の娘時代のことを思い出して過去について語り始めた。先妻の息子2人が男性であるため実父から尊重されており、母は後妻の子で女性だということで軽んじられてきたと話した。母

はそれに内心では反発もしていたが、言葉に出すことはなかった。ある日、実家の工場に仕事で来たセールスマンの男性が背広姿でスマートに思え、日頃から汚れた作業衣を着ていた父や兄よりも好感がもてたので交際が始まった。家族はその男性が軽薄な人であると言い、彼との交際を反対したが、母はそのような家族の反対を押し切り、駆け落ちをして先夫と結婚をしたという過去があった。しかし、先夫が働かない男性だったので結局は離婚をすることになった旨を話した。

　Ｏ子の父母の離婚は彼女が８歳の時であったが、母はそのような過去の経験から見かけはよいが勤勉でない男性とＯ子が交際して結婚することになれば、母の過去の誤りをもう一度繰り返すことになってしまうという不安をもっていると語った。だからこそ、Ｏ子と非行傾向のある男子が交際することを強制的にでも阻止したかったのだが、それが却ってＯ子から反発されることになったと困惑している気持ちを説明した。母の切実な思いが、筆者にはよく伝わってきた。今回、Ｏ子にとって家裁への係属は初めてのことなので、家族との関係調整ができ家庭が彼女の受け皿になることが確認できれば、鑑別所から自宅に戻ることが通常のあり方であるという方向性を示した。また、それに向けての地盤作りについては母にも力を貸してもらうことを約束させた。母は暗い表情から笑顔に変化して非常に協力的な姿勢になり、祖父母や兄にも本日の話を伝えてＯ子を家庭で受け入れる準備にとりかかった。

　Ｏ子は鑑別所を出る際に、「在宅試験観察」という中間決定を受けて自宅に戻ることになった。すなわち、しばらくの期間、筆者が自宅に帰ったＯ子と面接を継続し、母子関係の調整も行っていくことになった。Ｏ子との試験観察は予想外に順調に進行したが、それは母をはじめとする家族の協力が背景としてあったことが大きい要因であった。Ｏ子は口数が少なく自分を語ることは上手ではないのだが、約束通りに筆者との面接に来所し行動が落ち着いてきた。問題の少年との交際もなくなり、薬物使用（トルエンの吸引）もしなくなった。しかし、高校を中途退学しているので、高校に復帰させるか、または、何か進路を見出すことがＯ子の年齢の青年には必要であった。筆者は、彼女のこと

がよりよく理解でき今後の進路の面でも何か援助ができるようにするために、投影法の心理テストに導入し、TAT（主題統覚テスト）などを受けてもらった。しかし、O子の作るTATの内容は乏しく、防衛的な姿勢で受けたことがあるため人間関係の拡がりが感じられず奇妙な印象であった。テスト結果の解釈を伝達するセッションにおいて、O子は、筆者が伝えたことを聞いてムッとした。そして、「人のことを伺い見るというよりも、自分で自分のことをしている方がよいと思う」と話した。

　筆者は、O子に挑戦されているように感じたが、これは母や祖母が2人で彼女を監視していることに反感をもっているが、その上に筆者からも監視されているということが辛いので母親転移を筆者に向けていると考えられた。＜貴女のことをよく分かって、何かお役に立てるようにと思ったのだけれど、お母さんがするように詮索している感じをもたせてしまい悪かったわね＞と謝り、O子との関係修復を図った。O子は、「さぐったりせずに、自分を信頼してほしい」というので、そのようなO子の気持ちに沿っていくことが大事であると判断した。また、母と祖母が神経質に彼女を監視する背景については、過去の母の駆け落ちと結婚、そして離婚という問題による傷ついた経験を、O子が繰り返さないようにという配慮でもあったと説明した。O子は沈黙して聞いていたが、このやりとりの後には筆者との面接関係は安定して経過するようになった。O子が詮索的な母の行為の背景を理解し、それはO子のためになるという意図によって行われてきたことも分かったようだった。その後は、O子が専門学校の入学金を貯めるためにアルバイトに出ること、また自宅で家族のために家事を行う祖母を手伝うこと等の前向きな行動が進行した。O子は、祖母に対しても優しく振る舞えるようになった。O子が、祖母と母が非行傾向のある男子と交際するなどの一連の非行に関して心配をする背景について理解したからであった。

② 後半の面接経過

　このように精神的にも安定してきたO子へのこの時期の試みとして、詩集を読ませ感想を聞くことによってO子の感性と知性に刺激を与え面接内容を

豊かにしていくことを試みた。その他にも、試験観察中の「社会奉仕活動」というボランティア活動をさせることを考えた。前者に関しては、数冊の詩集を読むことを次回までの宿題として、その1冊から一番好きな作品を一編選ばせるという宿題を何回か出したところ、或る詩集の感想を述べた後、その中の「生かされてある」という作品を選んだ。自分も周囲との調和の中で生きていることを面接の中でO子が語ったので、〈少し大人になったわね〉と筆者が褒めたところ、穏やかな笑顔を見せた。以前のような挑戦的な目つきがなくなったこと、また同居している祖母がおせち料理を作るのを手伝うことや、一緒に編み物をすることなどの女性らしい行動もとるようになった。O子が穏やかな落ち着きを取り戻したので、今後とも同居している祖父母を思いやって生活していけるように、老人ホームでボランティア活動を行うという「社会奉仕活動」にも行かせることになった。

「社会奉仕活動」というのは、欧米では軽微な犯罪行為をした者に服役する代わりにこれを課すという刑罰の一種で、刑事事件の中で用いられている処遇の一形態である。例えば、公園の掃除、公共施設でのボランティア活動などがその名目で行われる活動である。少年事件の試験観察の中で行う場合には、裁判官の命令によりその活動を行うことにより少年が自分を役に立つ存在であると認識し自己肯定感を高められるという目的で行われる。O子は、この活動も筆者の指示通りに行うことができて、活動終了後の面接で「楽しかった」という感想を報告した。

最終的には、O子が次第に勤勉な態度もとれるようになり、アルバイトにも休まずに通えているので、その状態を肯定的に捉えて不処分（処分をしない決定）という審判結果となった。審判の後、彼女はアルバイトをしたお金を貯金して、ネイルケアアーチストの専門学校に行きたいという将来の希望を語った。

一方で母の方は、少年鑑別所から自宅に戻ったO子が再犯をするのではないかと最初は懸念しており、母が仕事で不在の時には祖母が見張っているという状態であったが、次第にO子が落ちついて来たことから母自身の不安が軽減してきた。母は筆者との面接には熱心に通ったのだが、それはO子を改善

したいという気持ちと共に、離婚後の生活とその中で彼女自身がどのように生きてきたかを振り返り、今後のことも考えたいと思う意図からであった。母は、O子と兄の2人の子どもを連れて実家に戻り、元の配偶者がなかなか離婚に応じなかったため裁判により離婚と親権者を勝ち取った。その後、母は2人の子どもの養育と実家の経営する会社での仕事に精一杯だった。そのような経過で元々は結婚に反対した祖父とも仲直りする過程があり、それには祖母（母の実母）の尽力があった。また、祖父母が物心両面で孫たちの養育に協力してくれたことは、比較的恵まれた境遇であった。

母にとっては不幸な中にもサポートしてくれる実家があったことは救いだったので、母は一生懸命に両親に忠誠を尽くして働いてきた。しかし、或る程度の時間が経った頃、母は馬車馬のように働く自分に気がついて、趣味をもとうと社交ダンスを習い始めた。

母はダンスの練習に通ううちに、その仲間が集まって練習後にお茶を飲むグループができた。その上、そのグループのある特定の男性と一緒にコーヒーを飲み話すことが多くなったが、その関係は互いに気の合った友人関係以上の関係には発展しなかった。それはちょうどO子が中学生になった頃だったが、母の帰宅が遅いと祖母とO子が心配して待つこともあった。母によれば、このような祖母とO子の待ちくたびれた感じを、O子が夜遊びをする時期になって今度は母が経験することになったという。母は、その時点ではダンスは習っていなかったが、当時の子どもの寂しい気持ちが分かるようになったと話した。これからは祖父母との関係も大事だが、娘との関係を大切にしていきたいと話した。その頃にはO子も落ち着いた生活態度に変化していたので、年末年始の休暇には母親と一緒にショッピングに出かける、また、自宅にあっては2人でジグゾーパズルを楽しむなど共に過ごす時間が多くなったと報告した。このように母子の間には信頼関係が回復してきた様子であり、祖母とO子の関係も良好に経過してきたが、頑固な祖父とO子の関係修復はまだ難しかった。そこで、この時点で筆者が出張し祖父に面接をすることについて提案したのだが、母は今回だけは自分が動き、これまでの試験観察の経過を祖父に話し

て理解を求めたいと述べたので、祖父に対する働きかけは母の意向に任せた。幸いにしてそれも上首尾に運び、O子についての祖父の誤解も解消し家族の一員として寛大に迎えいれる姿勢を祖父が示した。このような祖父の変化によって、O子は快適に自宅で過ごせるようになり、また、彼女の方も積極的に家庭の仕事を手伝い始めた。

　以上のような経過で、一時期は激しく行動化したO子であったが、望ましくない男性との交際も終わって、薬物非行も止み、家族関係も修復するに至った。これまでの期間に4〜5ヵ月を要したが、O子との面接は合計12回、母との面接は8回、母子の合同面接1回の他、社会奉仕活動を3日間行わせるという経過であった。

(4) O子の事例の考察

① O子のアイデンティティ形成の問題

　O子は、特に母に望まれた子どもとして出生した。O子の母は、勤労意欲の低い夫でも2人目の子どもが生まれれば、勤勉に変わるのではないかという期待をもって、O子を懐妊し出産した。O子の母は、第二子が女児だったので、自分と同性の子どもを授かりとりわけ嬉しかった。また、当時は父母関係も良好に経過していたことから、父も第二子の誕生を喜んだ。それから数年間は、父母の夫婦間に不和はなく平穏に過ぎ、O子の初期発達も順調であった。従って、O子は父母を一対の結束した関係として捉えて、それとは別の空間を発見し自らの自我を育てるという通常の正常な発達を経過したと思われる（松木, 2010；Morgan, 2005）。

　しかし、O子の父は収入が少なく、母が就労するためにO子が保育園に入ったところ、母と密着して育っていたO子は甘えん坊であったため保育園では泣いていることが多かったというエピソードもある。

　O子が小学生になる頃から、父の始めた釣り具店が不況で家計の問題で父母が不和になり、母が子ども2人を連れて実家に帰った。その後、父母は関係修復することがなく、O子が8歳の時、父母は争った末に裁判離婚をした。2児の親権者は母で、その後、子どもと父との面会交流はなかったという親の離婚

の経過は、子どもたちにとってはかなり深刻な事態であったと考えられる。

　O子は、父母が離婚後には母方実家の中で祖父母や兄も一緒に生活し、物質的な面での窮乏感はなかったのだが、母が仕事で忙しいために対話も減りあまり甘えさせてもらえない寂しさを感じていた。中学生になった頃から母がダンスサークルに通い、毎週1回のレッスンに通うようになった。ダンスの練習の日には母の帰宅時間が遅くなることが始まり、祖母と留守番していたO子は、母が先夫以外の男性と恋愛関係をもっていることを推察するようになった。O子は、自分が寂しくても母から相手をしてもらえないばかりか、父とは別な男性と交際する母に反感を感じた。その上、その時期に母が女性性の動揺を感じていることで、O子も影響されて不安定になった。

　O子は、青年期に入ってジェンダーアイデンティティの形成が問題になる大事な時期に来ていたのだが、女性化のモデルになる母の状態が不安定なので同一視を簡単にはできず混迷する。離婚後に生活に困る体験の後、しばらくして新しい相手の出現に混乱した母は、O子に健全な女性像を示していなかった。また、青年期の女性は同性の親に対抗心をも感じており、O子は母よりは女性として価値がある存在であることを示したかったので、容貌だけはよい非行傾向のある男子と交際し反抗を現わした。その時、O子には、親の世代から来るストレスと、自分の中の内的衝動からのストレスの両方からの圧力を受けて、彼女の葛藤処理能力を超えた状態に至った。そのような状況の中で起こってくる不安を解消するために、O子は薬物非行にのめり込んだと考察された。

　このような母子世帯の状況では、もし子どもと別居親（この場合には父）と友好的な面会交流を続けていれば、面会交流をした機会にO子が悩みを話して父からサポートを受けることもできたかも知れないが、そのような交流が全く行われずにきていた。彼女と母の間に入って親子関係の葛藤を仲裁する人もいなかったことが余計にO子の苦しさを増加させていたが、O子が家裁に係属したことによって筆者が母子の両方に関わることになり関係調整の契機が訪れた。

　家裁という組織は国家機関としての権威をもつとともに、法律の番人は社会

の「父性」を具現化するものでもある。この時点での家庭裁判所調査官の介入によって、O子が無意識に求めていた父性に助けを求めることができたとともに、母にとって手に負えない子どもを父親が叱るのではなくより高い見地から保護してくれる人が出現したかのように感じられたと考察される。

② 離婚後の母親の母性性と女性性の変化

　母は40代半ばという年齢に達していたので、ライフサイクルの上でも考えるべきことが多くなっていた。子育て終了後の自分の今後の生活についても、また、これまで依存してきた祖父母の介護やその両親の死後の問題もある。後妻の娘である母の場合には、祖父母の死後にいつまでも実家に依存して生活ができるわけではない。ある時、母は社交ダンスのグループの中の男性と親しい関係になったがダンスだけの関係としてとどめ、その後に交際を止めたという経過があった。生活の重荷を背負いながらも趣味をもちストレス解消もして、新しい恋愛は程々で止めるという自己統制ができた母は、健全な精神をもった女性である。一般的にも、離婚後の女性にとって恋愛関係になる相手が出現した場合に再婚のチャンスが訪れることがあるが、それは愛情ばかりではない打算的な関係の場合もある。

　O子の母の場合には実家の父母のサポートが手厚いということもあり、再婚の方向には向かわなかった。しかし、母の女性性の揺れ動きに対して、青年期の少女はとりわけ敏感である。母の恋愛によってその人の別の面を垣間見たように思ったO子が、自分の側の性的な衝動を刺激され行動化につながったと考察される（Davila et al., 2009）。

　そのような母が筆者との面接に望んだことは、娘とどのように関係修復をしたら娘の行動が改善するのかという問題とともに、今後の母の生き方についても自己検討したいということだった。

　O子の母は、O子の父と結婚し離婚したことを、「人生の最大の汚点」であると考えており、周囲の人にもそのように見られてきたことで自己肯定感が維持できないことが苦しかった。世間からも「人生を失敗した女性」として見られている状況から立ち直りたいと思っていたが、それまでは心の傷を癒す機会

がなかなか訪れなかった。だからといって、趣味のサークルで恋愛関係になった男性と再婚するのは、母にとっては抵抗が強かった。それは、日本において女性の再婚は稀な例であることと、再婚が前婚によって受けた傷を必ずしも癒すことにはならないばかりか前の結婚の悪い記憶が亡霊のように追いかけてくるという問題があり、母の恋愛は友人関係という所でとどまった。母は再起する機会をもたないまま40代半ばを迎えていた（Wallerstein & Blacslee, 1989 ; Wallerstein et al., 2000）。O子の問題で筆者とのカウンセリングを行う経過の中で、離婚した先夫に対する恨みや怒りなどの陰性感情を或る程度表出した上で鎮静化し、それを完全に過去のものとしてカッコに括ってしまいたかった。それができなければ、彼女は新たな気持ちで再出発できないと拘っていたのだと考察された。祖父母の家で物質的に依存して生活してきた母が、義兄を含む実家の葛藤から適当な心理的距離を保ち、彼女自身を肯定的に捉え直して女性性と母性性を健全に維持していくためにも、その時点での母の立場における感情の整理が必要であった。青年期の女子にとっては、母が女性としても自己肯定感をもっていることがその子どもにとって健全な方向に働くという連鎖があり、O子の場合にも母が自己肯定感を取り戻すことが彼女の回復にとって必要であった（小田切, 2004）。

母は几帳面な働き者で気持ちも優しい女性なのだが、それを理解してくれているのは母方祖母だけであった。母は、その祖母に支えられてその時点までの子育てを行って来たのだが、祖母もその母を頼りにしているという相互の信頼関係があった。母が恋愛関係になった男性の方へ逃げ出していかなかったのは、この2人の長年の連携があったからでもある。筆者は、O子の家庭では女性3代の暖かな情愛関係が通う親子関係を感じたので、その3人の女性の絆を尊重して、試験観察における面接のゴールを求めていけると考えた。

③ 離婚後の親が再婚を迷う時の子どもの側の反応

O子は、彼女が8歳の時に父母が裁判離婚をしているが、それ以前から母と父の紛争を見て悩んでいたと推察される。彼女は口数の少ない表情の乏しい少女なのだが、彼女なりに抑圧してきた過去があることが推測された。この親子

の場合、離婚後に父との面会交流もなく、父から子への養育費も送られてきていなかった。また、母によれば母方祖父母の家では、父に関して話すことはタブーになっていた。これは、一種の片親阻害症候群（Parental Alienation Syndrom/PAS）に通じるかもしれないが、離婚後の父がそれを問題にしていないことで紛争にならなかったと考えられる（大野他，2010）。一度だけ、O子に父のことを覚えているかと尋ねたことがあるが、幼い頃に一緒に散歩をして遊んでくれた記憶が少しあるだけだと答えた。それ以上のことを、父について語らなかったが、彼女の微かなイメージでは優しい男性だった。また、一方では一度も子どもに会いに来ない父は、O子を置き去りにした無責任な父とも考えられた。

　O子が中学になった頃、母が趣味のダンスに熱心になり家庭を疎かにした時期が来て、いつも理性的である母の別の面を見たように思ったO子が非行傾向のある少女と交際して共犯の万引きを行ったことがある。窃盗は他の非行の始まりと言われているが、その子どもの寂しさの反映でもあり、その時に、O子の甘えたい気持ちを母は捉えることができなかった。そして、大事な高校受験の時期にO子は受験勉強に身が入らなくなり、高校には入学したものの高校1年の夏からは男性との関係ができ行動上の問題が大きくなった。それは両親の離婚後8年間経過して、母に女性性と母性性の変化があったことによって、子にとって大事な環境的要因の母の安定性が崩れたことと、それに反応したO子の反抗でもある。換言すれば、孤独な子どもの気持ちを受け止める余裕のない母、または子どもよりも異性に関心を奪われている母に対する子どもからの異議申立てでもある。このようなことは離婚家庭においてどの場合でも必ず起こることではない。しかし、離婚後の母（または父）が新しい相手に出会い恋愛感情を懐いたことによる精神的混乱を介して、その動揺が子どもの反応として出現するので、これは親の離婚の子どもへの影響であると考えられている。それが時間を経て現われることから遷延反応と言われている（Arnold & Caranahan, 1990；Wallerstein & Blacslee, 1989；Wallerstein, 1997；猪股，1997）。離婚直後にも子どもは不安や不満、そして怒りなどを懐くのだが、片親になった家庭

の大変さを観察しながらその感情を抑圧する傾向があり、それは眠り込み反応と言われている。しかし、数年後に再び家族構造の変化が起こる兆しを予感して、一層に不安になるのである。母の関心が自分から離れていくこと、また、離婚後に父とは全く接触させてもらえないまま母は別の男性と交際していることは、O子にとっては両方の親を失っていくという不安につながり不安定になった。薬物非行は、彼女の不安な心情が「瞬間的に忘れられる」ための防衛的な対応だった。自分の寂しさを共有してくれる人が必要なO子は、勤勉な兄にはその不安を話せないでいた。兄は、真面目で祖父の支配の下に現実適応的な生活をしており彼女とは違う種類の大人に成長していた。O子の兄とは面接の機会はなかったが、兄も、家庭外の対人関係、その中でも異性関係には困難なものを感じていたことであろう。

④ 母方実家という社会資源と、母方祖父母とO子の葛藤

O子の家のような母子家庭では母方実家の援助が受けられる態勢が必要であり、この場合には母方祖父に経済的に余裕があり、また母方祖母と母の結びつきが良好であったことから、O子と兄に対しては祖父母からの長年にわたって物心両面の援助があったことが救いでもあった。それがなければ更に困難な生活であったことも推察される。そのような社会資源となった祖父母であるが、孫との関係では二次的に形成された親子のような関係があったとも考えられる。青年期のO子は、男尊女卑な祖父の家長としての権威に反抗していたという面が強い。しかし、そのようなO子について母が困惑する姿を見て哀れに想い、祖父への反抗も過激化せずに収まった。祖母には一旦は反抗した末に、試験観察の後半では一緒に料理をする、編み物をするなどと祖母の女性的な側面にO子が同一化しようとする過程が見られ、そのようなところからO子の女性化が進行したと思われた。これは、小学校時代から形成された母方祖母への愛着関係があったためであると考察された。

⑤ 家族関係の葛藤に対処するための対応策について（O子の場合には、父母が既に離婚しているので、父母間の葛藤ではなく家族関係の葛藤に対処するための対応策とした）

ⅰ）青年期の子どもの感情の解放と、その子なりの目標を追求させることの

効用

　O子はその生育歴の中で自分の感情を抑圧してきたことの多い少女であり、自分を表わすことが不得手で表情も乏しい少女である。そのようなO子に会いながら、筆者は彼女が自分自身を表現できカタルシスができることが必要だと着想し、O子に自分を語らせるために投影法の心理テストを活用することを試みた。しかし、これに対してO子は強い抵抗を示したのでうまく運ばなかった。これには、彼女との面接関係が確立する前に心理テストを使ったという「時機の問題」があったと思われる。しかし、この事態は「災いが転じて福」となる契機を与え、母や祖父母の心配の背景を彼女に伝える契機になったことから、O子との信頼関係が形成されてきた。

　次に、O子に対して詩集を使う方法を試みたが、これは効を奏した。面接経過のところで示したように詩集を数冊読ませている。人間関係や家族をテーマとしたもの、青年期の友情や恋愛感情に関するものなどであった。読書などをする習慣のないO子にとっては、この方法は他の少女たちが家族や自分自身についてどのように考えるかに関しての情報提供にもなり、また、それについての感想を短くてもよいので語ることは自己表現につながると考えられた。

　O子の行動化は男尊女卑の祖父への反抗と、母が実家に対して行えなかった反抗の代理的な表出でもあり、二重の意味があるだけに強く出たと言える。家裁の中で筆者がO子に関わったことで家族外の大人の女性との関係ができ、その人の中に映る自分と自分の家族との関係を吟味することができた。その人は母でも祖母でもなく、厳しい祖父でもなければ家裁の少年裁判官でもない人で、受容的な雰囲気の中で一生懸命に現実を把握しようとしている女性調査官という人であるという一般的な認識から出発したO子との面接関係は、投影法の心理テストを使った後にその抵抗を通り抜けた時点から、一般的な調査官と少年の面接関係とは異なるものに転じた。このような経過の中でO子は現実を捉え直し、現実への肯定的解釈をすることができ変化した。

　それ以降には、O子の前向きな歩みが観察されるのであるが、それは自分の就きたい仕事（ネイルケアアーチスト）に向けての前進的な動きであった。これは、

葛藤を捨象して自我理想を懐くことができた過程であると考察された。当時の日本ではネイルへの関心は富裕層の女性しかもたない状況であったが、時代に先駆けての興味で専門家が少ない分野だから将来性があると積極的に勧めたところ、O子はネイルケアの専門学校に入るための学費を稼ぐという姿勢になった。そのような姿勢になったO子は遊興的な姿勢を改めてアルバイトに精を出し始め、彼女にこのようなエネルギーがあるのかと驚くような変貌を見せた。その少年なりの目標を懐くことが、非行からの更生のためにいかに重要であるかを切実に感じた事例であった。

ⅱ）離婚後の女性であるO子の母をサポートすること

米国の離婚に関しての研究では、離婚後10年間に男性も女性も生活の変化が著しく、生活水準の向上する者とあまり変化のない者、更に下降する者がいるという追跡研究がある（Wallerstein et al., 2000 ; Hetherington et al., 1998）。

O子の母の場合には、経済的な困窮が離婚の原因の大きなものであったので、離婚後は経済的に豊かな実家に依存したことによって困窮は免れ、生活を保証された。これは、日本の社会では伝統的に行われてきた離婚した女性への支援のあり方であり、子どもたちには幸せな境遇であった。この事例の母のように若くして離婚した者では数年後には再婚問題に遭遇する女性もいるが、日本では再婚率は米国よりはるかに少ない状況から、実際に再婚はないとしてもその前段階で悩むことはある。30代で離婚した母には、その後に精神的な意味での恋愛関係になった男性がいて、一時期は再婚の問題に悩んだのかもしれない。離婚後の女性が再婚する場合には前婚の傷跡が多かれ少なかれ影響を及ぼすことがあり、元の配偶者の亡霊、すなわち別離した元パートナーに関する不快な記憶が再婚を妨害するとも考えられている（Barnes, 1999）。

筆者と関わった頃の母は40代半ばでこの種の問題に遭遇し幾分か迷う部分があったが、筆者との面接を通じて気分一新し、再婚という方向性は止めて別の方向で今後の生きる道を考えた。

ⅲ）社会資源を尊重する方向での関与

このケースでの社会資源としては、母方祖父母と、また祖父が経営する会社

（実質的には母の異母兄が実権をもっていた町工場）があるが、母と祖父母との関係は実の親子であることもあり良好であるが、異母兄との関係では母も苦労もしていた。しかし、経済的にはバックアップしてくれている異母兄には文句も言えない状況であった。このような三者との関係を上手くやれるような母の健康性を面接の中で回復させたことによって、母が自らこのような「社会資源と交渉できるような力」を取り戻すことができた。そのために、筆者が実際に祖父母などの家族成員との面接をする必要は生じなかった。

このように緩やかな形の家族への関与、即ち、間接的な関与という方法を取ったのは、家裁調査官の仕事の枠と構造の問題が関係していた。祖父母のような古い世代の人にとっては公的機関である裁判所は名前だけでも権威である。その権威構造は実際に調査官と面接しなくても調査官の助言を受容してもらえる可能性が大きいという構造であると考えられた。

③ 面会交流を継続することによる別居親からのサポートの活用

（事例3、事例4）

1　事例の背景となる問題

両親の離婚後、未成年の子どもには法律上の代理権をもつ親権者を指定する必要があるが、日本では片方の親が親権者に指定されることが家族法で定められている。しかし、序論でも述べたように、欧米諸国の離婚法では共同監護権が両方の親に与えられることが一般的である。それは、父母の離婚後も両性の親と接することができることによって子どもの人格発達上で父母両方の影響が及ぶことになりジェンダーアイデンティティ形成の面でも偏りがない人に成長するという理論的な背景があっての法制化であった（Wallerstein et al., 2000；棚瀬、2010）。

しかし、この方法も徹底した男女平等の発想のもとに施行されると、子どもは1週間に3日〜4日を父母双方の住居を行き来することになるという極端なやり方になる。そのように住居の定まらない生活を送ることで多くの子どもは

情緒不安定になる。こうした状況への反省から始められたのが、片方の親が子どもを主に監護し、その住居から子どもは幼稚園や学校に通うが、週末や休暇の時期を使って別居しているもう一方の親と面会交流（面接交渉）を行うという方法である。現在ではその方法が主流となった。今ではこのように主たる養育者（プライマリケアテーカー）が基本的に養育するやり方が大多数であるが、このような欧米の家族法における方法を日本の家庭裁判所で離婚するカップルとその子どもたちへの対応においても実践することを 1980 年代に提案し、米国の家族法についての紹介を行ったのは、その頃に家庭裁判所所長に就任していた女性裁判官の野田愛子であった（野田，1997）。

野田は家裁の離婚調停制度を用いて離婚するカップルに対して、日本法の定める通りに片親を親権者として指定した後、もう一方の親とも子どもが交流する方法について実務的な研究を重ね、その知見を家裁調査官に提示した。このような家族法について広い視野をもった女性裁判官からの啓蒙的な刺激により、家裁調査官が自らの担当ケースでそのような援助の方法について検討を始めることになった（寺戸・井村，1989；寺戸，1994）。

そのような経緯で、現在の家裁の実務では余程のことがない限り（例えば、父親が DV で母親に暴力を振るっていたことが離婚原因である場合のように）、子どもの福祉を重視して別居親との交流を促す方向になっている。

しかし、面会交流が子どもの福祉にとって有益であるように運ぶためには施行前の準備が必要であるケースも多く、父母間の紛争性が大きい場合には、親同士の葛藤をある程度鎮静化した後でないと面会交流を行えない場合がある。そのような場合には、元の夫婦（離婚後のカップル）の敵対関係を調整していく作業が必要になり、それもカップルカウンセリングの領域のひとつである。元のパートナーに対する怒りや恨み、場合によっては未練の解消などを経て、新たな関係（共同子育てをする父母としての関係）にお互いが成長できることが重要である。元のパートナーとの理性的な関係が形成される中で、初めて別居親と子どもの面会交流が円滑に継続できることになる（寺戸，1994）。図 2-7 には、元カップルがある程度の心理的調整を経た後の冷静な関係となった場合に行わ

子どもと面接交渉をする親	子どもを面接交渉に送り出す親
●子どものペースに合わせて行い、子どもが具合の悪い場合には約束を延期する柔軟さが必要である。 ●決めた約束を変更する場合には、前もっての連絡を監護親と取り合うこと。 ●「一緒に暮そう。」などという葛藤を起こさせる言葉は使わずに、監護親を尊重する。 ●監護親の悪口も言わず、また、その状況や生活を根掘り葉掘り聞かないこと。	●日頃から別居親の批判を子どもに聞かせないように心がけ、子どもが面接交渉をすることを喜ぶような態度でいること。 ●子どもを笑顔で送り、笑顔で迎えるようにする。 ●面接交渉に関して父母が決めたルールで、別居親を細かく規制しない寛大さが必要である。 ●子どもの病気で約束を変更する場合に早めに連絡を入れる。

図2-7 面会交流を行う場合のルール

れる面会交流に関するルール(条件)が書かれているが、この種のマニュアルは各家庭裁判所で少しずつ工夫を加えて使用されている。

　そのような事前の配慮をせずに不用意に行われた面会交流によって、子どもが父母双方からの圧力を感じ、それがストレスとして作用し不登校や心身症に罹る事例も見られるようになった。また、このような両親間の葛藤から非行に走る少年も存在することが、少年事件を担当する家裁調査官からも報告された(村松,2002；廣井,2008)。

　この第3節で扱う少年は、2人とも別居親との面会交流を続けていた少年たちである。Q男は、母が連れ子して再婚した家庭に育っていたが、継父との関係がうまくいかず、実父とは面会交流を重ねていた。R子は兄弟が5人いる大家族であったが、離婚後にひとりで住んでいる父、家出した母、兄弟姉妹だけの家とそれぞれに3軒の家がある状況で、父との面会交流を行っていた。これらの家族では、父母の離婚はいずれも家庭裁判所を経過しない協議離婚であっ

たので、別居親と子どもの面会交流について方法を指導される機会はなかったが自主的に行われていた。これは、親子間の交流としては一番自然なあり方なのだが、青年期に達した時に子どもは両親に対する忠誠心の葛藤を感じることになる。そのような場合に、悩んでいる青年から相談を受ける専門家がいることや青年に助言をする身近な大人がいること、そのような窓口が開かれていることが必要になるが、当時の日本ではその様な認識は一般的には乏しかった。

2人の少年は悩んだ末に非行を犯して家裁に係属した時点で、初めて親子関係の葛藤が問題にされ、家裁調査官との試験観察（カウンセリング）の中で相談が進行したのだった。また、そのような子どもの非行化の背景にある父母、すなわち離婚後のカップルの関係に関して「共同子育て」をするために必要なコミュニケーションを促すこと、または相互が元パートナーの現在の生活を容認し合うように関係調整がなされることが重要であるが、そのような役割を果たす民間の機関も当時の日本には少なかった。

Barnes（1999）によれば、離婚後の父親たちは子どもとの関係でジレンマを感じているが、以下のような場合があるということである。①子どもとの接触を諦めて、怒りを含んだ手紙を出す場合　②会うことが困難な状況でも、無理に面接を続けていこうとする場合　③新しい展開を考えてフレキシブルな関係を築く場合　④子どもに対し強く依存している父が、もう一方の母の養育を妨げている場合。

このように4つのあり方に分かれるというが、父親の対応としては、③が最も望ましく、①②と④では、子どもの側で迷惑を蒙る場合も出てくる。しかし、ここで取り上げた2つの事例においては、いずれの父親（実父）もフレキシブルな子どもとの面会交流をしており、子どもたちを遠くから見守ることに徹していたことが、子どもたちが面会交流を負担に感じることもなく、また心理的に悪影響を及ぼさないことになっていたと考察される。

Wallerstein et al.（2000）は、離婚後の子どもたちの25年間の追跡研究から、3分の1の子どもたちが父子の面会交流を続けていたという知見を述べている。無理のない自然な形の父子の面会交流があれば、これは子どもたちにとっ

ては別居親からのよい影響が入って来る窓口になると言える。しかし、面会交流が続かなかった残りの3分の2の中には、途中で子どもが面会交流に対して拘束感を感じたり、また両親間のトラブルが再燃するなどの問題が起こった場合もある。稀に会う別居親からの影響や刺激によって精神的に揺れ動く青年は多いと推察されるが、そこで起こって来る葛藤や悩みを相談できる人、または窓口が用意されていて、青少年が自分の悩みを気軽に相談ができることが必要である。

　平成21年の厚生労働省による「離婚に関する統計」では、2008年の婚姻件数の34.5%の数の離婚件数があり、その離婚件数の中で約57%が有子夫婦(未成年の子どもがいる夫婦)の離婚であったという事実から考えても、現在の日本社会においては離婚をすることになったカップルとその間の子どもたちに対する相談機関が是非とも必要であり、特に親の離婚紛争による精神的葛藤の犠牲になる青少年を援助するという問題は大きな課題であると考えられる。

2　事例3　再婚家庭への適応を果たした少年 (Q男、16歳)

(1)　家族状況

　Q男は高校浪人中の16歳の少年である。地域の非行グループに入り、夜道を帰宅する男性を集団で襲って恐喝と暴行を行った事件に参加したことで家裁少年部に送致されてきた。Q男の実父母は、彼が小学校5年の時に離婚しており、母がQ男と妹の親権者になっていた。母は生活力のある女性で子育てをしながら就労し、ママさんバレーもしていた。Q男の父はサラリーマンであったが、近くに住んでいたのでQ男と休日に会い一緒にサッカーをしていた。Q男が中学1年の時、母が地方公務員の男性と連れ子再婚をした。継父は初婚の男性であったが、実父の明るい性格と違って寡黙なタイプで、真面目であるが近寄り難かった。再婚家庭では、母が義妹を出産してその育児を喜んでいる様子が見受けられた。実妹はしっかりした子で、母の言いつけも守り中学で部活動にも励んでいた。

（2） 生育歴、及び家族歴

Q男は、小学校時代も中学校時代の前半にも特に問題行動はなく経過しており、明朗な性格の子どもだった。彼にとって問題が発生する契機になったのは、継父の転勤で同じ県内だが別の地域の中学校へ中学3年1学期に転校したことで

事例3 （Q男）家族関係図

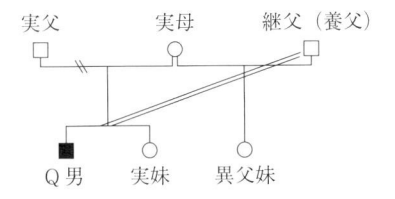

あった。転校生はいじめっ子グループに試される立場であるが、Q男も同様に非行傾向のある仲間から誘いがあり、夏休みには一緒に万引きをするという非行が2回発生した。彼の場合は再婚家庭に暮らしている事情もあり、その時点で保護観察処分となった。中学3年後半は、高校受験に向けて受験勉強をする時期であるにもかかわらず、Q男は落ち着かない状態で非行グループからの誘いを断ることができずに上記の集団での恐喝と暴行事件に加わった。保護観察を受けている場合の再非行は問題が大きいと考えられ、Q男は少年鑑別所に観護措置を取られていた。しかし、最初の調査担当者が面接を始めると、Q男の今回の少年事件における役割が見張りであり、被害者への暴行もなく恐喝した金銭も受けていないことから、担当裁判官の判断により、Q男を鑑別所から出して自宅に返し在宅事件とした。

地域に戻ったQ男は、しばらくして同じ非行グループの当該事件に加わらなかった少年たちから呼び出されてリンチに遭い心身ともに酷い傷を受け、以来、外出ができず自宅に引きこもる状態となった。その後、引きこもり状態が長引き、中学を卒業した翌年度の秋になってから、筆者が改めてQ男の担当となり調査面接が入るという経過であった。

（3） 面接経過

Q男との面接は試験観察中の面接も含めて合計12回行ったが、試験観察ではコラージュ療法を行う面接を8回入れた。コラージュ療法は箱庭療法の応用とも言えるもので、画用紙の上に写真や雑誌の切り抜きを糊で貼っていくやり方である。

筆者はコラージュ療法を「同時制作法」で行ったのであるが、これはＱ男と同じテーブルの上で筆者もコラージュを作るというやり方である。同時制作法は少年事件で筆者がしばしば用いた方法で、有効な方法である。その理由は、少年の側は調査官を裁判所の人であり上下関係があって話しにくいと思う面接構造の中で、少年と一緒にコラージュをしながら対話することによって調査官と少年の面接構造を上下ではない構造と変えることができる。これによって、面接関係を少年にとってより身近な感じの対話状況に設定できるやり方として活用されてきた。Ｑ男は、面接開始当時は仲間からの裏切りによって深く傷ついており、またリンチの恐怖感から外出もできない状況だったことから、抑うつ的であり対話も進まなかった。しかし、試験観察が進行する中でＱ男が次第に明るさを取り戻し、高校進学をしたいとの意思を示したので、調査官が派遣した家庭教師（「少年友の会」というサークルに所属するボランティアの大学３年生）と英語を勉強し始めた。また、中学時代の同級生で既に高校生になっていた女性の友人から数学を習い始め、４〜５ヵ月後には見事に高校受験に成功した。

最終審判の終了後、Ｑ男が制作した８枚のコラージュを通して鑑賞することによって、筆者は、試験観察中の活動はＱ男に現実的な目標をもたせてそれを努力して達成させたこと以外に、非常に重要な過程に関わっていたことに気が付いた。Ｑ男のコラージュはメッセージ性の強い作品が多く、彼は手先が器用で細かいパーツを上手に台紙に貼るという他に雑誌の中から言葉の部分を切り取って貼ることもするので、作品のテーマのヒントがその文字から推察できるという特徴があった。彼の一連のコラージュ作品の１枚目には、「謎は解けた！」という文字が貼られており、２枚目のコラージュには、「本当の家族だと思って仲良くしよう」という文字が貼られていた。彼の作ったコラージュには、家族のテーマが表わされていることが予想された。作品３には、小さい女の子を抱いた若い女性が笑顔で座っている切り抜きが貼られていた。Ｑ男は、母が再婚家庭の中で自分と実妹が継父や幼い妹と仲良く暮らして欲しいと望んでいること、また、いろいろな苦労はあった後に母は再婚の子どもも育てており、今は幸せを感じていることを感じ取っていると推察された。

母は、Q男が休日に実父と面会交流を継続しており、その折にサッカーを楽しんでいることを知っていたが、それを干渉せず自由に行わせていた。軽い話題で楽しく対話できる実父は、Q男にとっては癒される存在であると彼は語った。しかし、謹厳実直な継父は厳しく叱るような人ではないけれども、どこか話しにくい。また、Q男は非行を犯した上に高校浪人をしていることに引け目も感じているので、余計に継父とは対話ができない状況であることについてQ男自身は語らなかった。しかし、筆者にはQ男の気持ちが推察され、現在の家庭の中にQ男の居場所のない状況を心配もしたので、母や継父を面接に呼び、その時点でのQ男の苦しい気持ちを説明した。「親からも彼をサポートして欲しい」と伝えた。継父は、自分の転勤がQ男の非行化につながったことについて既に反省していたようだった。しかし、やや固くて不器用な継父は、Q男と関わり謝罪するきっかけを摑めていないのだった。それでも筆者が直接にQ男の気持ちを伝達しサポートを求めたところ、継父はQ男に対する支援をするという要望を受け入れた。最終的にQ男の高校が決まるまでに紆余曲折の経過があって母は疲れきり、その年の年度末には健康を一時害して10日間の入院をした。それが転機となって、継父とQ男が幼い妹の養育を協力して行うことになったので、2人の対話が進み以前よりも心理的距離が近づいた。幼少の妹の保育園の送迎や家事を分担したことによって男性2人の結束が強化され、Q男が継父の人柄を見直すことにつながり相互の関係が修復に向かった。

（4）　Q男の事例の考察

① **再婚家庭への適応について**

　離婚した女性が再婚する比率は日本社会ではまだ少ないが、非常に前向きで活発なQ男の母は子連れ再婚をした。再婚の多いアメリカ社会においても、再婚家庭の営みは困難な問題があると指摘されており、それは前婚の破局という残像を引きずることになるため、より人間関係が複雑になるからだと言われている（Hetherington et al., 1998）。

　思春期にあったQ男は、父母の離婚により大好きな実父と離れたことについて、実母を恨んでいたと思われる。その上、実母が再婚したことで、実父と

は全くタイプの異なった継父との間の養子縁組を強制されたことも不本意であった。そのことは生活のためには必要なことだったのであるが、大人の世界のことは理解できない彼の反抗心をより煽っていたと考えられる。全く違う2人の父親のどちらに同一化して男性性を獲得するのがよいのかに関してQ男の中でジレンマが強く生まれていたと考えられる。しかし、再婚家庭では母が幸せそうにしていて、2人の妹たちも幸せに暮らしているのに、それを壊すようなことは優しいQ男にはできない。何よりもQ男自身が継父に扶養されている身なので、言いたいことを自由に言語化することもできない苦しい状況に置かれていたと考えられる。そのようなQ男のストレス状況が非行化に影響があったと思われ、彼が非行集団と一緒に行った非行は、「おやじ狩り」と言われる態様の非行で、これは集団の力を借りて見ず知らずの男性が被害者になるのであるが、象徴的な意味では父親的なもの（父権）に対して反抗するという意味のある非行であった。しかし、Q男の場合にはその非行行動に関してもブレーキがかかっていたので、役割は単なる「見張り」であった上、恐喝した金品も分配されていなかった。事件後にQ男は逮捕され少年鑑別所に入所するなどの社会的制裁を受けていたので、それによって家族に対する罪悪感が増大していた。

　筆者の面接の開始時には超自我の脅威に晒されていたQ男であったが、筆者や周囲の人々の援助があり前向きに状況を把握し直すことができたことから、自我理想に向かって進むことができるように変化した。このように、Q男の場合には様々な経過の後に新しい再婚家庭の中にも居場所ができ再適応につながったと考察された。Q男の事例では、家族療法における「円環的」な展開があったと言える。すなわち、悪者探しをするというのではなく、いろいろな要因を肯定的に用いたアプローチである。廣井（2008）は、「原因探し（悪者探し）が全て放棄されると、少年の両親や教師が非難の対象から、少年の更生のための社会資源になりうる」と述べている（廣井, 2008）。「親の離婚が悪かった」「母の再婚が問題だ」「継父の転勤が非行の原因につながった」などの後ろ向きの発想ではなく、むしろそのような要素を前向きに使うことが良好な経過につな

がる。

② 少年が目標をもつことと非行からの回復過程について

　Q男が中学1年生の時に母が再婚し、彼は継父との間で養子縁組をしたのであるが、それによってこの三者間でエディプス状況が新たに作られたと考えられる。しかし、Q男が思春期であったことからQ男の中には強い葛藤が潜在していた。その上、彼が中学3年で転校した後に非行仲間と知り合い非行をして家裁に係属したことがあって、Q男の中で親に対する葛藤は次第に強まったと考えられる。Q男は、その時に継父に対して敵意と同時に罪悪感と立場のなさを感じており、実父の方に逃げて行きたいという気持ちになったと思われる。しかし、母に対する愛着が強く、家出して実父の方に逃避するまでには至らなかった。また、その状況において重要だったことは、思春期のQ男の反抗に対して実母と継父が2人で一緒になりそれに前向きに対応しようとした姿勢であった。このように、思春期の子どもから挑戦を受けた場合には、親世代は、2人が一枚岩となって対応していくことが、好転につながる大きな要因になる（皆川, 2000a）。筆者と実母、そして継父も一緒になってQ男が改善することを望み努力する姿に支えられて、Q男は立ち上がる気持ちになった。

　Q男は、筆者とコラージュを用いたカウンセリングを続ける中でこれまで話せなかった自分の気持ちを表出することができカタルシスができた。また、筆者とのコラージュ療法を継続している経過では、現在の家族に対しての肯定的なイメージが生まれて家族関係を再評価できるような変化も起こった。それらを通じて、現実の家族ストレスや高校浪人生であるという進路を巡るストレスに対応する方法を彼なりに考え、高校入学を第一の目標とすることができた。そして、少年友の会のボランティアやガールフレンドなどのソーシャルサポートを活用して受験勉強を進めることもできた。すなわち、「人並みの高校生になりたい」という目標を掲げて、そのために現実の困難さからくるストレスに対してコーピングできたことが、Q男の更生につながったと考えられた。

③ イメージを用いた心の癒しについて

　Q男は、再婚家庭の中で自分の気持ちを表現できない数年間を経てきたのだ

が、見かけよりも繊細で脆さをもっているので言語的に介入する難しさを考慮してイメージを用いた治療（コラージュ療法）を行った。福島（1999）によれば、精神の発達という点から言葉とイメージの関係を考えると、言葉は新しくイメージは古いということができる。「個体発生からみても系統発生からみても、イメージは言葉より古く根源的であり、また感情や情動、気分など生命的なるものと深く結びついている。大人の意識のレベルでは、精神生活の多くは言葉や概念によっているかのように見えるが、実はその根底はイメージによって支えられているのである」。従って、イメージが変容することによって、「心の癒し」が起こってくると述べている。自分を語る言葉の乏しいＱ男にとって、コラージュによる自己表現は、恐る恐る自己開示もできる手段であり、また予想外にカタルシスの効果があった。

　Ｑ男の８枚のコラージュの継起分析をすると、彼は再婚家庭で実母が一所懸命に新しい家族を作ろうとしていることは分かるが、でも自分はもう一歩寡黙な継父に馴染めないでいたことが理解できる。継妹も生まれて母は楽しそうに世話をしているし、彼の実妹も中学校の生活を健気に頑張っている。母と妹２人が幸せにしているので自分は諦めて今の生活を送るしかないが、でも同居の母や継父には反発を感じていた。

　そのようなＱ男であるが、高校受験を目指して努力するうちに、女性の友人が応援してくれ、少年友の会の大学生がボランティアとして支援してくれることになり、コラージュに表現する内容も変化してきた。最終的には高校受験を応援してくれた家族と折り合うことができ、継父とも握手のできる関係になったことから、新しい出発に至れたということである。これは、彼が語りたくて語れないでいた心中をイメージで表現したという経過であり、その背景には調査官がそれをサポートした経過があった故の表出であった。この事例と同様に、筆者は試験観察中の他の少年とも同時制作法によるコラージュ制作をしている。

　それは少年に単独でコラージュをさせるよりも、より自己開示を促すことにつながるからである。公的機関である家裁での少年面接は、そのままの構造と

してでは調査官が少年の上に位置する関係になるのだが、同時制作法はその構造を少し修正し斜めの位置関係を作ることになる。そのことによって、治療関係の中で治療者とクライエントの共有するイメージの世界が展開する契機にもなるのである。

④ 父母関係の葛藤に対処するための対応策

ⅰ）青年期の子どもが目標を懐くこと

Q男が困難な状況を乗り切るために用いた対処の方法としては、先ず、高校進学という目標を掲げて努力したことがあり、それを励ます周囲の人たちとの関係があったことは大きい。また、その背景としては筆者との面接を通じて家族との関係を修復したことと、更に、非行仲間から裏切られて暴力を振るわれたという心身の後遺症から脱することもできた。一時は外出することにも恐怖心を懐いていたQ男であったが、筆者との試験観察に通う経過を通じて恐怖心を払拭して一歩一歩前進する勇気をもつことができた。

ⅱ）面会交流を継続していた実父から精神的に支援されていたこと

多分、Q男の実父も面会交流の際に彼の不満を受け止めた上で励ます言葉をかけていたと推察される。また、父子でサッカーを一緒にすることによって、気晴らしの機会を作ってくれていたとも考えられる。しかも、それは元妻（Q男の実母）の今の生活を脅かさない程度のもので、Q男の現在の生活の場との距離をとっての関与であったことが、このケースが平穏に経過することにつながったと考えられた。

ⅲ）継親子関係の調整をすること

父母の離婚と母の再婚の問題、更に継父の転勤を原因とする中学3年での転校が契機となって悩むQ男は、16歳という年齢では重過ぎる荷物を背負っていた。筆者は、母と継父を面接に導入してQ男の窮地を説明し援助することを求めた。これは「大人の心」と「子どもの心」の橋渡しをする活動と言えるが、父母にとってはどこから手をつけてよいか分からない難問についての助言を得ることにつながった。それによって父母が2人で力を合わせて積極的にQ男を支援する方向になったと考えられ、Q男にとっての大きな手助けとなっ

た。このような状況に置かれた親子に関しては、「べきだ」という規範的な説得やアドバイスよりは、むしろ情動焦点型の対処法を進めることが適切で、親の側の思いやりや温かさなどの情緒的な面が子どもに伝わることが重要である。Q男の母は、この時期にそのような方向で懸命に息子に関わった。

　Q男は継父の転勤に伴って転校したことで非行グループに関わった経過から、一時期は継父を恨んでおり父子の関係が険悪になっていた。このように、子どもにとって都合の悪い時期の転校は精神的にも大きな負荷となり、しばしば子どもの側で適応上の問題が起こる（Bradshaw et al., 2010）。その問題から開始し、非行グループと非行やその仲間からの裏切りによるPTSDをもちながら調査官との面接の中で受容され励まされることを経て、Q男が継父と関係改善するためには長い時間が必要だった。とは言え、継親子関係が良好になったことの要因のひとつは、誠実な地方公務員で規則に従って生き家族を大事にする継父の生き方を、Q男が肯定的に評価することができるようになり、その変化がQ男の更生に役立ったと考察された。

3　事例4　両方の親に強いと語った少女（R子、18歳）

（1）家族状況

　R子の父は当時50歳で自営業であった。母は49歳で会社員としてフルタイムで勤めていた。父母は8年前（R子が10歳の頃）に離婚していたが、その原因は父の事業が不振で多くの借金を抱えたためであった。その時、子どもたちの親権者は父として離婚が決まったのだが、それは離婚をしたいと家出をした母の意志を通すために、父が不承不承に応諾しての結果だった。R子は5人兄弟の一番下で、兄が2人、姉が2人の賑やかな同胞関係であった。当時は長姉が既に嫁いでおり、次姉は母と同居だった。兄たちは既に成人して家を出て働いていた。これまでも、R子

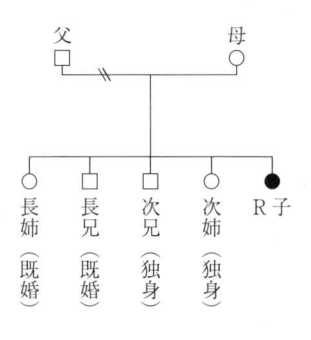

と次姉は2人で父と面会交流を継続していた。

（2） 生育歴、及び家族歴

R子の出生に関しては父母間に秘密があった。それはR子を妊娠した時に5人目の子どもは負担だと母が妊娠中絶を申し出たところ、父が5人目も出産して欲しい旨を強く主張しR子が誕生したという経緯についてであった。それだけに父にとってはR子は可愛い末娘であった。母は活動的で社会性のある女性で母親らしさもそれなりに備わっているが、貧しい生活の中での5人の子育ては大変だった。仕事に出る母の代わりに、姉2人がR子の養育を助けていた。特に次姉がしっかりした人で、R子とはいつも一緒で彼女の世話をしていたことから、2人の関係はとてもよかった。R子が10歳の時に経済的問題のために父母が離婚したが、親権者となった父は他県に移り住んで借金の返済と事業の再起を図り、時々は野菜やお米をもって子どもたちの住む家を訪れた。母は父の事業の倒産後はノイローゼ状態に陥りひとり別居していたが、離婚成立後は会社員として働いた。一時期はK県の父の家と、母がひとりで住む家（これは子どもたちの家の近くだった）、更に子ども5人の家と3軒があった。近所に住む母は頻繁に子どもの家に訪れて炊事と家事をしていた。R子は、小学校を卒業した後に父の住むK県に移り、父の家から中学に通った。これについて、R子は、「兄姉と住んでいても寂しかったし、父がひとりで住んでいてかわいそうだったから」と述べていた。

R子がK県に移ってから半年後に、次兄がバイク事故で骨折したことから、母が兄弟の家に戻り一緒に住むようになった。それを知って、R子も母のいる家に戻りたかったが、学年の最後までは今の中学に通うようにと言われ、バレーボール部の部活も楽しかったのでK県にとどまった。中学2年になる時、R子は母ときょうだいの住む地域に戻りその学区の中学に転校し、バレーボール部で活躍した。中学3年になって部活が一段落した後、R子は急に無気力になった。これまで張り詰めていた気持ちが緩み、高校受験の勉強にも専念できず、勉強のことで母と口争いをするようになったことから、母子の葛藤が強まった。中学3年の9月には窃盗事件（万引き）も起こした。この間にも、K県の

父とR子と次姉は一緒に食事をするなどの面会交流を継続していた。父は、気の強い母が学業や非行について厳しく責めることが辛いという話をR子から聞いていたと推察された。しかし、父はいつも優しく2人の娘に接しており、それぞれの生活を励ましていた。結局、R子は志望する公立高校に進学したのだが、気分がのらずに6ヵ月で自主退学してしまった。高校退学後は怠惰で遊興的な生活が続き、その半年後には地域にいる遊び人のグループ（当時はチーマーと言われていた集団）に所属していた。筆者が担当したR子の少年事件は、そのような遊興的な仲間の数人の女子との共犯事件で、ゲームセンターにおいて女子中学生から恐喝をし、更に暴行も行ったという非行であった。

（3） 面接経過

① 前半の面接経過

R子は少年鑑別所に観護措置を取られて3週間ほど入所していたが、その間の調査により大麻を吸引したことも判明した。審判後に保護観察に付されて地域に戻れば、以前の仲間と交友が戻り、再び恐喝や薬物非行の再犯も起こると予想されたので、調査官の試験観察に付されることになった。また、R子の母も不安定であり、当面は困惑が強く適切な母親役割がとれないでいるために母親面接も必要であると考えられた。約4ヵ月間の試験観察期間に、R子には10回、母には3回（次姉も一度目の母親面接には同席した）、更に父に3回の個別面接を行った。その他母子合同面接2回、父子合同面接1回が行われた。

R子との初回面接では、年頃の女子が恐喝と暴行を行ったということから攻撃性の強さを予想していたが、実際のR子は予想とは違った印象であった。長身ではあるがそれなりに女性らしく髪も長くしていて、にこやかな笑顔を見せ挨拶をするなど、いろいろな経験を経てきたが比較的に安定感もある人だと思われた。調査官への態度も素直で面接も円滑に進み、上記のような中学校生活について話した。「大変だったのね」と、筆者がそれについて返した。

そのようにR子とは初回面接から肯定的な関係が結べたことから、彼女の中にある人間としての潜在力を感じたのだった。

一方、R子の母は末娘が非行を犯したことで衝撃を受けており、不眠に陥っ

て会社を欠勤するなど不安定な状態であったので、家裁での最初の親面接には次姉が付き添って来所した。「父との離婚後、生活が苦しい中で一生懸命に5人を育ててきて、4人までは無事に成人したが末娘がこのようなことになってしまって悲しいし、また悔しい」と述べた母は、実は気丈な女性であり、このような場面でなければ活動的で社会性もある女性と思われた。傍らに付き添う次姉はその日は会社を休んできたというが、静かで理性的な女性で、落胆の激しい母を支えていた。この姉も、妹想いの気丈な女性であると思われた。母は、中学時代のR子が部活を引退した後に無気力状態になり勉強も手につかないので注意したところ反抗されて、特に高校中退後には母子関係が葛藤的になっていたことが本件の原因であると感じていた。自分の親としてのやり方が悪かった故にR子の問題が起こったと考えたからこそ、母は辛く感じているのだった。

　筆者は、母が長年頑張ってきたことを慰労した上で、これから成長する可能性のあるR子だから母子関係の修復もありうると助言し、その面で援助をしたいと述べて次回に母親面接を継続することを約束した。次回には母は単独で来ることができたが、先日よりも落ち着いた態度になっており、2回目に会った印象は瞳が大きく愛嬌のある美人であることが分かるような明るい表情だった。母の語った内容では、過去に父母が離婚した経緯は経済的な困窮が原因であったこと、離婚後に必死に働いていた頃にある男性からプロポーズをされたが子どものことを考えて再婚話を断ったということであった。そのように自分は子育てをしっかりやってきたつもりだと、母は自信を回復して述べることができた。筆者は、これまでの苦労を通り抜けた母の努力を讃えた。そして、母の堅実さが次姉の勤勉さにも影響していること、また、身近にそのような母と姉がいることが、R子にとっては望ましい女性モデルになることも説明した。

　一方、別居親でR子の親権者である父も、可愛い娘の一大事ということでK県から母とは別の機会に訪れた。父は、気の強い母がR子の失敗を日々叱責しているのではないかと心配していた。それは過去に父が事業で失敗した折に、母から強く責められたという体験からの推測だった。父は筆者との面接の

中で、「その時は私も本当に辛かったので、そのような苦しい思いをしながらR子が毎日生活しているのであれば、自分の方で引き取りたい」という要望を出した。しかし、母と姉との生活環境にR子は慣れていること、今後の更生を考えると「女性モデル」が近くにいることが望ましいこと、母の方もR子への対応を工夫したいと反省していることなどから、現状を尊重することで父も合意した。父は今後とも父子の面会交流を続けてR子を励ましながら、R子と気の強い母との関係が修復する過程に注意を払いながら娘の様子を見守ることになった。

② 後半の面接

R子は、在宅試験観察になって以後の筆者との面接に欠かさずに出席し、家では仕事をしている母と姉のために家事と炊事をしていると報告した。また、自宅付近に職場がある母が昼食に自宅へ戻るので、R子が母の昼食も作って待ち一緒に食事をしながら話すことが楽しいと報告した。「母と昼食をしながら対話をすると、母は、結構、理解のある人であることが分かった」というR子の発言から、短期間に急速に成長する姿を見て筆者は驚き、また嬉しく思った。母も同様の感激を覚えていたと思われるが、母子関係の修復が急速に進行した。最終的にR子は就労を考え自分で探したアルバイトを始めたが、これには勤勉な母と姉の影響が強いと考えられ、よい女性モデルのある家庭環境が貴重な社会資源であると考えられた。R子は、試験観察の最終面接では筆者に以下のように語った。「私は親に強い。母とも、父とも、両方の親と仲良くできる」。このようなR子の発言に対して、筆者は試験観察中の彼女の努力を讃えた上、「あなたならきっとやれると最初から思っていましたが、その通りだったわね」とも付け加えた。

母との関係修復が早い速度で進行したこと、地域の非行グループからも離脱でき就労も開始したことから、本件は処分をしない決定（不処分決定）として終了した。

（4） R子の事例の考察
① R子の非行の背景に関して

　R子は、女子数人と共にゲームセンターで中学生に対して恐喝を行った上、暴行を加えるという非行を犯したが、そのような粗暴な行動が青年期の女子に現われたことに関しては、集団の勢いであったという以外の要因がR子の個人にあったと考えられる。彼女は5人兄弟の末娘で、母は生活の必要に迫られて仕事をしながら育児を行っていたのだが、そのような状況では、「乳児に対する母性的没頭」(Winnicott, 1984 : 2005)というような状況は確保されなかった。しかし、年齢の離れた姉が母親代理をしていた。その様なあり方は、日本の大家族の中では伝統的に行われてきた育児のあり方であったが、このようにR子に関しては、養育者代理はいたものの母からの養護は少なくプレディパルな段階における母子関係の問題が起こる可能性のある状況であったので、R子が次の段階に至る時に前段階での母子関係の問題が遷延されることになったと考えられる。また、R子の家の場合には、貧困であるという状態が母親の精神衛生に悪影響を与え、破産した夫とは離婚して働きながら5人の子どもを育てる母として気持ちが沈んだり、ある時には攻撃的になることもあったと考えられる。そのような母親の不安定さに子どもたちが翻弄される場合も、生活歴の中であったと考えられる。

　女児にとってのエディプス状況は、基本的な母子関係に問題がある場合にはこの反抗が増幅されると考えられ、R子の場合も思春期を迎えそのようなことが起こっていたと考察される。中学に入後、彼女は兄弟の家から出て母の家から遠い他県の父の家に移っている。これは父への依存が強いこともあったが、母への反抗でもあったとも考えられる。中学時代はバレーボールというスポーツにのめり込んで過ごし、部活が一段落した後は無気力になった。高校受験を控えて母と暮らしていた時期に、母から勉強が手に付かないと叱られ、そして高校に入った後に半年で自主退学したことから、更に母との葛藤が増幅した。

　貧困故の家族からのストレスは、子どもにとって最初は、困ったこと不安な

こととして映り気持ちが落ち込む方向に向くのだが、時間的経過の後にはその状況に対して個別の反応様式で反応するようになり、むしろ攻撃的な行動が目立つようになると考えられている (Wadsworth & Berger, 2006)。R子の場合も、母からの攻撃に対して家の外で行動化するという攻撃的な反応になったものと考えられた。

② R子のもつ潜在力について

以上のようにエディプス葛藤の克服においては困難な経過を示したR子であるが、彼女には他に肯定的な資質も多い青年であった。最終面接でR子が語ったように、試験観察経過の中で両親への忠誠心の葛藤を中和して、母と父の両方ともに仲良くできる青年に成長したのだが、このようなことができる潜在力をR子は本来的にもっていたと筆者は考えている。

また、R子の父母は、苦しい生活の中で5人の子どもを協力して育ててきた親たちで、経済的な問題で離婚はしたのだが、その後も協力して子どもたちを監護してきた。いわばこの父母は自主的に「共同子育て」を実践してきた父母であった。それは、この両親が人間的にも豊かな面をもっているということであり、このことは同胞関係が円満であることにも影響があった。

R子の父が、親として優れていたところは、フレキシブルなやり方で面会交流を継続できる人であったことである。去る者は追わず、来る者は拒まずというスタンスが自然にとれていたことが、子どもたちを拘束もせず各々の生活を尊重しその適応を励ますことにつながっていた (Barnes, 1999 ; Wallerstein et al., 2000)。R子は、このように人間的に豊かで柔軟な対応のできる父母に育てられた上、仲のよい4人のきょうだいに見守られてきたという家庭環境にあり、それらがR子にとっての大きな社会資源であった。

③ **離婚後の女性である母へのサポートと、カップルカウンセリング**

R子の母は離婚後に5人の子どもを育てた驚くべき生活力のある人だが、離婚後の苦しみや悲しみと元配偶者への恨みは残されていて、R子が非行を犯したことを過去の問題とつなぎ合わせて落胆していた。そのような母に親面接を通じて母性性と女性性の両面で支えた。このことによって、母は早急に立ち直

ることができる能力を有していたことが、R子の試験観察経過の肯定的な展開に関して大きな要因であった。また、R子の試験観察が開始したことから、父母間のコミュニケーションが再開したことがあり、それもR子の回復を背景で支えたと考察された。R子の父は子どもの親権者であり、少年事件に関しては親権者との面接は不可欠である。一方で、母はR子の監護者であって、こちらがR子の生活の鍵を握っているという構造であった。

④ 父母関係の葛藤に対処するための対応策

　ⅰ）きょうだい間の助け合い

　R子は、父母の離婚直後にきょうだいで助け合って暮らした経験から人と調和することも上手であること、更にしっかりした次姉との良好な関係を維持できたことは回復につながる大きな要因であった。次姉は高卒後に会社員として稼動し一家の家計を助けてきた人だが、R子が今後に歩むべき道を示しており女性モデルとして同一視できる人であった。その他に具体的には登場していない2人の兄たちがR子を見守り父親代理の役割をしたと推察される。そのように、R子のストレスコーピングに関して貢献した存在としての人たちは多く、気さくな自然治癒力をもった兄や姉がいたことはR子にとっては幸いであった。

　ⅱ）スポーツとそれを通じた友人関係をもつこと

　R子はスポーツが得意で中学時代はバレーボールの選手だったので、その関連の友人を多く作っていた。友人に恵まれたことは彼女にとっては大きな社会資源だった。また、思い切りスポーツをするということも思春期の不安とそれから発生する抑うつ気分や攻撃性を解消するための気晴らしとなり、困難な状況の中で思春期の子どもが使うことのできる健康的な対処法のひとつと考えられる。

　ⅲ）父子のコミュニケーションを保つこと

　R子は、子どもの頃から父と関係がよく、苦しいことや困ったことなどを父に相談できる関係が継続していたことで、母と対立した中学と高校時代にR子は父との面会交流によってサポートされてきた。本例のように経過する離婚

後の別居親との面会交流が、子どもの自己肯定感を高め離婚後の子どもの支援につながる方法であり、それには別居親の理性的対応と周囲の大人たちの寛大な態度に見守られることが必要である。

　面会交流は、両親が離婚後の子どもたちの福祉にとっては有用であると一般的には考えられているが、幾つかの点で子どもたちの不利益につながってしまう場合もあることは、実行する上で忘れてはならない点である。万一、R子が高校退学や非行を起こしたことで同居している母から叱責される苦しさに父が同情しR子を父方に再び引き取ろうとするような動きを示した場合、R子の両親に対する忠誠心は、葛藤をする。母方に残るべきか、または父方に移るべきかという迷いは、R子には他が想像する以上にストレスフルな葛藤である。更に幼い子どもの場合には、存在の根幹に関わる不安につながってくることもある。そのように、忠誠葛藤が起きると日常的な安定感が失われ、不安を何らかの方法で防衛する動きが発生して、それが心身症状として現われる場合もあれば、非行として出現する場合もある。これではかえって悪循環に陥ることになるので、R子の父がこの時に行ったように、遠くから子どもを見守り続け、もしR子が何か父に訴えたい時には傾聴するという理性的で距離感のある位置の取り方が最適であると考えられた。R子の両親は協議離婚しているが、離婚原因は父の事業上の借金問題であったため両親の関係は非常に険悪ではなかったことが肯定的な要因のひとつになっており、R子のきょうだいの中では次姉がR子と一緒に父と面会交流を行い就労を励まされていたので、姉妹で一緒に面会交流に出かけていたことも長続きするための大事な要因であった。

第4節　まとめにかえて

　現代は個人の自由と両性の平等という憲法に保障された権利を主張する人々が多く、苦痛を伴う非人間的な結婚生活であれば、離婚を望むことの方が合理的であると考える風潮となってきている。特に1980年代以降は、世界的にも有責主義による離婚から破綻主義による離婚の潮流が大勢となり、カトリック

第4節 まとめにかえて

教国においても離婚を認める法律が成立し、離婚が解禁された。すなわち、有責主義による離婚とともに、「性格の不一致」という理由による破綻主義による離婚も判決によってできるようになった。その様な家族法の変遷により、離婚件数が増加し家族制度が維持しにくいという不安定な社会に変わりつつあるが、日本においては2010年の時点で必ずしも離婚率が増加しているわけではない。しかし、家族の個人化は進行しており、各家族成員が自由を主張することで、家族関係の葛藤が増加しているという状況はある。

このような背景から青少年における生活環境も不安定な状況になる家庭が増えており、その影響が及んでいると考えられる（藤田, 2009）。筆者は、家族関係の中心軸は夫婦であると考えており、その中心軸がしっかりとつながっていることが家族全体を纏める鍵であると考えている（平木, 2000；井村, 2007）。

ところが、中心軸が弱いものに変化しつつあるのが、現代家族の特徴となってきている。

本章において問題とした事例の全てにおいて父母の夫婦関係の改善が必要であるが、それがよい時機を得て離婚にならなかった事例と、既に時は遅く父母が離婚になってしまった事例の両方の場合を扱った。いずれにしても、そのカップルの傷つきを癒し、可能であれば夫婦としての関係修復を目指すことを狙った。万一、関与のタイミングが時期的に既に遅く離婚後のひとり親家庭になっていても、「離婚後のカップル」が更に子どもを巡って争い合うことのない関係であるように葛藤を鎮静化させ、子どもを監護している親の親性が健全であるように調整することが必要となる。ひとり親である場合には、特に母子世帯が大半であるが、その女性が生きていく上で遭遇する困難な問題に耐えうるように、離婚によって受けた心の傷から回復させジェンダーアイデンティティを少しでも肯定的なものに変化させる援助も必要になる。

この節では、これまで提示した4事例において用いられたカウンセリングの技法と、それによる治療的な展開が青年とその保護者（両親）にどのような変化をもたらしたか、更に、その過程で青年たちが父母関係の葛藤に対応するためにとった方法などを中心に考察する。

1　父母のカップルカウンセリングについて

　本章で取り上げた4事例では親世代の問題が少年の問題の根源であるという議論を行ったが、そのためにカップルカウンセリングの技法を用いること、離婚後の女性をサポートする方法、更に離婚後のカップルを調整した後に親子の面会交流を援助する方法などが問題解決の方法として有効であるということである。以上の3つの面は各々が独立したことのように思えるが、実は根本のところではひとつのものである。

　親との間で形成された愛着関係が基本的にあり、その縦の対象関係と、配偶者と結ぶ横の対象関係は、Willi（1975：1985）によれば、共通性があると考えられている。配偶者選択においてはそのメカニズムが働き、自分の異性親に似た対象に魅了されたり、また否定的な方向では自分の異性親への反感から全く違う対象を選んだつもりが暮らしているうちに親と同質の面を発見することもある。そのように、親子関係と配偶者との関係は投影し合う過程として、その人の中に存在する。それは夫婦関係が葛藤する時にも、配偶者との関係が揺らぐことは、その人のこれまで形成された対象関係の全体が揺り動かされることになり、自己同一性の危機にもつながるからである。

　Kernberg（1980：2002）は、カップルは個人的な無意識的葛藤と外界におけるこれらの葛藤の表現とが交差する「交差点」に立っていると述べている。また、カップルは時間の流れと共に成熟度が増すことによって、自由の新しい領域が開かれ結婚の基盤を現実的な見方から再考させられることになるかもしれないと述べている。それは神経症的な結合の解消となることもあり、または現実を受け入れ衰えや諦めを引き受けてこの関係を永続させる場合もあるが、後者は現実への妥協的な方向であるとも考えられる。

　婚姻関係が長くなった熟年夫婦が引用事例におけるような危機状態にある場合、2人の関係をカップルカウンセリングによって修復していくことは、個人に関してもかなり深い自我レベルでの関わりをもつことになる。また、それが離婚後のカップルであっても同様で、離婚後に立ち直れずにいる片方配偶者がいればその人の傷ついた自我を癒して絶望的な状態から立ち直らせ、再び自己

肯定感を保てるようにする必要がある。これは、その人が子どもを監護している場合には、子の福祉という点からも必ず必要な作業となる。すなわち、監護親がそのアイデンティティにおいても、またジェンダーアイデンティティにおいてもそれなりに安定した状態を保っていることが、健全な親性を発揮するために必要な前提条件なのである。

　この章で筆者が事例として示したカップルへの関与の方法は、家庭裁判所の中で行われていた技法であるが、そのような機関の中でのみ用いることが可能な方法というものではなく広く民間の相談所などにおいても使える技法である。筆者が現在所属している場においてもこの方法は可能であり、また他の領域でも工夫して用いることのできるものと考えられる。主要な点は、（1）夫婦並行面接（個別面接を並行すること）により、夫婦双方と治療関係を作ること。（2）これをひとりの治療者が行うという困難さがあるが、夫婦の双方に中立的位置にあり双方から適切な距離を保つ努力をすること（片方配偶者に取り込まれないこと）。（3）個別面接と合同面接を組み合わせるが、「時機」（タイミング）を考慮してその組み合わせが有効であるように工夫を凝らすこと。このような点を配慮しながらの夫婦面接であるが、「父母に対する面接」であるという枠組みを常に念頭において進行させることが重要である。従って、あまり退行はさせずに、現実的な方向性で親性を支持していくことが重要であると考えられる。

2　離婚後の女性のサポートを目的とするカウンセリング

　序論で引用した Wallerstein et al.（2000）の研究においても、Hetherington et al.（1998）の研究においても、離婚後の 10 年間に男女共にその生活が激変するという知見が得られている。米国では離婚率も高いが再婚率も日本よりは高く、再婚によって成功する者もいれば、不幸が続き再度の離婚になるという事例も見られる。再婚は前の結婚の苦しかった体験の残像を引きずる場合があり、そのような事例では同様に困難な事態が再現される危険性もあると言われている（Wallerstein & Blakeslee, 1989；棚瀬，2010）。

事例3におけるO子の母親は、夫と裁判離婚の後に元の夫からの養育費の送金はなく彼女の実家に頼っての生活をしてきた。これは、日本社会では伝統的に行われていた方法で離婚後の女性が子育てをしながら生きていく上で重要なサポート態勢である。O子の母は面接を行う数年前にダンスのサークルの中に精神的に惹かれた男性の友人ができたが、再婚はしなかった。また、母の実家は工場を経営していて、経済的にはあまり困らずに子育てにも実母の援助が受けられていた。このように物心両面において恵まれた環境であったが、それでもO子が青年期に至った時にジェンダーアイデンティティの形成過程において母の女性性の動揺を感じて不安定になった。O子の行動化を契機に家庭裁判所で筆者と出合った母は、O子を救いたい一心で過去から現在に至るまでの女性としての自分のあり方に関して再検討を行った。筆者が女性調査官として母の精神的な混乱をサポートしつつ関わる面接の中で、気付きの早い母が先ず立ち直り、女性性よりは母性性を大事にして今後の生活を送りたいと言って前向きな姿勢を示した。それは、非常に重要な変化であった。

　小田切（2004）によれば、離婚後の女性の家庭状況は、「実家依存型」、「自立型」、「元夫・協力型」、「元夫・無責任型」の4群に分けられるが、前二者で安定性が高いと述べている。

　O子の母の場合には、「実家依存型」で安定した環境であった。そこに暮らし続けるためには、母は非行化したO子と母方祖父母との険悪になった関係を調整することが必要であったが、その関係調整を自主的に行い家族全体がO子を大切にする気持ちを復活させた。そうした家庭環境の変化がO子に伝わり、「生かされてある」という詩集の一題を選ぶことにつながった。O子は母がどれだけ自分を愛してくれているかを実感して、その温かさを感じて更生に向かった。この家庭では母方祖母と母、そして母とO子という女性3代に及ぶ愛着の世代間伝達が肯定的な意味で続いていると考えられた。林（2010）によれば、思春期に入ると児童期までのように特定の養育者（親）との間で形成されてきていた愛着は、より広い対象に対しての愛着として質的変化を遂げて、同居の親族や兄弟、学校の先生や友人など、自分に対して温かい目をもって臨

第4節 まとめにかえて

んでくれる人々に波及する（林, 2010）。

　O子についても、母方の祖母は親ではないが堅固に愛着関係が形成されていた対象であると考えられ、この事例の展開の中で母方祖母の果たした役割も大きかったと考察された。

　また、事例4のR子の母も離婚後の女性でこれまでは強く生きてきたがR子の行動化により精神的な衝撃を受けて一時期は仕事も休むほどであった。その母も筆者とは家裁の少年部で出会うことになったが、筆者から保護者面接を通じてこれまでの5人の子どもの子育ての苦労に関して賞賛され母親として素晴らしいことだったとサポートされたことで、早急に立ち直ることのできる女性であった。R子の母に関しては、小田切（2004）による「元夫・協力型」の育児を行ってきたことが安定性につながっていると考えられた。上記の2人の女性は、「女性は弱いけれど、母親は強い」ということを、鮮明に印象づける芯の強いクライエントたちであった。彼女たちには、傷つきながらも必死で子育てをする母として健気な姿勢があり、その意欲が苦境に対する何らかのストレスコーピングを編み出しているのだった。自分の感情を抑え不合理な願望を諦めることもでき、また、母がひとりでは難しい局面は適切なソーシャルサポートを得るために腰も低いし、頭も下げて現実と折り合える柔軟性をもっている。

　少年事件に登場する母親たちの全てではないが何割かの女性に、人生の苦渋をこれ程までに重ねて背負う境遇に置かれていることに驚くような女性たちが観察される。頼りない夫に翻弄された後、離婚後に困窮の中で子育てをしながら一生懸命に生きてきたはずだったのだが、子どもから青年期になった時に反抗をされるという状況は、その女性たちにとっては耐え難く、悲しい現実である（石川・長谷川, 1994）。そのような女性たちのためにも、また少年を更生させるためにも家裁調査官が関与する必要があるケースが多い。しかし、そのような女性たちの数はあまりにも多く、家裁調査官の業務量ではこれ以上は難しいと思われる程の割合であった。このような事例への対応については、家裁以外の相談機関においても少年が家裁送致になる以前の軽症な段階で、または家裁

での危機介入がなされ一時的な安定が訪れた直後の段階で、専門的関与が加えられると少年の傷も浅く予後も良好に経過すると考えられる。スクールカウンセリングの領域や民間の相談機関においてもこの種の問題に関与できるカウンセラーを育てるために、家族問題に関する情報提供があることと、離婚後の母子家庭の問題に通じた福祉的な姿勢をもった指導者（スーパーヴァイザー）の育成が是非とも必要である。

　ここで取り上げた事例で問題点として挙げられるのは、少年と実父の面会交流が全く行われていないことである。これは、離婚後の女性が実家に頼る形の生活を送る場合に起こりがちなことであったが、子どもは実父以外の男性を男性像として取り入れることになる。O子の場合は、母方祖父が頑固だが経済的にしっかりした基盤を与える人だった。

　離婚後の母子家庭に育つ子どもたちにとっては、ジェンダーアイデンティティ形成過程で男性像をどのように取り入れるかが大きな課題となる。子どもは、男性も女性も両性の親からの影響を受けながら人格形成を行っていくので、片親（別居親）と子が隔絶される状況に関しては片親阻害症候群と言われ、子どもの人格形成上でも問題が生じると考えられている（大野他, 2010）。この片方の親と隔絶される状況を、青年期の子どもが奇妙な問題として批判し同居親の家を家出して別居親の方に移る場合もあるが、子どもの側では同居していた親を裏切ったことを気に病んで心身症や非行になる事例もある。子どもの忠誠心の葛藤は、子どもの基本的信頼感を揺るがし大きな不安を引き起こすので、離婚する夫婦はこのような葛藤状況の中に離婚後の子どもが巻き込まれないように前もって準備する必要がある。そのような目的も含んで離婚後の親と子どもの生活が順調に進むための様々な知識が伝達される機会が、離婚時に裁判所などで行われている父母教育プログラムであり、これは離婚後の親子が適応的な生活を送るためには必要不可欠な対策であると考えられる。日本の家庭裁判所でも、その取り組みが始められているが、大阪家庭裁判所や横浜家裁相模原支部の取り組みが注目される試みである。

　渡部（2010）は、米国ネブラスカ州の父母教育プログラムについて出張調査

の報告を行っている。渡部によれば、ネブラスカ州では行政サイドだけではなく、むしろ民間サイド（民間の相談機関など）にそのようなプログラムを行う所があり、多くの離婚しようとする父母たちがガイダンスを受けているのが現状であると報告している。また、子どもに対するプログラムも開始されているとも報告されていた。これは非常に有意義な活動であると思われ、離婚後のカップルが実際に困る前に必要な情報提供を受けておくことで、子どもを抱えた親が困窮する事態を回避する方法を見つける可能性がある。そのプログラムの中で、子どもの養育に関する問題、離婚後の面会交流に関する実施方法と留意事項、養育費の性格と別居親の支払い義務などの情報をしっかりと親に理解させることが大切である。更に、親教育プログラムには離婚後の親を精神的に支えるプログラムもあるのだが、それはセラピーにも近い働きかけになる。

　離婚後の家族への対応として上記のような介入を比較的早期に行っておくことが、自宅における子どもの養育条件を向上させ、児童虐待などの問題につながらないための予防策になることはここに引用された事例の検討からも導き出せる結論である。

　更に、離婚後のひとり親家庭における深刻な問題は、経済的困窮という要因から起こることが多い。近年は上記のような父母教育プログラムの中で、子どもの養育費の性格と支払い義務などの情報が提供されているのだが、以前にはそれが徹底しておらず、苛酷な状況に陥っていた家庭もあった。これは物質的な問題ではあるが、養育費が送られてきているか否かは当該の子どもを積極的に支援しようとしているかどうかという精神的な姿勢と密接に関係すると考えられる。

　本沢は、離婚後の養育費支払い状況に関して、協議離婚の中の65.7%で取り決めがなく、調停離婚と裁判離婚の場合では、20.3%で取り決めがないと述べており（太田垣他, 2008）、いずれにしてもその割合は未成年の子どもにとっては深刻な割合である。

　日々の生活にとって是非とも必要な費用に関しての取り決めもなく、親は自分自身のことばかり考えて離婚を決めたのであろうかと思いたくなるような比

率である。更に、一度は取り決められた養育費でも実際に受領している割合に関しては、支払いが現在まで継続している場合は協議離婚では44.3%であり、調停離婚と裁判離婚の場合には49.7%である。この割合も子どもにとっては必ず必要であることを承知しつつも、支払いをしていない別居親がいるという無責任さに驚く状況である。特に協議離婚によって離婚したカップルの場合には、この点の取り決めが無い場合が大半であったため、離婚後の母子家庭が困窮するという場合が多かった。そのようなケースで未成年の子どもから別居親に対して養育費請求をする事案が、筆者が勤務していた家庭裁判所には多く出されていた。子どもの同居親を法定代理人として行われるこの種の申立ては、相手方である義務者（別居親）には子どもからの要求と映らずに元配偶者からの要求であると誤解されることがあるが、実際には子どもの必要性からのものであり現実的に根拠のある要求である。養育費請求のケースを担当した場合には、家裁調査官はその実際的な必要性を義務者（別居親）に訴えて調整活動をするが、不誠実な別居親もいて追及から逃げる場合もある。このような無責任な義務者が多いことから、協議離婚でも親権者指定のみでなく毎月の養育費をどのように決めるかの話し合いを行い、その内容を証拠価値のある公正証書に残すことが必要であるという教訓につながり、最近ではその点を検討するカップルが増えている。更にこのような私的な努力ばかりではなく、欧米諸国のように国家として両親が離婚した後の子どもたちに教育資金をどのように配慮するかという施策も必要になると考えられる。受けたい教育を受けることができない離婚家庭の出身者は多いのであり、能力のある子どもであっても高等教育の機会を得ることがなければ、その優れた資質を伸ばすことができないのであれば、それは残念な事態であると考えられる（太田垣他, 2008 ; Wadsworth & Berger, 2006)。

3　父母間の葛藤や家族のストレスに対処する青年の力を援助する方法

　この章で扱われた4事例における青年たちは未成年であることから、数々の専門的な援助や指導によって精神的な安定を得て、置かれている状況に対処す

る力がやっと生まれてくる。それ程に親以外の大人の関与が必要な存在であるが、それは彼らは人格発達の途上にあるためと考えられる。しかし、彼らは適切な援助関係があれば前進を可能にすることができることから、以下に述べる視点はそのような青年に対する臨床活動において重要である。

（1）親子間の葛藤から心理的距離を置くこと

N男（事例1）も母が別居したことで距離ができ、母へのプリミティブな衝動を別の対象に向けることができるようになった。O子（事例2）も少年鑑別所に入所したことにより、家族と距離ができて家族の有難さを認識したと考えられ、これは親に密着していれば見ることのできない側面を少し離れたところから客観的に観察できる機会となり、親子関係を見直すことにつながる。しかし、少年鑑別所入所は一時的なものであり、家族から距離を置くことができるようになるための契機でしかない。

その後に専門家によって少年の精神的な自立に向けての働きかけが行われることで、面接を通じての心の作業が始まり、それによって本当の意味で親からの心理的な距離を作り出すことができる。非行行動は権威（父権）に対する挑戦であり、それは自分の親への反逆であると考えると、4例の事例のどの問題にもニュアンスは違ってもエディプス葛藤が存在していたことが理解される。思春期に再燃した同性の親への反発と、異性の親との拮抗的な感情関係の中で迷いつつ、子どもが自分では回答が見つからないという状況に置かれていることを面接者が理解して、子ども側の世界に入って共感的に面接が進行することが重要である。そこには、親ではないが自分を理解しようとしてくれるニューオブジェクトとしての存在があること、その人との話し合いで、患者（少年）が問題だとすることについて両者が合意的真実に到達するプロセスを踏むことが重要である。

更に付け加えれば、ニューオブジェクトと子どもとの治療関係は2人の絆を深め信頼関係を形成するものだが、その後に治療者（ニューオブジェクト）は、子どもと形成した人間関係における絆を親の方につなぐ役割を果たす。トラビス・ハーシーの「社会的絆理論」によれば、親ないし家族とのアタッチメント

や友人とのアタッチメントを取り戻した少年は、前向きになることができる。そして、それによって自分の目標を描くこともできるようになり、その目標に向かって専心的に努力することができるようになるので、非行からは脱出することができるとのことである（黒沢・松村, 2012）。

（2）自分なりの現実的な目標をもつこと

親子間の葛藤から心理的距離を獲得する過程の進行とともに、少年の内界には超自我が本来の機能を果たす状態に復元してくる。エディプス葛藤の相続人としての超自我の機能には、社会のルールや権威による圧力からの懲罰的な側面の他に、自我理想の形成という面がある。葛藤的な関係を脱することによって、少年の中に自我理想を形成するという側面が蘇る。自我理想は幼い頃に懐かれていたものがあるが、それが成長とともに書き換えられていくもので、青年期にはより現実的な目標となってくると言われている（皆川, 2006）。そのような過程が進行し、少年の中には目標が懐かれてくる。いずれの者も未成年者でまだ本格的な社会参加には時間がかかるのだが、それなりの目標を懐くことによって非行から立ち直る経過が観察された。N男（事例1）は専門学校に入学して、父の家業を継ぎたいと考えた。O子（事例2）はネイルケアアーチストになりたいという希望をもった。Q男（事例3）は高校に入学したいと思い努力した。R子（事例4）はまだはっきりとした進路選択はなかったのだが、働く母と次姉をモデルとしながら自分も生活費を稼ぐために就労をするという方向性を摑んだ。このように各人が、その段階で現実的で可能な目標を掲げたことによって、前向きの歩みを推し進められたのだった。

（3）別居親との面会交流を通じてサポートを受けること

少年たちは、別居親が彼らと適当な心理的距離をもってサポーティブに関わってくれたことで癒されて自己肯定感が生まれ、また面会交流の機会に日頃できなかった自己表現をする機会を得ることになる。そのような過程は、Q男とR子のケースに見ることができる。

本章の冒頭にも述べたが、別居親が子どもたちと会う場合には、親の側でも、また子どもの側でも様々な感情が喚起される事態になる。この場合に引き起こ

される感情は、別居親に関しては離婚についての後悔や元配偶者への未練や恨み、更に子どもへの愛情は勿論のことであるが、独占欲も台頭してくる。別居親が不合理な感情に支配されて面会交流に臨めば、子どもの側でもそれに影響を受ける。同居している親への批判や非難などは子どもが聞きたくない内容であるが、それが話されるかもしれない。また、表面的にはそれが抑制されていても、どこかでその感情が潜んでいることから子どもをこの機に自分の方に取り込みたい気持ち（または、奪取したい気持ち）を表現する場合も生じる。そのような状況に遭遇して気持ちが動揺しない子どもは、存在しないであろう。大半の子どもは上記のような別居親からの言葉にならないメッセージを受け取り、それに反応してしまうことから両方の親への忠誠心の葛藤に悩むことになる。そのように子どもを困惑させる状況に陥れないために、面会交流は、あくまでも限定された時間を一緒に楽しく過ごす機会と割り切って子どもの現在の監護状況を尊重する姿勢を別居親がもっていなければ、安心して継続させることはできない。Q男とR子の実父たちはこのような構造をよく理解して動くことのできる父親であり、子どもの福祉を考えて元の配偶者（母親たち）を尊重できる度量をもった父親だったと考察された。Kyrre et al.（2009）によれば、離婚後に母子世帯で暮らす女子の場合に葛藤が強くなると薬物非行に走る傾向があると報告されているが、O子もR子も薬物非行を行っていた。2人とも厭な現状を一時忘れることができるという気晴らしを求めたのでもあった。R子の場合には使用したのは大麻であったが、これも寂しさを紛わせるために仲間になった友人たちの影響によるものであった。しかし、離れて住んでいる父からの面会交流によるサポートは、彼女の非行を叱責することなく静かに事態を受け止め支えていたもので、その寛大で静かな視線から少年たちは父の愛情を感じることができ、そのような別居親の力を借りて更生に向かえたと考察される。

（4） 祖父母など親族という社会資源からのサポート

O子の場合には母方祖父母に依存して暮らしてきたという過去があり、日本では離婚後の女性の伝統的な生活形態であるが、同居していた祖父母からの影

響は大きかった。祖父母と同居であり、生活面で助けられることは日本社会に家族制度が残っているからこそ可能になることであった。

　N男に関しても、表面には出て来なかったが母方実家の祖父母からのサポートは非常に重要な援助であったと考えられる。現代は核家族化が進行していると言われるが、従来からの日本における家族観も十分に残されており、それが母性意識や子育て観の根本を支えるという現象も、決して無視できない事実である。

（5）　友人関係を作ること（異性の友人も含めての友人関係を作ること）

　青年期における友人の意味は大きい。愛着関係が親子関係から、それよりも広い横の人間関係に広がっていくが、家庭外の関係に拡張し、親より友人が主流になることが健全な成長である。N男にはガールフレンドという対象が獲得でき、母に向かっていたアンビバレントな気持ちが修正された。また、Q男には中学時代の女性の友人がいて、高校受験勉強について支援してくれた。O子にも高校生の女性の友人がいて、行動が落ち着いてからはその友人と外出した。O子は兄と同じ年齢の地方公務員の男性とも知り合っており、その人と交際をしていたことから、非行少年との関係が終了していた。そのように良い友人関係を得ることは、家庭外に対象関係の広がりをもつことになり、そこからの新しいポジティブな影響もあるので少年の成長が促され非行からの更生には大きな役割を果たす。

（6）　きょうだいの支え合い

　きょうだいが仲良くできるのは、父母の関係において紛争がある程度鎮静している場合である。N男の父母は円満同居の方向に動き、R子とQ男の父母は離婚はしているが協議離婚という方法で高葛藤という関係ではない。親同士が一定の関係修復をしていることが、きょうだい円満につながる大きな要因である（Anne-Ring & Marike, 2009）。

　R子は5人のきょうだいとの関係で協力して生活を乗り切ってきた。父母の別居後に、きょうだいだけの家で数ヵ月も過ごす生活があったが、一通りの生活をすることができた。また、次姉が社会人であるが、R子のよいモデルとな

ており姉妹関係は非常によい。更に、比較的健全なきょうだい関係になっているのは、N男の兄弟関係であった。

　Q男には妹が2人いるが、母が病気で入院した期間に下の妹の日常の世話を継父と共同で行うことになり、継父との関係修復が起こった。以上のように考えると、仲の良いきょうだいがいるという事実は、家族療法的には円環的な効果が及ぶことになり、発展的な展開が生まれる可能性があると考えられた。

（7）　スポーツ、趣味、アルバイトなどの自由な活動

　少年にとって自由な活動ができること自体が、その人が健康性を回復したことであり、また自由な活動をすることによって役割実験を行い困難から脱出する力が出てくるということもある。松岡（2004）は、このようなメカニズムについて、「創造的な退行」という視点から述べている。

　R子は、父子世帯で住んでいた中学時代にバレーボール部の活動が生きがいになっていた。Q男は、休日に実父とサッカーをして気晴らしをしていた。スポーツは、気晴らしという方向のストレスコーピングである。また、O子は祖母と一緒にこたつに入りながら編み物をしたり、お正月料理を作ることを楽しむようになり、祖母の女性的な面の影響により安定感が出てきた。料理や編み物も少年がそれに興味をもてば、ストレス解消に効果があると考えられる。更にO子は、ネイルケアに興味をもち、専門学校に入学するためにアルバイトを始めた。同様にR子も働く母と次姉を見習って店員のアルバイトを始めた。自宅にいて鬱々としていたO子とR子の生活から脱して、彼女たちが時間通りに規則的に働く生活に変化するためには、アルバイトなどの活動もある程度は有益であると考えられた。

（8）　健康的な方向での防衛機制の活用

　10代の少年たちは、上手に自我の防衛機制を用いて精神的に苦しい状況を加工できるわけではない。そのために内的に保持できない衝動や不安を行動化として現わし、非行行動となる。しかし、本章で取り上げた少年たちも、家裁調査官が試験観察を通じて関わる経過において、健康的な意味での防衛機制を使えるように変化していった。

O子は、母方実家の祖父母世代との同居で育つことになったので思ったことを自由に口に出せない生活であったため、「抑圧」という防衛を用いていた。Q男は地域で不良仲間からいじめを受けて外出ができない引きこもり状態となり、再び攻撃される不安が強く何事にも「回避的」であった。そのようなQ男を、友人、父母と家裁調査官が数人でサポートしたことで自己肯定感を高め、高校受験という前向きな目標に進むという方向に向けることができた。高校進学を目指すことは、「知性化」という防衛でもあるが、それが積極的な意味をもてば健康的に防衛機制を用いていると言える。また、Q男は、面接の進行とともに過剰な防衛（引きこもり）を解いて現実をより肯定的に認知できるようになり、自己開示する勇気が出てきた。

10代の少年たちは、自分で自分の気持ちを上手にコントロールする方法を体得していない上、教育もあまり十分に受けていない段階で自分を適切に表現する言葉を操る技術も低い。そのために、家裁調査官の側でその少年の状況を共感的に理解し、少年の心の奥底にある感情を少年面接の中で言語化させつつ指導していくことが大切である。

河野（2009）は、少年が非行から離脱するためにはどのようにすればよいかについて検討し、少年が様々な非行の要因に対する「防御要因」を増やし、その「対処法」を獲得すれば有効であると考えた。それには「内的準備性」が必要であるが、これには心理面接によって培われる少年の心の成長が問題になり、自分の感情を言葉で表現でき、葛藤的な感情をやや冷静に見つめることのできる資質を獲得することで、そのようになればレジリエントな再統合に向かえると考察している。

石川（2007）は、少年との面接関係について以下のように述べている。「彼らの苦しみや求めているものを理解し、ニーズに応じようと努めることである。こうした治療関係の中で、少年は治療者と一緒に考えていこうという気になり、そこではじめて何故非行を犯さざるをえなかったか、何が原因であったか、如何にして克服すべきか、ということを一緒に考え、その答えを求めていくという道を歩むことができるわけである」。

第4節　まとめにかえて

　このような面接では無意識を意識化するための援助が必要であり、巧みな面接者では言語の面接のみで進行させることができるが、より工夫を凝らすことも必要である。

　その際に活用できる方法としては言語によるコミュニケーションを補完するイメージを活用する方法が有効である。例えば、箱庭療法やコラージュ療法等の表現療法や詩集を用いるなど象徴表現を誘い出す読書療法などを、少年の面接の中に適宜取り入れることで予想以上の効果があがる。少年の中で適切に言葉にはできないが、何かのメッセージを発したいという気持ちがある場合には、象徴的な表現手段によって自己表現させることは効果的である。しかし、その背景にも面接者と少年の間に信頼関係に基づいた治療関係が築かれていることが重要で、受容的な面接関係の中でこそ少年の象徴表現も可能になる（藤掛, 2002）。以上のように様々な技法を用いてクライエントである少年と保護者に対して最善の働きかけを行おうとする試みは、家裁調査官が常に求めている課題である。それは、単一の治療理論によって事足りるような領域ではない。当該のケースにとって有益であると思われる複数の技法を組み合わせて用いることによる関与が必要となる難解な事例もある。多岐にわたる治療技法の有効な部分を当該のケースの進行に応じて用いるという巧みさが必要になり、それはマイクロカウンセリングとも言えるが、統合的心理療法とも言われるアプローチである。そのように適宜使える技法を組み合わせて用いることができるという技量が、非行臨床に関与する治療者には求められる。

第3章 大学生・大学院生と家族

第1節　青年と家族の葛藤

1　青年と家族の葛藤

　青年と家族の葛藤や青年の大人への反抗は、実はどの時代にも起こっていた長い歴史のある問題なのかもしれないが、そのような大人に対して批判的な目をもつ青年を抱える家族（親世代やきょうだい）の側にもストレスは強くかかってくるのである。

　高橋（2009）は、「めまぐるしく変化する世界情勢、人の価値観、そのようななかで、将来の生き方を模索する世代である青年達は、将来への期待と不安を抱え、揺れ動いていると思われる。そしてそのような青年たちを支える家族もまたストレスを抱えているのである」と述べている。

　室田（1995）は、「今日ほど青少年が、自分は何者で、自分は何が出来、何が出来ないのか。自分は何を本当にはしたいのか、自分の人生の目標、見通しは如何にということについて、不確定な把握しか持てない時代はない。思春期・青年期の子どもたちは自己理解・自己把握を不確定・不安定なものと感じつつ生活している」と、現代の若者について述べている。更に、「同時にこれは彼（青年）を取り巻く人々、家族や仲間や見近にいる人々に、かかわりの混乱を生じさせる」とも述べている。

　第1章でも述べたように、青年期に入った若者たちがアイデンティティとジェンダーアイデンティティを形成する時、彼らは一番近い心理的距離にある父母に注目してそのあり方を観察し、両者をモデルとしながら自己形成を行うが、その際、父母相互の関係にも関心をもつ。父母がある程度調和した関係を保ち

つつ協力的な結婚生活を送り、円満な家庭を形成しているかどうかが、青年におけるアイデンティティとジェンダーアイデンティティの形成に大きな影響をもつことが指摘されている（飛田・狩谷，1992；諸井，1997；小倉，2001；大島，2009）。

精神分析学派によれば、子どもはエディプス葛藤を幼児期に一応乗り越えるが、思春期になって再度の葛藤を感じる。そこで、子どもは前思春期までの母子関係を諦めて新たな段階に進むことによって青年期のアイデンティティの発達が起こると言われている。その際に子どもは、父母の夫婦関係を不可侵の二者関係と認識し、自分はその関係から排除される対象であり父母の夫婦関係は優先的関係であって自分はそこに入り込む余地がないという現実を認める。そのような喪失体験に耐える力をもつことが思春期の子どもの自我を強化し、その子どもが前進的にアイデンティティの確立に向かうための条件になると考えられている（Morgan, 2005 ; Ruszczynski, 2005）。

すなわち、父母の夫婦関係を観察し、その二者間のパートナー関係をどのようなものと認識するかが、青年期の人格形成に重要な影響を与える。

第2章では、家庭裁判所の事例に関して少年の行動化とその両親間の葛藤との関連について各々の経過を辿りながら、青年期の人格形成と親子関係のメカニズムについて考えた。そこで注目したのは、不遇な家庭環境を経て一度は困惑した状態に陥り非行に向かった少年が、家裁調査官をはじめ周囲からの様々な援助を得ることによって立ち直ることができた要因であった。彼らは、稚拙ながらもいろいろな社会資源を活用しつつ成長に向けて一歩を踏み出している。その契機になった事柄や人間関係に関しては、同じ青年期にある者として本章の大学生と大学院生においても共通の部分があると想定される。

本章の背景には平成20年～21年に筆者が行った調査研究によって得られた知見がある。その調査研究では、健康的な学生生活を送っていると考えられる大学生及び大学院生を対象に、アイデンティティ形成とジェンダーアイデンティティ形成の過程で自分の父母関係をどのように把握しているかに関して質問紙による調査を行い、その調査結果から一般的な20代男女の様相を分析している。その調査研究によって全体として把握されたことは、大学生・大学院生

の男女に関してはアイデンティティ尺度で把握される面で有意差がなかったが、父母との関係では、女性のジェンダーアイデンティティの下位尺度との関連が男性よりはやや大きい傾向が見られた。しかし、質問紙調査だけでは、大学生・大学院生の男女が父母をどのように認知し、親とどのように関わっているかについては十分に検討しきれない問題があるので、詳細には質的な面からの研究を行う必要性があると考えられた。また、父母が夫婦として協同している状況や、父母が葛藤している状況を認知した青年が、そのアイデンティティ形成とジェンダーアイデンティティ形成の過程で父母からの影響をどのように受けているかに関しても、質的な面から検討していくことが課題であると捉えられた。

特に、離別家庭出身者と両親が揃った家庭の出身者との比較では、質問紙調査ではアイデンティティ形成とジェンダーアイデンティティ形成においてある程度の相違を見出したが、統計的には把握しきれない質的に細かい側面もあると考えられた。前者の子どもたちの背負ってきた問題や苦境を通り抜けてきた生育歴は個々に異なり、個別事例からの考察が是非とも必要であると考えられた (Hetherington et al., 1998；井村，2000；棚瀬，2007；Wallerstein et al., 1997, 2000)。

本章では、上記の調査研究の被調査者の中から有志として質的な研究に参加することを希望した学生と院生について半構造化された個別面接を行い、質問紙調査では把握することができなかった面についての接近を試みた検討の結果から、そのエッセンスを紹介する。その上で、被調査者間に見られる共通性を見出すとともに、理論的な視点も加えて青年期の人格形成に関わる重要な要因について考察する。

上述の検討の他に、有志として調査に協力してくれた12名の大学生・大学院生は、学業面でも鍛えられている適応的な青年たちであるが、そのような青年が家族関係の葛藤に対処して、自分自身のアイデンティティを健全に発展させるためにはどのような方策を用いたかに関しても、探索的な考察を行う。彼らの用いるストレスへの対処法が、家裁のケースとして引用した少年たちの父母葛藤への対処のあり方とどのように類似しているか、または相違しているか

を検討してみたい。また、そこで述べられたような葛藤への対処法は、他の青年期臨床の領域に現われるクライエントに関しても活用できる方策か否かについても検討を試みたいと考えている。

　Marty & Charjou（2006）は、非行少年について青年期の精神医学的問題を精神分析的にアプローチしているが、非行少年を研究することによって他領域の青年期の問題が明らかになり、非行少年の精神分析的治療から得られる知見は他領域の治療者に対しても示唆が多いと述べている。本書においても、家裁のケースを検討した第2章の内容と、それに次ぐ第3章で取り上げる青年たちから得られた内容の相互の比較から、青年期全般に対しての統合的な援助の方法を見出すことを目指していきたい。

2　着　眼　点

① 父母関係の認知とそれが青年の自己形成に及ぼす影響の検討

　被調査者の生育歴を振り返りながら、父母関係の認知がどのようであったか、それがその青年のアイデンティティ形成やジェンダーアイデンティティ形成にどのような影響を与えたかを知る。更に、父母以外の者で、自己形成の過程に影響を及ぼした人との関係についても探り、個別的な要因に注目しつつ青年期の発達論に立脚した問題として把握する。

② 父母間の葛藤や紛争が青年の成育過程に及ぼした影響の検討

　成育過程で父母間に生じた緊張関係を経験した場合、または父母間に紛争や離婚が起こった場合、その不幸な出来事によってどのように影響され、その出来事の後にどのように立ち直ることを試みたか、その対処のあり方に関して考察する。先行研究からは、生育歴において親の離婚という苦しい経験を経た者とそうでない者の間には多くの違いが存在すると考えられる（Hetherington et al., 1998; Wallerstein et al., 2000）。しかし、それは常に消極的な面が現われるというわけではない。両親の不和を経験した青年たちで、その問題によって打ち負かされずに、苦しい体験を乗り越えて大学まで進学できる者たちは、その中でも適応力の強い者である。その背景には、青年自身の内的資質と彼らを取り巻

く環境の外的要因の総和の問題があると推察され、その者がもつ内外の社会資源が関係していると考えられる (Constance, 2004 ; Hetherington et al., 1998 ; Wallerstein et al., 1997)。

③　青年が家族の葛藤に対処し適応に向かうための方策についての検討

更に、この研究に協力してくれた青年たちが家族間の葛藤に対処して、自分自身のアイデンティティを健全に発展させるために用いた方法を検討し、それらが家裁の事例で見られた少年たちの用いた方法と共通しているか、または相違しているのはどのような点かなどについて探索的に考察をする。それによって、それらの方法が他の青年期臨床の領域に現われるクライエントに関しても活用できることが確認され、他領域の臨床実践にも応用できる知見を提供できることにもなれば、幸いなことである。

第2節　本章で取り上げる対象者について

1　協力者の抽出

平成20年10月から平成21年1月の期間に行った質問紙調査の後に、面接調査に協力してもよいという意思を表明した有志である学生及び大学院生に対して再び平成21年3月～4月の期間にその意志確認を行った。その際、面接調査に応じることは「任意」であること、面接の結果に関しては「守秘義務」を尊重することなどを説明し、協力に応じるかどうかに関して意向を尋ねた。そのような手続きの中でそれに応答してきた有志が15名程いたが、日時の調整の段階でキャンセルになった者もいた。結局は、大学生7名と大学院生5名の合計12名が対象者となった。

これらの対象者について、被調査者全体の平均値を50、標準偏差を10として、各々の協力者の得点を図示したものが図3-1である。

また、「アイデンティティ尺度」(2つの下位尺度得点の平均値) を縦軸、「父母の夫婦関係満足度尺度」を横軸にとった二次元グラフで見た協力者の分布が図3-2である。

「ジェンダーアイデンティティ尺度」（3つの下位尺度の平均値）を縦軸に、夫婦関係満足度尺度を横軸にとった二次元グラフが、図3-3である。

面接の時期は平成21年4月～5月であり、場所は原則的には筆者の研究室とした。更に、全ての協力者に対して、面接開始前に質問項目について説明した上で「同意書」を渡し、その場で同意を確認した後に署名をしてもらった。なお、協力者が未成年の場合には、事前に保護者の同意を得た上で、筆者との約束の日時に来てもらうように配慮した。筆者は、面接の内容を文章化するに際して各人に連絡をとり、同意を求めている。更に、上記の有志の協力者についてプライバシーの保護に関して配慮し、個人が特定されそうな細かい点を捨象した表現とし、また、各人の特徴はエッセンスとして表わすような工夫を加えた。

2 面接の構造と質問項目

質問項目の選定にあたっては、この計画の目的及び着眼点ふさわしいこと、各人との面接が円滑に展開できることを目指し、半構造化面接としてある程度の自由度もあるように留意した。その中で、被調査者側の自由記述式の回答もその応答の段階で引き出せるように考案した。面接を開始するにあたっては、面接構造を作るために先に行われた調査研究の結果のフィードバックを簡単に行い、その概要を伝達した。

ここで用いられた質問項目は、以下の14の質問である。

質問1　子どもの頃のあなたにとって、ご両親はそれぞれどんな方に映っていましたか？

質問2　ご両親は、仲がよかったですか？（子どもの頃にあなたの目には、ご両親の関係はどのように思えましたか？　両親の関係で思い出せる最も古い記憶とか、エピソードを教えて下さい）

質問3　これは、子どもたちが家で安心して暮らせるということと関係があると思いますか？

質問4　父母が夫婦として調和していると思うことは、大学生になった現在では、

あなたにとって、やはり安心なことですか？（両親のような結婚をしたいですか？）
質問5　質問2とは違って、もし、父母関係がよくなかったら（不和だったら）、その家の子どもたちは、どのように感じると思いますか？
質問6　あなたの場合には、そのようなことで不安に感じた時期とか、場合がありますか？
質問7　万一の場合、父母が離れて住むので、「どっちかと一緒に住みますか？」と問われたら、あなたはどのような気持ちになりますか？（①小さい頃の場合、②青年期になってからの場合）
質問8　忠誠葛藤という言葉がありますが、こちらにもいきたいし、また、あちらにもいきたいと迷った場合に、そのことで心理的に葛藤してしまうことがあります。家族や父母との関連において、そのようなことを経験したことがありますか？
質問9　あなたは、かつてご両親と意見が食い違うことがありましたか？
質問10　そのようなことがあった場合に、あなたはどのように対処されましたか？
質問11　親御さんとは、今、一緒に暮らしていますか？　お一人で住んでいますか？
質問12　何か困ったことがあった場合に、どちらの親御さんに相談しますか？
質問13　ご両親以外で大事なことを相談する方は、親戚か友人でも、または、学校の先生などでもいますか？（過去にいましたか？）
質問14　本日、面接をしてみた感想についてお伺いします。

3　注目する視点

　面接の内容は14問に関しての回答と自由な会話からなっていたが、それを協力者の許可を得て録音またはメモを取り、面接の直後にその内容を纏めたものをデーターとした。
　その回答の内容を以下の8つの視点から要約して纏めた。その次の作業としては、12名の協力者について総合的な考察を行った。

　視点1　同性の親への同一視のあり方
　視点2　異性の親との関係（親疎の感情と、親子間の葛藤について）

視点 3　父母関係についての認知（夫婦関係満足度等との関連において。また、その紛争性や葛藤をどのように把握しているか）

視点 4　考察の中で、父母関係の葛藤に対する対応策として、青年がどのようなことを考えたのかについても考察を行う。

視点 5　同胞関係について（肯定的な同胞関係か、病理的な同胞がいるか等について）

視点 6　友人関係について（社会性や仲間意識。異性の友人との関係、婚約者や配偶者との関係）

視点 7　祖父母からの援助のあり方

視点 8　進路選択と、それに及ぼした家族関係の影響

以上の8点は、青年期のアイデンティティ形成とジェンダーアイデンティティ形成に関わる重要な側面である。先ず、その中の視点1、視点2及び視点3について各ケースについて纏め、次にそれらを中心に考察を加えることによって、各人が家族や父母関係の葛藤を経験した経過の中で、それを乗り越えるためにどのような対処の方法を考え出したかについて考察する。それが、視点4であるが、それを探索的に検討することとする。

第3節　半構造化面接による検討

1　協力者の分布

図3-1に記載した大学生・大学院生が、最終的に面接に応じることを任意で承諾した協力者の特徴である。図3-1は、アイデンティティ尺度、ジェンダーアイデンティティ尺度及び夫婦関係満足度の各下位尺度得点を表示したものである。IEは「アイデンティティの基礎」を、ISは「アイデンティティの確立」の略である。GAは「自己の性の受容」、GIは「異性との親密性」、GPは「父母との同一化」を表わす。PSは、子どもから見た「父母の夫婦関係満足度」を表わしている。

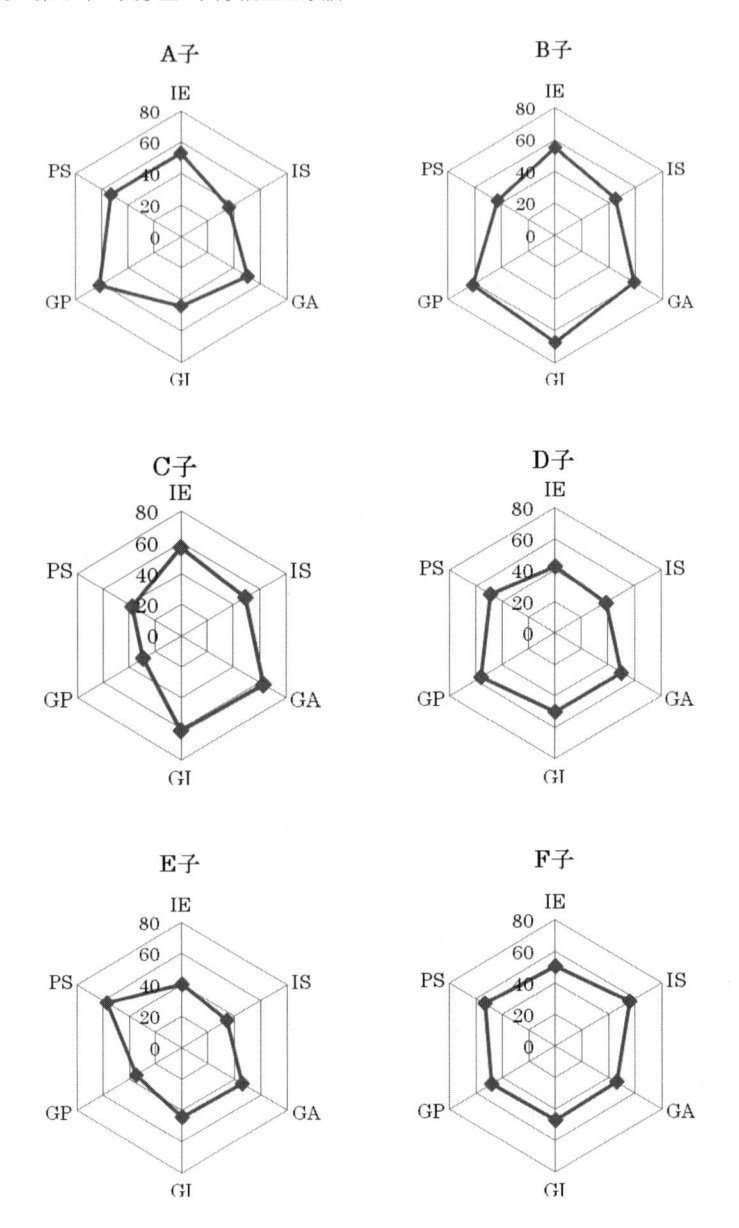

158　第3章　大学生・大学院生と家族

図3-1　被調査者の特徴（その1）

第3節　半構造化面接による検討　159

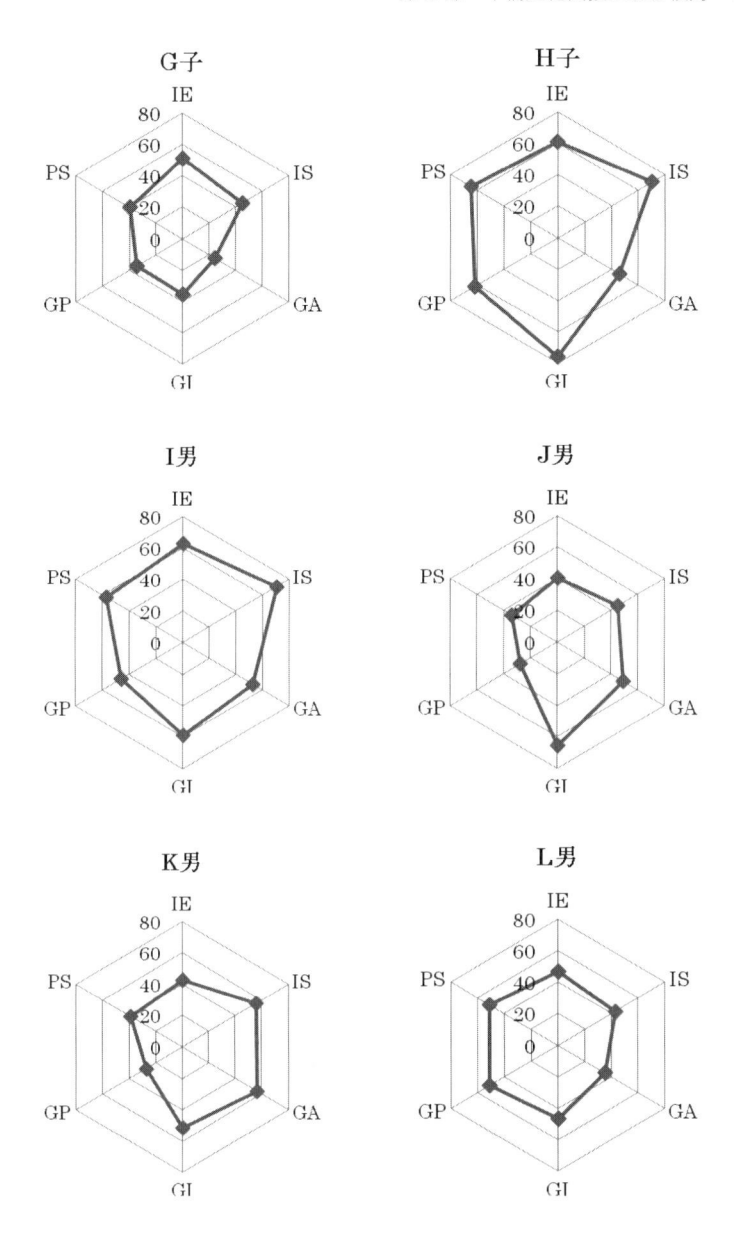

図3-1　被調査者の特徴（その2）

160　第3章　大学生・大学院生と家族

　この12名の者が、先に行われた調査研究の全被調査者（963名）の中でどのような位置にあるかを図示したものが、図3-2、図3-3である。
　図3-2は、縦軸をアイデンティティ尺度（2つの下位尺度得点の平均）、横軸を夫婦関係満足度にとり、各協力者の下位尺度得点をプロットしたものである。
　図3-3は、縦軸をジェンダーアイデンティティ尺度（3つの下位尺度得点の平均）、横軸を夫婦関係満足度にとり、各協力者の下位尺度得点をプロットしたものである。
　図3-2と図3-3のいずれの図においても2つの次元の組み合わせで構成された4象限のどこに、A子からL男までの被調査者が位置するかによって、グループ分けが可能かどうかを考えてみた。

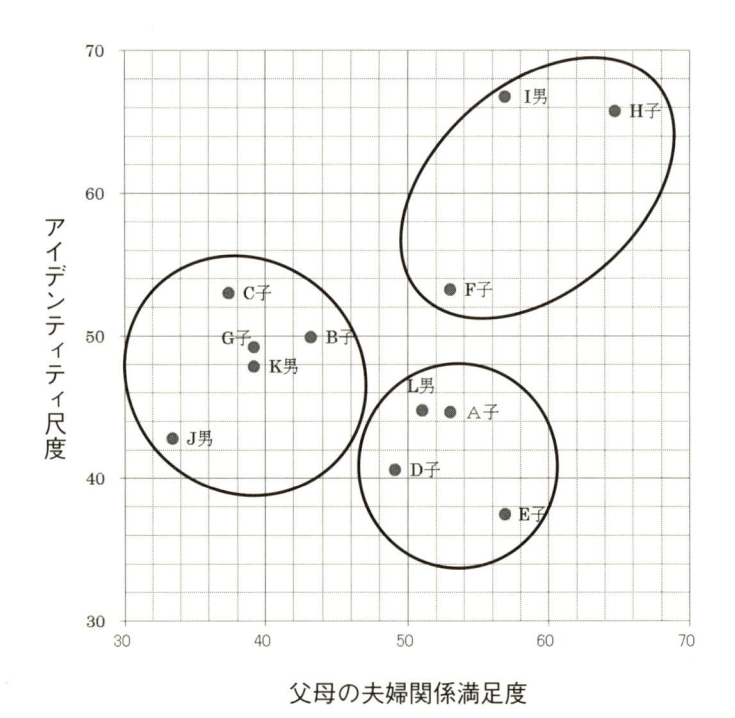

図3-2　アイデンティティ尺度と父母の夫婦関係満足度尺度から見た被調査者の分布

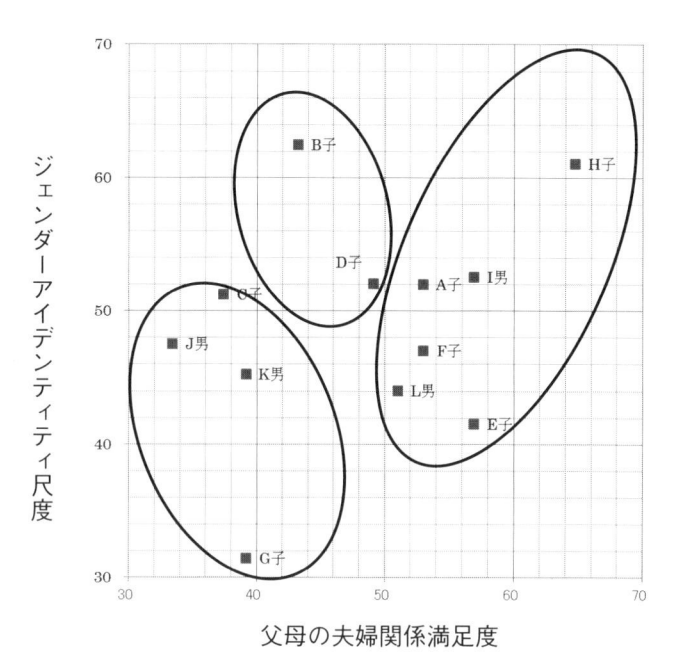

図3-3 ジェンダーアイデンティティ尺度と父母の夫婦関係満足度から見た被調査者の分布

　図3-2では、大きく分けて3つのグループが認められる。

　同様の検討を図3-3で行うが、図3-3でもほぼ3つのグループに分けられると考えられた。

　図3-2と図3-3から言えることは、これらの12名の大学生と大学院生は特殊な集団ではなく、それなりに散逸した方向に散らばりのある12名であって、調査研究の対象となった被調査者の中のいろいろな特徴をもった者が抽出されたと考えられる。

② 女性の大学生・大学院生についての概要

1　A子（大学生、19歳）

（1）プロフィール

　A子はK大学福祉学科2年生で、実家は首都圏から遠いH県にあり、K大

学の近くにひとりで住んでいる。実家は父母とも公務員で両親揃った家庭である。

　父は母方実家に入り婿として入ったので、Ａ子の家庭は彼女が幼い頃から母方祖父母と同居して過ごしてきている。父は心労が多かったため、現在は胃潰瘍に悩んでいる。母は一度うつ状態になったことがあるが、今は回復している。母方祖父は既に亡くなり、祖母は健在である。祖母は、母が外勤の仕事をしているので、家事を行っている。同胞には姉が２人いるが、２人とも青年期に心身症（接食障害）に罹った。その後、長女は回復し家を出て自立しており、次女はまだ接食障害が治らず某大学付属病院に通院している。

（２）　Ａ子の父母関係の葛藤に対する対応策
①　大学入学後は両親と別居することによって心理的距離を獲得した
　更に１ヵ月間の中国への語学留学を経て、家族の大切さを確認した。そのような家族からのストレスに対するコーピングによって、Ａ子は原家族を大切にしつつも取り込まれない関係を作ることができ、新たな自己を形成しつつあると考えられる。
　Ａ子は母を客観化して距離をとっているところが、姉たちのように病気にならなかった理由であると考えられる。２人の姉は母を女性モデルとしようとしたが、現実にそれには無理があり、そのような同一化に伴う困難さのために母子関係がこじれて接食障害に罹ったとも考えられる。
②　高校時代までは同居の祖父母からのサポートを活用することがあった
　Ａ子にとって健全な女性モデルは、伝統的な女性らしさを示してくれる母方祖母とも考えられる。母方祖母は孫にも優しく、食事を作り洗濯をするなどの家事をしてくれているが、その人がいなくては家庭が運営されない大事な人であった。
③　大学入学以後は、専門性の獲得（社会福祉の知識の獲得）によって実家の家族関係の葛藤を知性化できたことがある。知性化というのは自我の防衛機制のひとつであるが、不安に対応するために、問題となっていること、Ａ子の場合は家族関係を、大学で得た知識によって整理して考え客観的な内容にするこ

とで心理的な距離を作ったことである。
④　他大学の学生と伝統芸能（お神楽）の保存のサークル活動を行っている

　A子は、広い交友関係を作りつつ、家族や大学とは別の領域を見つけて役割実験をしつつある。また、そのように伝統を大事にする背景には、高校生まで同居していた祖父母の養育を受けたことが、祖父母世代の文化を大事にしていこうという姿勢に影響したと考察される。祖父母の孫に対する影響としては親の代理的な養育を行う機能以外にも、伝承文化の伝達機能もあると考えられている（前原他，2000）。

2　B子（29歳、大学生）

（1）　プロフィール

　B子はパラメディカルに関する資格を取得し仕事をしていたことがあるが、今は更に福祉関係の資格を取りたいと志望しK大学に在学している。両親はB子が23歳の時に離婚しているが、母は現在、既婚の姉の家に同居している。父はひとりでB子の大学の近くに住んでいるが、子どもたちとの面会交流はない。B子の同胞は、長子の姉、その次に兄、彼女は3番目の末っ子である。B子自身も26～27歳の時に一度離婚を経験しているが、筆者との面接の2～3ヵ月前に再婚している。再婚の相手は同年齢の男性で、彼女の学業に関しても理解があるとのことである。

（2）　親の紛争と離婚に対するB子の対応策
①　女性も資格を得て自活できるように学習すべきと考えたこと

　これはすなわち、知性化による防衛であるとともに、そのように防衛的なばかりではなく、現実的にも自立できる経済力の獲得を目指していると言える。
②　再婚による人生の再挑戦

　B子を理解してくれる配偶者との再婚は、前婚のネガティブな面を払拭し新たな対象関係を作る試みである。これは、彼女のジェンダーアイデンティティの高さをもって行う人生への再挑戦と言えよう。自分は結婚に不適応だったのでなく、別の結婚相手とであれば適応できる女性であるという女性としての自

己肯定感を高めたい気持ちから行う冒険でもある。B子は性格的にも前向きであるとともに、容貌も美しくなかなかステキな女性である。B子は、挑戦することによって過去の苦しい体験を前向きな人生に修正し、自分自身の不安な気持ちを落ち着かせることを試みた。それらは親の離婚と自分の離婚という二重の傷つきからの回復方法として考え出された、レジリエンスの方策と考察された。

　Wallerstein et al.（2000）の研究では、その中にリサ（Lisa）という女性の事例が書かれているが、その事例の中にも同じ傾向が読みとれた。すなわち、リサは4歳時に父母が離婚したが、父母双方共に知的階層で経済力もあったことから経済的には恵まれた生活をしてきた。父母間には金銭面では紛争も無く、自由に別居親である母親との交流も許されてきた。しかし、父は、離婚後に不貞の相手であった日系女性と再婚していた。リサは別居親である実母と交流しており、実母の悲しい心情に共感的であった。リサは優秀で良い大学を卒業しビジネス分野の仕事をしていたので、学生時代にもまた仕事に入ってからも男女の友人が多かった。しかしあまり親しくない男性との友好的な関係では問題がないが、異性との間で親密な関係になると問題が発生する。有能な女性であるが、父母の離婚の傷跡という重荷を背負っている例としてリサの事例は取り上げられていた（Wallerstein et al., 2000）。

③　同性のきょうだいである姉との協力関係が保たれている

　離婚後の母がひとりにならないように、B子が母と同居した時期以外は、既婚の姉の家族と同居して母が寂しくない生活ができるように姉妹で協力している。

3　C子（24歳、大学院生）

（1）プロフィール

　メガネをかけている小柄な女性で、アトピー性湿疹のために肌は少し赤い。現在、大学院在学中で将来的には心理学の資格を目指している。生まれた時には未熟児だった。年子の弟が出生したため、母方祖母に預けられた時期もある。

現在は1歳年下の男性と婚約中である。父は現在55歳でサラリーマンである。父は中学時代に体操の選手を目指したが、怪我のために進路を変更した。母は51歳の主婦で、内閉的な女性で何か悩んでいる様子である。母の就寝時間が家族とは離れた時間になっており、不可解な行動があるという。C子には弟が2人いて、3人きょうだいの長女である。長男は、工学系の大学院生。優秀な弟なので、C子は彼を頼りにしている。下の弟は知的な障害があり、幼い頃に母が次男を通園施設に通わせるなど苦労してきた。母方祖母は近所に住んでいて、C子の小学生頃には頻繁に母方祖母と交流し学校で困ったことなどをC子が相談していたが、青年期になってからは少し距離ができている。

(2) C子の父母関係の葛藤に対する対応策

① 大学院進学により心理学の知識を得て家族を客観的に理解すること

これは、葛藤的な家族関係について知的な情報でそれを整理することによって、不安を収めることである。すなわち、これは「知性化という防衛」が、背景になっていると考えられる。

② 1歳年下の彼との婚約によって実家から一歩脱出することを決めている

大学院生でありながら、やや早い婚約をしているのは、実家からの脱出や父母間の葛藤から距離をとるというストレスコーピングの方法とも言える。

C子の父は安定しているというが、母を不安にさせたまま安定していることに彼女は疑問をもっている。すなわち、C子の母が下の弟の問題や父自身の健康問題などに不安をもつので内閉的になっているとすれば、それは配偶者として放置しておけないことで、父母はもっとコミュニケーションをするべきだと考えられる。C子も同様に考えていて、その夫婦の対話が次男のためのヘルパーの必要性などに及べば経済問題につながってくるとも予想している。そのような問題もあり、C子は早くに大学院を出て実家から自立することを望んでおり、実家の抱える諸問題を残る人たちに責任転嫁して自分は自由になることを意図している。

③ きょうだいとの関係

C子の一番下の弟は障害があり、そのことで父母とも苦労しているが、上の

弟に関しては優秀な子どもでＣ子もその弟を頼りにしている。Ｃ子は、しっかりした弟に実家の問題を任せて自分が結婚して自立する方向を目指しているが、上の弟とは将来的にも仲のよい関係を続けていきたいと考えている。

4　Ｄ子（24歳、大学院生）

（1）プロフィール

　Ｓ大学大学院の大学院生である。色白で美しい容貌だが、表情や態度から気の強さを感じさせる。高校教員の父（60歳）と小学校教員の母（59歳）という共働き家庭で育っている。4人きょうだいの3番目で、次女である。幼い頃には、母方祖母が育児に加わっていたとのことである。健全な家庭で育った女性で、本人はとても活動的である。小学校教員の母親を社会人としても、家庭の主婦としても非常に尊敬している。その母親の分野に近い仕事を、自分も選んだとも言っていた。兄は公認会計士で、姉もやはり教員である。妹はまだ大学生である。実家はＧ県であるが、Ｄ子は大学生の時から首都圏でひとり暮らしをしている。

（2）Ｄ子の父母関係の葛藤に対する対応策

① 他地域の大学に入り家族から距離を置くこと

　Ｄ子は、大学入学以降は学業を理由に実家から出て首都圏でひとり暮らしをしている。

② 社会人としての母に同一視をすること

　母の職業人及び家庭人としての賢明さに敬意を懐き、そのモデルを見本に職業についての方向性を決めている。

③ 小学校時代に母が留守の時間には母方祖母という社会資源を、きょうだいと共に学童クラブのように活用したこと

　母方祖母とＤ子は心が通じ合う関係があること。何か困ったことも、母方祖母に相談できる関係があった。きょうだいにとっては、祖母宅はいわゆる学童クラブのような場になっていたので、このことは、育児期のＤ子の母にとっては大切な社会資源であったと考えられる。

④　兄や姉のようなきょうだいを社会化のモデルとして捉えること

　D子の特徴として、健全なきょうだいがあるという強みがある。兄も姉も、各人がしっかりと社会化していることがあり、彼女は兄とも姉とも関係がよく、2人の先輩をモデルとして職業人として頑張ろうという意欲も強いように思われた。D子のように年上の同胞たちがいて、両親以外に社会化のモデルになるような人の存在は、縦の関係ばかりでなく斜めの関係からも支えてもらえて心強いことだと考えられた。

⑤　同じ目標を目指す大学院の仲間がいて、男女を問わない友情の輪を形成していること

　大学院の仲間の間で、同じことを専門とすることによって精神的交流が起こっているので、D子はそれを大事にしている。これは、家族から離れて、一歩二歩外の世界に精神的には飛び出していることである。

⑥　大学院の学費の点で経済的には父に感謝していること

　実家を離れひとり住まいをして大学院に通うためには、経済的な面で実家に依存せざるをえない事情がある。そのように父の経済力に依存している現実をD子は認識しており、その意味で父に恩義を感じている。そのような状況で、D子が将来ともに専門としたい心理学の道を容認し、その大学院生活を物質的に支えてくれる父の寛大さを感じ、今では父子関係が修復に向かっている。

5　E子（23歳、大学院生）

（1）　プロフィール

　E子は長い髪で少し濃いお化粧をしており、エレガントな感じのする大学院生である。

　一度決めた面接日時を体調不良のために変更した後、次に約束した日時の面接に応じた。

　家族は父母と彼女の3人家族である。父は地方公務員で少し気難しいが、勤勉な人である。母は明るく拘りの少ない性格で、保育士の仕事をしている。E子の下に弟がいたが、その弟が彼女の高校時代に亡くなるという悲しい経験を

している。しかし父母と3人で、それぞれが仕事や勉強に励むことによって、その辛い時期を乗り切った経験を経て、現在に至っている。E子は現在も両親とは同居で、実家から大学院に通学している。

（2） E子の父母関係の葛藤に対する対応策
① 自己主張すること
　E子は親の方針に取り込まれて自分を見失わないように、自分の立場からの意見を父に対して率直に言い議論することを続けてきた。そのためには、E子自身が自分の意見を形成するために、そのような努力を日頃からしていた。
② 自分自身の考え方を形成するため大学院の勉強をすること
　E子にとっては、自分の意見を形成するためには依って立つ立場を定めて、そこから問題を把握し意見形成をするために専門性を高める必要があった。これは、E子なりに知性化という鎧を身につけることであると同時に、彼女の自立に向けての方向性にも関わることなので、その意味もあり大学院で学んでいる。
③ 母のように専門家として児童に関わりたいと考えたこと
　E子が心理学の資格を目指すことは、母のしている保育の領域とは違うが、児童に関する仕事を懸命にしている母に同一視していると考えられた。それによって、合理的な方法で、強圧的な父から距離を取ることができたと考えられる。
④ 弟の死へのモーニングワークの経過で母を支えたこと
　家族の中で弟の死に対するモーニングワークの仕事を促進したことで、父母と共に悲しみを克服する歩みを進めてきたE子であったが、それは必ずしも気楽な心の仕事ではなかったと考えられる。特に母の苦しさは一段と重いものだったので、その母を支えるという娘としての仕事も、E子はしてきた。
⑤ 友人との交流
　E子は友人の数は多くはないが、深く話し合える女性の友人がいると述べていた。まだ結婚を考える異性はいないが、同性の友人とは結婚についてのイメージを話し合っている。また、家族の問題で親には話せない事柄などには、友

人に悩みを話していた。

6　Ｆ子（23歳、大学院生）

（1）　プロフィール

黒縁メガネで茶色のスーツというインテリ風の容貌は調査結果から予想したイメージに近いものであった。心理学専攻の大学院生で、高校時代には大学で美術を勉強したかったが、堅実な道が良いと思いこの進路を目指したと述べた。父は歯科医で、母は薬剤師。父母は関西に住んでいる。そのひとり娘であるＦ子は大学時代から都内に在住し、都内の私立大学に通っている。父は医院を開業し、母は父の親族の経営する施設に勤務しているので、経済的には豊かな家族状況である。母方祖父母は実家に近い距離に住んでおり、母方祖父は薬局を自営している。

（2）　Ｆ子の父母関係の葛藤に対する対応策

① 　職業人としての母への同一視をする

社会人として何が起こっても生活に困らない女性になろうとＦ子が思ったことと、そのために上京して大学と大学院で資格取得をするための学習をしていることがある。Ｆ子は父母間の葛藤の渦中で忠誠心の葛藤を覚えたことが過去にあるが、現在は我慢強くて働き者の母に同一化している。彼女は、「母のように我慢強く生きて、仮に何かあっても結婚生活を継続していく意思を持った女性であること」に自分も同一化していかなければいけないと思っている。また、そのような生き方をしている母を「離婚を恐れていた子どもにとっては、それをしないでやりぬいた優しい親である」と尊敬している。女性として一生を生き抜くためにいろいろなことに母も祖母も遭遇してきたが、生活に不安をもたずに生きるためには手に職（生活費を稼ぐための仕事）が必要であることを母からＦ子への教訓としてしっかりと受け止めている。

② 　父から学費や生活費を援助してもらえることで、父との関係を現実的に処理して修復をしている

上京して大学院に通いながらひとり住まいの生活を続ける上で、父からの送

金があることは現実的に必要な資金を調達するため、不可欠なことであると割り切っている。父に対しては、できれば自分が小学校低学年で起こったような父の不貞による混乱をもう一度は起こさないでほしいと考えている。

　Karlter（1989）によれば、「親の離婚の受け止め方に決定的な影響を及ぼすのは、離婚のプロセスの段階、子どもの発達レベル、子どもの性別の3点である。子どもが健全な形で親の離婚に適応できるように、親や他の大人の関係者はこの要因を考慮する必要がある。また、離婚紛争に直面した親たちは今後に自分が受けるであろう苦難を予想して不安になり、ある者は欝状態になるし、またある者は慢性的な怒りや苛立ちを懐くようになる。このような親の状態が子どもの日常生活へ影響を及ぼす」とも述べられている。これに近い経験を通りぬけたＦ子は、現在は自分がカウンセラーになって、そのような状況にある子どもたちの援助を行おうとしている。

③　中学時代から知り合っている同性の友人と深く交際している

　中学時代からの同学年の同性の友人と、心からのコミュニケーションができる友人関係を作ったことが心の拠り所となっている。この友人たちとは、親にも話せないことを話しているとのことである。また、Ｆ子の在学している大学院においても、同じ資格を目指す仲間との心の底からの交流をしているので、縦よりは横の関係に移行している段階である。

④　母方祖父母のサポートを子ども時代には活用できたこと

　Ｆ子の実家のある関西地方は都会とは異なり伝統的な家族観が残っており、家族の人間関係が濃密でＦ子の家族はそのような周囲の手助けを借りてきた。例えば、母の実家も薬局を経営していて何かと母を援助してきたし、母は薬剤師として父方伯父の経営する施設で働いている。病弱な母が子育てをしながら就労してきた経過には、その両方からの子育て支援があった。Ｆ子は、優しい母方祖母に親には言えない心情を訴えて甘えたこともあり、母方祖母の方もそれをサポートしたと推察される。

⑤　カタルシスの手段としての描画

　Ｆ子の父母が過去に一時的に険悪な状態に陥っていた時期に、小学校低学年

のF子は親のことで悩んでおり、友人にも学校の先生にもその悩みを話せず、ひとりで公園のブランコに揺られながらもの思いに沈んでいた。このような子どもの状態を親が早くに気づいてコミュニケーションをとることが必要なことであると言われる。コミュニケーションは、矛盾した思いや不安を子どもが表現するための新たなそして安全な機会にもなる。感情を表現すること自体が自浄作用（カタルシス）となるのに加え、親や他の大人に受け入れてもらえないと思っている感情を発散させる機会ともなる（Karlter, 1989：2009）。F子が幼い頃、郷里の小学校ではスクールカウンセラーも設置されていなかったであろうし、また、小学校の先生方もこのような認識がなかったと思われる。F子が絵を描くことを好きだったことは幸いなことであった。言葉で自己表現できない小学校低学年の子どもは、自分の中にある感情を表現することが困難なので、絵を描くことや人形遊びなどで表現する。

⑥　自我の防衛機制を活用する

　彼女は自己防衛のメカニズムを巧みに用いて、父母の夫婦関係の葛藤に取り込まれないように立ち回りながら、かつ父母間のバランスをとっていると考えられる。まず、上京して東京の大学に入学して郷里と距離をとった後、大学院に進学して知性化により家族関係の葛藤から心理的距離をとることを行っている。

7　G子 (23歳、大学院生)

（1）　プロフィール

　黄色のTシャツを着て素朴な感じのする大学院生で、スクールカウンセラーを目指している。父は地方公務員であり、G子は家族思いの父を敬愛している。母はパート就労。G子は父母と一緒に暮らしているが、きょうだいでは姉がひとりいてその姉も実家に暮らしている。G子の姉は何年間も留年してまだ大学生である。姉は、現在はバイトをすることで回復して日常生活を楽しむように変化し、8年間在学した大学を来春に卒業予定である。

（2） G子の父母関係の葛藤に対する対応策

① 母には共感できないが一応従順に従う態度をとること

G子は末っ子の甘えん坊で通ってきたので男勝りな姉を好きだったことから、青年期の姉の変貌が心配だった。姉のことで喧嘩する父母を見て、中学生のG子は困惑し、自分の主張や願望は抑えるものだとの心構えにもなった。G子の中で「良い子」でいようとする姿勢、すなわち自分を抑圧する傾向が強くなり、今でも洋服を買うことまで母の意向を優先している状況である。これはG子が納得しているものではない。今後に、G子にとって、より自分らしくあるための自立を目指した抗争という試練が来ることであろう。

② 模範的な公務員の父を尊敬して「良い子」にすること

関谷（2003）は、青年期の発達課題である親からの分離・固体化と新しい対象の獲得という課題に直面し、前進を望みながらも前進できない症例（21歳・女性）を報告している。その女性は、小さい時から「お父さんの基準」というものをもっていて、それに基づいて生きてきたことを話した。その症例のように青年期後期まで遷延された女性のエディプス葛藤についての取り組みが、今後のG子にとっても必要になってくる課題であると考えられる。

③ スクールカウンセラーになるという目標をもつこと

これは、G子が他の家族にとっては未知の領域に一歩踏み出すことになり、そのような志望をもつことは健康的な前進の一歩であると考えられる。

④ 親に話せないことも語れるような同性の友人を作ること

G子は学部時代からの友人と今も親しく交流し、家族には話せない内容までも打ちあけて話している。G子は他大学の大学院に来たのだが、大学院の友人もできている。

8　H子（20歳、大学生）

（1） プロフィール

教育学専攻の学生で、郷里で小学校の先生になることを目指している。出産時には低体重児だったとのことで小柄であるが、目のお化粧がきついので気丈

そうに見える。家族関係では父母と2人の姉がいる。父は郷里で郵便関係の仕事をしている。母は専業主婦である。姉たちは2人とも既に結婚しており、ひとりは郷里の実家付近に、もうひとりは同じ県内だが少し離れた場所にいて、いずれの姉も実家に頻繁に子どもを連れて訪れている。

（2） H子の父母関係の葛藤に対する対応策

① 父母と一緒に住んでその場の雰囲気を緩和して父母関係を調整する

　これは、他の女性の協力者たちが家から一歩出て親と距離を作るという方法とは、別のやり方である。また、父はH子の気持ちも理解してくれ経済的にもバックアップしてくれるので父を敬愛していることと、他方で母は家庭の主婦としての役割では立派だということで尊重もしている。このように、H子はどちらの親に対しても愛情をもっている親孝行な娘である。他の被調査者の女性たちのように親子の三角関係化を恐れてそこから抜けるのではなく、その中間に居続けてバランスをとることを考えている。理論的にも子どもがエディプス葛藤を巧みに処理することができる体験は、父母の家には居るが自分なりの空間が確保されていて、そこでは不安に晒されることなく自分自身でいられるという状態が確保されることである（Morgan, 2005 ; Balfour, 2005）。これは父母が稀に口喧嘩をするとしても、基本的には円満であるという関係があるからこそ、その状況におけるストレスに耐えられるのである。

② 郷里の小学校で教員を志すこと

　H子は学校教員の資格が取得できるコースを選んでいるが、他の地域ではなく、郷里に戻って公立小学校で教員をしたいという志望をもっている。そのようにすることで実家に住みながら、実家から経済的に自立する方向を目指してもいる。これは実家を大事に思う気持ちと、一方では社会参加したい気持ちの両面からのものである。

③ 同年代の男女の交友関係をもつこと

　H子は女子大に在学しているので、同性の友人も多い。また、ひとり住まいしているアパートの隣室などには数人の同じ大学の女子学生が住んでいるので彼女たちとは隣組のお付き合いをしている状況である。例えば、調味料が無い

時に貸借をし、また、郷里から何か届いた時には分け合うなどの交流は頻繁に行っていると述べた。

異性関係については、最近になって郷里の高校出身であるボーイフレンドと別れたことを、H子は些細なことのように話していた。しかし、筆者としては、実際に語られる状況は別に問題はなかったというが、H子は別離を悩んでいるのかもしれないと気にかかった。大学生の女子の発達的な経過として見れば、最初のボーイフレンドとの交際は「移行対象」を経過して再び新しい対象に出会うための経過的な交際で、H子が郷里の友人との交遊関係を終えたことは通常の経過の範囲のことだと筆者には考えられた。H子は20歳という年齢から、大人である自分と子どもである自分の両側面が存在しており、その二面が葛藤している状況ではないかとも考えられた。

若者にとっては迷いのない人生もないし、迷いのない職業選択もない。どの場合でも、「迷う自分」を通り抜けて、最終的な選択に至るというヒントを、H子には伝えて励ましを与えた。

③ 男性の大学生についての概要

1　I男（21歳、大学生）
（1）プロフィール

社会福祉学部在学中で保育士を目指している4年生。明るく積極的な人柄。大学からはかなり遠距離にあるN県出身で、卒業後には郷里に戻って公立の保育園で仕事をしたいという志望をもっている。父母とも健在で、父は勤務をしながら実家の農業を、母は実家の家業を手伝っている。きょうだいは男性ばかりの3人で、その中で彼は次男である。

兄は仕事のため、弟も学業のために自宅から外に出ている。祖父母は、父方祖父母が同居で今も健在である。母方祖父母も実家の近くに住む。I男はこのように賑やかな大家族の中で育ってきた人である。

(2) I男の父母関係の葛藤に対する対応策
① 両親の間に入ってコミュニケーションを円滑にすること
　I男は、父母間にあまり葛藤のない家庭に暮らしてきたというが、もし現在も父母間の対話が少ないのであれば、自分が大学卒業後に一緒に住んでコミュニケーションを補完したいと優しいことを考えている。弟は高専に入って学生寮にいるので、早くに自宅から外に出ており、24歳の兄も仕事で外に住んでいる。「僕が帰宅して、父母のコミュニケーションを回復させたいし、祖父母にも孝行したい」と言い、リターン就職という伝統的な考え方をしている。これは女性の協力者のH子と同様で、父母と共にありつつも2人の関係には取り込まれずに自分自身ももっているという存在の仕方である。I男も、H子と同じく自己確信がある人であるから、そのようなことを発想することができるのであろう。
② 郷里に戻り、幼い頃にお世話になった祖父母に恩返しをすること
　これを、きょうだいのうち誰かがしなければ実家が困るのだと考えてのことである。幼い頃に、祖母に可愛がられてきたI男は人柄が優しいことなどの要因からそのような進路選択になっている。
③ 公立保育園の保育士を志向すること
　兼業農家の母親たちは多忙だが、I男は地域の多忙な母親たちを助けたいという気持ちが強く、地域ぐるみの子育てを考えて保育士という資格を得てその専門性を郷里で活用したいと考えている。帰郷後、公立保育園の保育士の試験を受けて、その道が開かれれば実家のパラサイトではなく自立的な生活をする方向に向かえると考えている。
④ きょうだいの協調関係で親を支えること
　彼は、男3人のきょうだいの2番目である。将来的に誰が実家に入り誰が外で働くかに関してはきょうだい間で相談していると考えられた。

2 J男（19歳、大学生）

（1） プロフィール

　J男は経済学部に籍を置く学生でハンサムで長身、挨拶も上手な青年である。対話も自然で、初対面の筆者とも日常会話がはずむ。16歳の時に両親が離婚している人で、今も父と時々面会交流をしている。小学校5年生まではS県に住んでおり、父はタクシー運転手だった。父が、父方祖父の工場を手伝うためにK県（九州地方）に移ったことから、父母が電話で喧嘩をするようになった。結局、家族4人でK県に行き一緒に暮らすのだが、折悪しく祖父の事業が倒産した。母は、「田舎は嫌だ」と言って父と離婚して東京に帰ってしまったので、しばらくは父子世帯であった。J男の中学時代における1年間がその状態で、その後に父は他県に行き飲食店を始め、今もその仕事を続けている。その頃に、J男と兄は父方祖父母と同居した。当時J男は反抗期であまり話さなくなっていたが、学校生活では適応していた。J男の兄は高校入学後に学生寮に入ったので、結局は父方祖父母宅にJ男のみ残ることになった。

　その後、J男は県立I高校に入学し、そこで彼の生き方が変化した。県立I高校は定時制もある高校で、J男は定時制高校のいろいろな友人と交わり楽しんだ。

　母は、東京で就職しており父方祖父母宅にいるJ男に会いには来なかったので、J男がたまに東京に遊びに行き母と面会交流をしていた。J男は、東京で友人とグループを組みロックの演奏をすることが目的で、東京方面の大学を目指した。彼は大学入試の勉強はそれまでにない程に頑張ったので、比較的程度の高い私立H大学に現役合格できる学力を獲得した。大学入学後は、都内の母方実家で母方祖母と母の3人で暮らしている。

（2） J男の父母の紛争と離婚に対する対応策

① 高校時代には父方祖母のサポートを上手く活用した

　両親離婚後に、父子世帯や子どもだけの世帯を経験した後、父方祖父母宅に居候することになり父方祖母にお世話になった。大学生になってからは母方祖母のサポートを活用している。それなりに重要な場面には、必要な援助を求め

ることのできる力を備えた人であったことが、両親からのサポートが一時は全くない時期があったのにもかかわらず無事に過ごすことにつながった。
② 親を慕うよりは同年代の友人を軸として人間関係を形成することができる
　大学入学後は親しい友人たちとの音楽活動が大切なものになり、そこで自己表現ができる仲間と場を獲得していることも有意義なことである。それによって、彼の中の父母関係の紛争によって引き起こされた忠誠葛藤を中和する対応策になっているとも考えられる。このように自分を表現できる領域を得ることは、J男のような青年にとっては重要なことである。
③ J男は能力的にも比較的恵まれていて、経済学部で学んだことで見聞が広まった
　J男は、夜間高校から東京の私立大学に現役合格できていること、その大学の経済学部で知識を学ぶことによって、人間の生活には物質的な問題も大きいこと、金銭的なトラブルで離婚紛争も起こってしまうことを理解できるようになった。すなわち、自分の親の離婚に関しても、それが本人同士の感情的な行き違いや性格の不一致ということばかりでなく、物質的な要因も大きかったという新しい枠組みでより客観的に家族関係を理解できるようになっている。
④ 別居親との面会交流によって、サポートされていること
　J男が、高校生の時には、東京にいる母と面会交流をしていたが、現在は別居している父との面会交流を続けている。時々会う親からの励ましは、彼にとっては心の糧となっているものである。
⑤ 子が親に協力することによって危機的状況に対処する
　J男の兄は、父子世帯の時期と、兄弟だけで住んだ時期に、弟を支え面倒を見てきたのは、親の代理を行ってきたと言える行為であった。また、J男自身も父が多忙であれば、自分で夕飯を調達することもしていたし、洗濯やその他の家事も行っていた。
⑥ 自己防衛という手段を適応的に用いること
　J男は、経済力がないために家族を破局に至らしめた父に対しては、「反動形成」のメカニズムを用いており、自分自身は仕事をして経済力を身につけた

いと考え経済学部を志望している。

3　K男（19歳、大学生）

（1）プロフィール

あまり長身ではないがしっかりした体格の青年。スポーツマンで愛想もよく礼儀正しい。

小学校2年生の時に市議会議員の父が脳内出血のためになくなっている。当時、父は47歳だった。自営業（仏具屋）と市議会議員の仕事との両方で疲れていたとのことである。父の死亡後は、母が母方実家に頼って3人の子どもを育てたという。姉は22歳であるが、4年制大学を出て民間企業に勤務している。兄は短大（医療技術学部）を出て理学療法士として、病院で勤務を始めたばかりである。K男は兄とは少し違う領域である作業療法士を目指しており、現在、大学2年に在学しその方面の勉強中である。住居は大学の近くに、ひとり住まいをしている。

（2）父と死別後のひとり親世帯における対応策

① きょうだいで助け合ったという経験

K男の姉が、特に、母の帰宅が遅い時などに、弟2人のお世話をしていた。家事は、いつもきょうだい3人で助け合ってしていたという記憶がある。

② 父親とは違う男性モデルの存在

K男は父親代わりの存在として母方伯父を男性モデルとして見出しており、その人に同一化している。また母方実家の人々は母に親切であるということから、K男自身もとても母想いの青年になっているが、これは父の死後に家族が皆で助け合い一体感を形成してきた関係が強いからであると考えられた。

③ 友人とサッカーをして夜にストレス発散をしている

スポーツはよい発散の方策でもあり、男性の少ない学科では男性同士の結束を作るためにも大事なことになっている。

④ アルバイトの経験

K男は学費と生活費以外にお金が必要な場合には、母にこれ以上は依存でき

ないので居酒屋で夜のアルバイトをしているが、勉強に支障のない程度にお金を稼ぐことは世の中を知る意味でも有意義である。母の日のプレゼントとして、アルバイトで稼いだお金で、母にカーディガンを贈ったと述べていた。
⑤　拡大家族という社会資源を用いることができる

これは、②と共通するものでもあるが、母方の伯父さんも活用できるし、必要な時に他からのサポートを用いる力がある。単純な母子世帯でない、更に広がりのある関係の中で人間関係を考えることができるところは、K男の安定性につながっていると思われた。このように様々な方策を考案して、K男は父との死別体験を克服して成長していると考えられ、回復力の強い青年であると考えられる。

4　L男（20歳、大学生）

（1）プロフィール

眼鏡をかけてまじめそうな大学生で、こちらが名刺を出すとL男も名刺を出した。L男の家族は4人家族で同居している。サラリーマンの父は自由な考え方をする人である。

主婦である母はきめ細かく子どもの世話をする人だが、L男の方は少し口うるさいと捉えており、母のあり方にアンビバレントな感じを懐いている。父母間は通常は仲がよいが、ある時に喧嘩をすると大議論になる。きょうだいでは高校生の妹がひとりいて、L男に言わせると要領がよいとのことである。

（2）L男の父母関係の葛藤に対する対応策
①　父母の2人から距離をとり、2人の紛争に巻き込まれないようにすること

L男は、父母の夫婦喧嘩の際には静かに見守っていて、第三者的立場を崩さないという位置の取り方をしている。
②　大学の勉学に専心すること

彼は教職課程もとっているし、またコンピュータの技術に関しても研修を受けている。その資格を得て、就職活動に有利に用いたいと考えている。
③　アルバイトをして社会に触れること

L男はアルバイトで、大きな電気屋の支店で働いているが、顧客対応として、何か質問された時に返答ができなければ店員は務まらないので、社会に出る練習にもなると答えた。

④　親子関係より横並びの友人関係が大切と捉えている

L男にとっては横の関係である友人との対話や心の交流が大切になっていると述べた。

⑤　吹奏楽のサークル活動を通じての交際

吹奏楽のサークル活動によって同年代の友人ばかりでなく、社会人との交際も生まれてそれなりに視野が拡大するというよい経験をすることで、家庭や所属大学から一歩外に踏み出している。

第4節　まとめにかえて——12名の大学生・大学院生についての検討

1　協力者の大学生・大学院生に見られた特徴

本章で取り上げた12人の協力者たちは、いずれも社会的に一応適応している大学生と大学院生であった。しかし、大学教育を受けられる境遇の青年にも当然のことながら青年期的な葛藤があり、また家族関係と親子関係に全く問題がないわけではないことが面接の結果からも理解された。しかし、本節の中では12名の協力者の精神的な健康性に重点を置いて、彼らがいかに現状を認識し柔軟に対応しているかについて総括的考察を行うこととする。なお、12人の協力者の考察で取り上げた「父母関係の葛藤に対する対応策」に関しては、次の第4節2において纏めて取り上げることにする。

（1）同性の親との関係

青年期の女子においては、同性の親（母）との関係が肯定的であり、かつ母が同一視の対象になりうる健全さを示していることが大切である。このことは幾つかの事例で認められた。先ず、大学院生D子は、小学校教員の母を4人の子どもを育て上げた勤勉な女性として尊敬している。また、大学院生E子も、悲しい出来事（弟の死）を乗り越え保育士としての仕事に励む母を健全な女性

第4節 まとめにかえて——12名の大学生・大学院生についての検討　181

モデルとして認めている。大学院生F子も、父母の関係で苦しい時代を乗り越えた子どものためにも頑張って仕事を続けている母を努力の人と肯定的に評価している。これら3名はニュアンスは異なっているものの、肯定的な見方で実母を認知している。このような大学院生の女性たちも、おそらく思春期には親への批判や反抗があったと思われる。しかし、それに耐えうる柔軟性と忍耐強さをもった母たちであったこと、更に、娘に対する母の愛情が深かったことが肯定的な展開の背景にはある。一方で、娘たちが母の裏側も理解しそれに共感を育てることができるだけの優しさと能力をもっていたことが、青年期後期において同性の親との肯定的な関係を形成する背景になっていた（井村，2000；管，1998）。

　一方、病理的な母をもつC子とA子はストレートに同性の親に同一化できない状態であり、支配的な母をもつG子の場合には、未だに青年期前期の反抗的な姿勢を維持していると思われる。

　また、男性においても、青年期に同性である父の存在が健全なモデルを提供する状況が大切である。I男は子ども3人を平等に扱い、子どもの遊びの相手もしてくれた父に強く親和している。L男も、平凡なサラリーマンであるが子どもとの距離のとり方が適切で、家族旅行の引率も喜んでしてくれた父を、望ましい男性像として認知している。

　幼い頃に父と死別したK男は、代理的な親としての母方伯父に男性モデルを見出している。しかし、家族に離婚などの問題が認められる場合には、上記のように親に対して肯定的な認知ができない場合が出てくる。B子は、母に関して否定的な言辞を表わしているわけではないが、父と離別後に生活に困惑し子どもに依存してきた母には女性としてモデルにできないものを感じている。女性も仕事をもち自力で自分の生活費を稼ぐことが絶対に必要だと考え、ジェンダーの視点を強くもち将来に向けての努力をしている。

　また、J男も16歳の時に父母が離婚した経験をもち、その後に子どもを養育してくれていた父は「良い人」だと思ってきたが、父子世帯の大変さも痛切であった。大学生になって経済学部での勉強をすると、社会人としての父の非

力さを知ることになり批判する視点も生まれてきている。J男は、父への「反動形成」（精神分析的な自我の防衛のひとつの方法で、対象とは反対の方向に考え行動をすることによって不安を抑えようとすること）という自我防衛の機制を用いながら、自分の進路を前進的に考えていると考察される。

　上述のようにB子もJ男も親に対して同一化できないものを感じてはいるが、強い反感を懐いているようには考えられない。これは、両親の離婚が協議離婚（紛争的ではない時に用いられる離婚の方法で、届出のみで行うことができる離婚手続き）で、激しく法廷で争うという高葛藤状況ではなかったことも一因ではないかと考えられる。

　Wesolowski et al.（2008）は離婚時に高葛藤であったカップルと穏便に経過したカップルを4群に分けて比較して、高葛藤家族の場合には離婚後の経過が険悪であるが、あまり葛藤の激しくなかった家族の場合には離婚後もコミュニケーションが維持され、子どもの養育に関しても双方の親が協力的であるということを報告している。同様に、Bing et al.（2009）は裁判所を経緯した家族の離婚経過を、離婚時点と6ヵ月後の時点で追跡調査をしているが、高葛藤の紛争を経過した家族は適切な離婚条件も成立せず離婚し、離婚後も不適応な状態を示し子どもの問題に関してもうまく調整できないでいるということも明らかにしている。このような研究結果を考え合わせると、上記のB子の両親やJ男の両親の離婚は比較的穏やかな経過であったことから、2人とも別居親に関してもあまり激しい反感を懐いてはいないと考えられる。例えば、別居親と絶対に会わないとか、別居親を精神的には抹殺したいというような過激な言葉はなかった。

　Amato et al.（1995）は、実証的研究により離婚が子どもにとって必然的に不利益なのではなく、高葛藤の家族の中に子どもが長い間住んでいるよりは、円満離婚して両親間の葛藤が解消した方が子どもへの悪影響は少ないという知見を提出している。そして、夫婦間暴力と児童虐待が重なっているようなケースでは、早めに父母の離婚を実現させる方が子どもの救済につながると述べている。

Constance（2004：2006）も、離婚が100％の確率で危険な選択ではなく、離婚することによって再起できる人たちがいることも事実で、親が離婚した後の子どもたちでも適切なサポート態勢が整っていれば適応できると述べている。

（2）　異性の親との関係

　青年期の健康な人格的発達にはジェンダーアイデンティティの健全なる形成も大事な側面である。すなわち、同性の親との同一視ばかりではなく、異性の親をどのように認知するかが異性一般に対しての認知に影響を与え、異性に親和性を感じるか、または異性に不信感を懐きやすいかなどの面に波及する（Wallerstein et al., 2000 ; Hetherington et al., 1998）。

　女性の協力者の中で、C子、G子、H子は父への親和性が強く、話し合いもするし精神的、物質的サポートを十分に受けている。一方、A子のように父を敬愛しつつも、半面では憐憫を感じている場合には、そこに何らかの家族病理が認められている。すなわち、父の中の歪められた男性性を観察することで憐憫を懐くが、もう一方配偶者の母への批判も起こるからで、そのような批判は反発に転じてA子の姉たちは心身症に罹ったのであった。

　また、B子の両親はB子が大人になってから離婚しているが、母を守りきれなかった父という事実をB子は強く受け止めており、離婚後の交流はしていない。しかし、B子の幼い頃の記憶から父を美化していて、どこかで偶然に父と出会い自分の再婚の事実を知らせたいという小説のような偶然の美しい出会いに憧憬をもっているなど、彼女なりに防衛的な加工がされている。すなわち、父に自分の結婚を知らせていない罪悪感や父と面会交流をしても快適な出会いにならないとの不安を、美化という防衛を用いて解消しようとしている。そのような背景もあってB子は父との出会いを自発的に行おうとは思っておらず、偶然に任せたままにしている。

　Peters & Ehrenberg（2008）は、親の離婚を経験したヤングアダルトを被調査者として実証的な研究を行い、離婚後に母親に引き取られた子どもたちは次第に父親との接触がもちにくくなるという報告をした。離婚後に子どもたちの3分の1が週1回は父と会っており、それより頻度は少ないが父と会っている

者は3分の1おり、残り3分の1の者は1年間以上も父と会わないという結果が得られている。そして、父子の接触の乏しいグループにおいては、子どもに情緒的な問題も出現していると報告されている。

　この研究の中では、男性被調査者で、ひとり親家庭である場合の親子関係の方が、子どもが異性の親をサポートする必要があると感じている。父に守ってもらえない女性である母を、自分が守ってあげなければと、男子として考えている。J男は都内で母や祖母と同居していて、母が一生懸命稼動している姿を見守っているようなところがある。また小学生で父と死別したK男は、未亡人の母に対しては他のきょうだいよりも優しく接していて、母の実家側には非常に親和している。

　青年期の親に対する反抗は、個として自立していくための不可避的な修羅場である（菅，1998）。親と子が苦闘しながらこの修羅場を生き抜いていくことが重要である。しかし、それがうまく機能せずいつまでも分離・独立、すなわち親からの自立が果たせないケースも稀ではない。そのようなケースの特徴として、以下に述べるポイントが挙げられよう。

　「子どもが、自分の腹立ちやイライラを容赦なく親にぶつけられるのは、どこかで、自分の親がそれだけの試練に耐えうるだけの心身両面の力を備えていることを信じているからに他ならない」。例えば、すぐに倒れてしまいそうな脆い壁であれば、それに安心してもたれたり蹴ったりできるものではない。それと同様に、親の脆さを感じている子どもは、親を破壊してしまうことを恐れて、思い切った反抗ができないのである（菅，1998）。

　これはK男の場合とJ男の場合にも言えることである。他の男性、I男とL男は両親が揃っており、夫婦関係が安泰であるので母に反発して距離をとっても大丈夫と考えているようで、できるだけ母親からの世話を省いていく方向、すなわち自立的な方向に動きつつある。

（3）　父母関係の認知、夫婦間の葛藤や紛争性に関する見方

　12例の協力者たちは適応的な大学生活を営んでいる学生や院生であるが、その生育家族においては、必ずしも健康な家族関係ばかりではなく、病理のあ

る関係が認められた場合もある。そのような中で、青年たちが家族の軸である父母の関係をどのように認知しているかは本章の目的にとっては重要な部分である。

　例えば、C子は父や有能な弟に親和しており男性イメージは良い方である。彼女の母はやや神経症傾向があり、同一視の対象ではないが、父のような良い人の配偶者になっている点で母を消極的だが肯定している。因みに、先に行われた調査研究において、C子の父母の夫婦関係満足度尺度の得点は、やや低い得点となっている。C子は、母の悩みや普通でない生活習慣は何故なのかを自分自身の中で問い続けている。客観的に見れば、これだけ母が悩んでいることを気にかけていないもう一方の配偶者である父はどのようなことを考えているのかという疑問が発生してくるが、C子はこの問いには今の段階では思慮が及ばないため疑問のまま残されている。ただし、C子は既に婚約者が決まっており、親の負担を減らすために家から自立しようと考えていることは確かである。

　また、F子は親元から離れて都内で大学院生の生活を送っているが、F子に関しては今は平穏な関係に落ちついた父母の夫婦関係が、小学校時代には危機的状況があったという経験をもっていて、子どもながら心を痛めていた記憶がまだ強く残っている。

　F子の調査研究の結果における父母の夫婦関係満足度では、得点は平均的である。自分は遠くにいるのだから、何とか父母で仲良くしてほしいものと願っているのだ。彼女は、職業人（薬剤師）である母を敬愛しているので女性が働き続けることに関しては関心が高い。しかし母の仕事が結婚生活上で不測の事態が発生した時に仕事が女性の生活を守るからという現実対処的な考え方に立脚するだけのものであれば空しいと考えている。彼女はジェンダーアイデンティティ尺度の「父母と同一化」と「夫婦関係満足度」との関連が女子では高いという結果に非常に興味を示した人であった。今後の配偶者選択の段階で、更に父母関係を捉え直していく作業が必要な人であろう。

　Karlter（1989）はミシガン大学児童精神病院外来において長い期間、離婚した家族の子どもの診療を行ってきたが、その経験から以下のように述べてい

る。「離婚の原因や離婚によってもたらされる変化など、離婚に関する情報を子どもが処理し理解する方法は、主として子ども自身の認知能力が決定しているが、この能力は子どもの年齢と非常に深く結びついている。同様に、子どもが離婚に関して懐く不安、親子が互いに懐く期待、親子関係の性質、男子と女子の対処のしかたの違いはすべて子どもの心理的発達レベルと深く関連している」。F子が父母の問題で非常に悩んだのは小学校低学年であったが、その頃は大人のしていることがどのようなことかに関して理解ができないために、余計に漠然たる状況の中で不安を感じたのであろう。その頃にはF子は郷里に暮らしていたので、母方祖父母が彼女の気持ちを理解し支えてくれたと思われる。しかし、現在のF子はそのような体験から時間を経て成長し、家族から物理的にも心理的にも距離ができたところで精神的に安定してきた。しかしながら、父母が再び過去にあったように険悪な関係になって欲しくないと、遠隔地に暮らしながら常に心配をしている。

　同様に、A子は家族から物理的な距離ができたところで精神的に自由になった上、自己分化も進んだ女性のひとりである。A子の家では、姉2人が心身症に罹患するなどの問題が過去にあり、婿養子の父が苦労する姿を見てきた。A子は、「父母2人は仲がよいが、周囲の人との関係で悪くなってしまうこともある」と述べており、家族の問題の複雑さを感じている。父のような人は肯定できるが、母のような人は肯定できないと述べている。調査の結果では、夫婦関係満足度の得点は、平均よりやや上であった。大学生になった彼女は家族を客観化して観察することもできるので、以前よりは寛大に受け止める健全な関係になれている。しかし、A子は、父母関係においては父がわがままな母に合わせているというバランス関係であることも分かっており、父に同情的でもある。彼女の健全さに影響を与えたのは、高校時代まで同居であった母方祖父母の温かいサポートであったことは、A子自身も認めている。

　以上のように、青年期の若者は家族の問題がいろいろありながらも父母が何とか協力している姿を観察し、その肯定的な面を取り入れることで柔軟な男女関係のあり方を学ぶ。

そのような体験的な学習を通じて自己のジェンダーアイデンティティを形成していることも理解された。また、その経過の中で、自分なりの将来の方向性を模索し、アイデンティティ形成につながる目標を見出していき、大学生の年齢に達して実家から一歩踏み出すことによって新しい自分を創っていく前向きな青年の姿が観察された。

このような女性に見られた父母関係と家族関係の葛藤に対する認知とその肯定的側面からの「糧」を得て巣立っていくという方向性は、男性でも同様である。J男も、父母の離婚の傷跡を乗り越えて自分の道を見つけて前進していく柔軟性をもっている。父に経済力がないことが家族を破局に導いたと考えるJ男は、自分は生活力のある人間になりたいと考えて大学では経済学を学んでいる。また、L男やI男も父母間の葛藤に取り込まれることなく、男女関係における折り合い方を父母関係から学び、母から距離をとることと同時に大学卒業後の進路選択という面（就職活動）で社会に踏み出していく姿勢を見せていた。この3名は共に自らの仕事の獲得に関しては非常に前向きな姿勢があることが認められた。小学生の時に父と死別したK男は、大学生になっても未亡人の母への愛着が強く男女関係の成熟したモデルを見出すことが難しい状態であるが、まだ大学2年生であるので次第にその面の発達も遂げていけるのではないだろうか。K男の優れた所は、母方親族の伯父と伯母からのサポートを上手に使えたことで、母方伯父はK男にとっての男性モデルとなっている。また、彼は、未亡人となって3人の子どもを育て生活に困っている母を、精神的にまた金銭的にも助けたいという強く優しい気持ちをもっている。K男はそのために深夜のアルバイトについても、卒業後の就職に関しても意欲的である。男性被調査者の場合、父母関係満足度は彼らのジェンダーアイデンティティの形成への影響は女性より少ないと考えられているが、それについて以下のように推察される。すなわち、男性の場合はむしろ父母関係が直接に男女関係という意味につながるのではなく「家庭の生活基盤」と考えられている。従って、父母関係を「自分の居場所を提供してくれる生活の基盤」と考えることは感情だけではなく物心両面で考える方向になり、女性より一層現実的（実利的）な視点

で観察をすることになると考えられる。その上で健全に育った男子青年が実家から巣立つためには、自分で生きるための生活力の獲得を願い仕事を探す方向に向かうので、それが「アイデンティティ」の形成により多くの影響が及ぶのではなかろうか。

（4） 祖父母という社会資源

父母間に葛藤がある場合や現実的な問題が重なって子どもの養育に父母が注意を怠ってしまった場合には、その代替として祖父母が子どもの養育者として登場してくる場合がある。平和な家庭においても同居の祖父母は孫たちにとって愛着の基地でもあり、また、一緒に遊ぶことによって伝統文化の継承をしてくれる存在でもある（前原他, 2000）。更に、父母が紛争になり別居という事態になった際、子どもと同居している親側の祖父母が日々の大変な状況を見るに見かねて援助を行うようになる。J男の場合には、父子世帯であった時期に父方祖母からの援助が有効に作用した例でもあった。A子とF子においても、父母は離婚にはならなかったが、葛藤状況にある時期に孫にとっての安全の基地機能を発揮してくれたのは母方祖母であった。D子では、共働きをしていて夕方でないと母が帰宅しない家に育つきょうだいにとって、母方実家は「学童クラブ」のようであったと言い、その関係をうまく活用していた。

愛着は世代間伝達をされるというが、どちらかの祖母に非常に愛情の深い女性が存在して孫のことを愛してくれる場合には、至らない親では不足な情愛の部分を補ってくれるという関係が観察される。また、そのような親たちも、祖父母の温かい励ましに支えられて自らが親性を成長させていくことが可能になるという豊かな循環が発生することも考えられよう（Henderson et al., 2009）。この豊かさは、適応的で柔軟な人が家族の中で多ければ多い程、より温かな結合を世代間伝達をするという事により、時間を超えてつなぐことになると考えるのは、家族療法の多世代理論からも考えられている。

この点については、次章でより詳しく述べることとする。

（5） 同胞関係の影響

先ず最初に、同胞関係が協力し合う面ではなく、問題のあるきょうだいがい

第4節　まとめにかえて——12名の大学生・大学院生についての検討　189

る場合の同胞関係について考える。

　G子の姉は、留年を繰り返し大学8年生である。A子の2人の姉たちは心身症に罹っていて、まだ回復していない姉もいる。J男の兄も大学生になったが、アパシーの状態である。このように、家族療法の理論から考えると家族力動（Family dynamics）のあり方によって、本人ではなく同胞に問題がしわ寄せされていることがある。これは家族療法ではIP（Identified Person）と言われ、精神分析理論では、これは「スケープゴート」とも言われる家族における犠牲であると考えられる。一定の年齢になった彼らは、自分にも起こりえたかもしれない不幸なことだが、何故か家族の病理的な人間関係のために同胞が犠牲になったことを感じている。またA子も青年期に姉の方に問題行動があり両親が困っていたが、姉を反面教師とすることで、自分の力で頑張って来た過去がある。

　大学院生のC子は一番下の弟に問題があり、母がそれを負担に思い悩んでいる家族状況の中で、母をサポートしたいと思ってはいるがそれは長男である弟に任せて、一番年長の自分が最初に結婚して家から出ることを考えている。これも、ある意味では自主的な「家出」、すなわち、問題からの「回避」という防衛機制であるとも考えられるが、精神的自立への前進でもあると考えられなくはない。ここまでは、きょうだいに問題がある場合であるが、他方で同胞関係がポジティブに作用する場合は勿論ある。

　D子は、4人兄弟の3番目で、兄と姉が頑張っている姿を見せることが年下の同胞たちには肯定的な刺激となっていた。同様に、早くに父と死別したK男の姉は4年制大学を卒業して就職し、兄も短大卒でパラメディカルの資格を取得して就職しているので、K男自身も公立大学に進学しパラメディカルの資格取得を目指している。

　そのようにきょうだいの全員が意欲的に前進している。同じ根から育った植物たちが太陽の下にのびのびと育つように、頑張り屋の母の愛に満ちた家庭においてその親からの明るい光を浴びてすくすくと育つということも事実である。

　（6）　友人関係、恋愛と結婚

　大学生、大学院生という青年期後期にさしかかる時期は、親との関係を見直

し捉え直す作業が重要となる。この時期には親から距離ができる分、より友人関係の重要度が増してくる時期でもある（宮下・大野，1997；宮下・杉村，2008）。

　親に相談できないことも、同性または異性の友人には相談すると回答した者も多かった。同性の親しい友人、例えば高校時代から交際をしている同性の友人がいると応答した者も多く、心から親しい友人関係であることも話された。更に、筆者の質問の内容として、異性の友人に関して尋ねることで回答の内容はより深まったことであろうと反省されるが、そのような問いは控えた。例えば大学院生のD子には友人が男女ともに沢山いるが、男性の友人の方が話しやすいという主旨の回答であったので、D子に異性への見方を質問することでより詳しい現代の大学院生の交友の状況が把握できたと予想される。D子のように男子の友人とも一緒に勉強し対話もしているうちに、次第にそれが恋愛に発展する契機が来るかもしれないことは他の協力者の場合でもあると思われるのだが、筆者のこの研究ではプライバシーを侵害しないことを重視していたので、異性関係について一歩踏み込んで聞いてはいない。その点は、反省される点でもある。しかし、自分から話した協力者には、自然な流れの中で聞いていた場合もある。

　H子は、同じ郷里から首都圏の大学にきている高校の同級生の男性と交際していたが、最近は興味が移り別れたという発言をしていた。一度付き合った相手との交際だけで、恋愛経験が収束する例ばかりではないこともあるのが、最近の若者たちの交際の仕方である。

　複数の異性とのフランクな交際を経た後に、次第に焦点が定まって来るようになると考えられるので、H子にとって同郷の男子は「移行対象」であったとも考えられる。一方、女子大学の大学院にいるC子は他大学の男性と交際し婚約もしているが、その交際の始まりや経緯も聞いていないので推察の範囲でしかない。しかし、彼女は年下の彼との婚約によって、やや早急な実家からの自立を目指しているという推察もできる。

　最後に、親が離婚しているB子と、J男に関しては、もう少し込みいった事情になることが考えられる。B子は一度離婚した後の再婚であるが、前婚の悪

い思い出を暗い残像として持ち越していないことを祈りたい人である。前婚の配偶者との嫌な思い出は現在の幸せな関係にも影を投げることがあり、その投影された暗い影によって妨害されることもあると言われているからである（新川，2011; Wallerstein et al., 2000）。

また、J男も、女性に対しては不信感が強く、彼の母がしたように女性は自分勝手に離れてしまうものだと考えていると推察される。J男は相手から愛されても、異性への不安が大きい故に自分自身からは積極的に人を愛することができないかもしれない。

J男は、現在は同性の友人と音楽のバンドを組み親密な交際を続けているが、これも異性愛に移行する過程として考えられる。以上のように、B子とJ男が親の離婚の傷跡を乗り越えて、異性との間にも本当の意味での信頼関係と親密性を築くことができるようになることが、彼らの若い成人期の課題として残されていると考えられる。

（7）進路選択に及ぼした家族関係の影響

大学院生のD子、E子、F子では、仕事をもつ母の影響が強く、その母に同一視しているが、少しだけ母とは異なった分野を選んでいるところに自主性が認められる。すなわち、D子の母は小学校の特別学級の先生であるが、D子が臨床心理士に関心をもったことに影響している。また、E子の母は保育士であるが、E子が児童の臨床を選んだことに影響があると思われる。F子は薬剤師の母の仕事とは全く違った分野を選んだが、女性も一生働ける仕事をもつべきであるという姿勢に影響されている。B子も、父母の離婚後に母が困る姿を見て、女性も自分で生活を立てることができる仕事をもつべきだと思った人である。

その他、A子、C子、G子は、兄弟に問題をもつ人がいることから、そのようなことに対処する場合には福祉の仕事や心理の仕事が必要だと発想して、その方面に進んだ女性たちである。いずれにしても、進路選択に家族の影響が大きく働いたと思われる。

伊藤（1995）は、「娘は母親に対して、自身の職経歴選択に基づき同性モデル

として母親を値踏みし、いわば身分的・道具的な同一視の観点から評価していると考えられるが、父親に対しては、娘自身の役割指向性にかかわらず、自律性を重んじ、より平等主義的で理解あるかが評価の観点で、いわば情緒的・精神的なサポートの有無から父親を評価しているといえよう」と述べている。親の就労に対する態度が娘に影響を与えることについては、D子の父、E子の父、F子の父を取り上げて考えてみることにする。D子の父は高校教師であるが、4人の子持ちの母の就労継続を受け入れたフェミニストであり、E子の父は息子を亡くした母の悲嘆が緩和されるのであればと母が保育士に精励することに賛成した。また、F子の父は母の薬剤師の資格を活用できるように父方親族の経営する施設を紹介しており、この父も女性が職業を継続することにサポーティブな人である。このように父の側の寛大さがあることが重要な点であるが、これは言い換えれば女性の仕事に対して平等主義的で理解ある態度の父と考えられる。従って、そのような平等主義的な父たちは娘に対しても同様の姿勢をもっていることから、娘の社会参加にもサポーティブであると考えられる。女性のキャリア形成に影響を及ぼす要因として、父の側の要因が大きい事は既に指摘されている。

　男性では、I男とL男は父の影響が大きいと考えられる。I男は、子どもと遊んでくれた父を理想として保育士への道を選択した。L男はサラリーマンの父に同一視している。J男は、商売の下手な父に反動形成して、大学で経済学を学んでビジネスで成功したいという気持ちを懐いている。K男は、兄と近接分野のパラメディカルの資格取得を目指している。もし脳内出血で亡くなった父が今も半身不随で生存していたら、そのリハビリテーションに兄弟で関わり父を治療できたかもしれないという願望をK男と兄が懐いており、それが影響している進路選択とも考えられ、ここにも家族の歴史の影響があると考えられた。

2　協力者の考えた父母関係の葛藤に対する対応策

　これまで12名の協力者に関して考察し、父母間の葛藤に遭遇した際、その

第4節　まとめにかえて──12名の大学生・大学院生についての検討　193

場に適ったストレスコーピングを工夫して行っている様相が明らかになった。更に、父母間の紛争や父母の離婚という事態に至った場合には、そこからネガティブな影響を受け子ども自身も悩み苦しむことがあったが、健康に成長している青年たちはこの難しい局面を切り抜けレジリエントな過程を経ている者がいる。「レジリエンス」とは苦しい状況や過酷な状態から立ち直る力のことで、その力を用いて回復する過程を「レジリエントな回復過程」と言う。そのような回復過程の中で、彼らがどのような対応策を用いたかについて、以下に総合的な検討を行う。この問題の概略を図示したものが図3-4、図3-5である。

(1)　葛藤からの心理的距離の獲得

何か苦しいことに出合った場合にそこに置かれた人がその事柄に密着して常にそれから物事を考えようとすれば、その人の感情は全てが辛い方向に向いてしまう。しかし、少し気持ちを整理してその事柄から心理的な距離をとり、やや客観的にその事態を眺めることができれば、感情的な混乱から脱して現実的な方向性が見えてくることが多い。小学校時代に父母関係の葛藤の渦に出合ったF子は、一時期は苦しい思いをしたが、現在は郷里から出て東京の大学で学ぶことによって物理的な距離と心理的な距離を獲得した。

A子も同様に大学生になって葛藤的な家族関係から抜け出すことができた。大学院生D子も同様である。大学院生E子は父母と同居しながらも、精神的な意味では距離を獲得している。J男は父母の離婚後に父方にいた後、大学生になって母と同居しているが、既に父母の双方からの心理的な距離は獲得している。このようにして、協力者の青年たちは父母関係の葛藤に巻き込まれない対応策を学んでいる。このことは、両親への忠誠心が子どもの心の中で葛藤した末、両方から距離がとれることで、「忠誠葛藤を中和した」状態になれることと概念化できる（棚瀬，2007；Wallerstein et al., 1997）。

(2)　祖父母のサポート及び親族のサポートの活用

Constance（2004：2006）は親の離婚後の子どもの回復力を育てるために、親以外で苦しみを和らげてくれる人が必要であり、これは効果があると述べている。「子どもは支えてくれる大人の数が多いほど大きく成長する。親が自分の

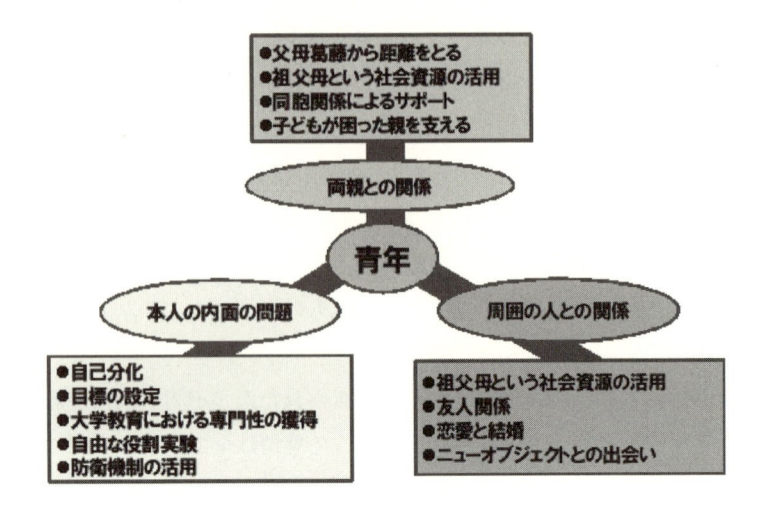

194 第3章 大学生・大学院生と家族

図 3-4 適応的な大学生と大学院生の家族ストレスへの対処方法（その1）

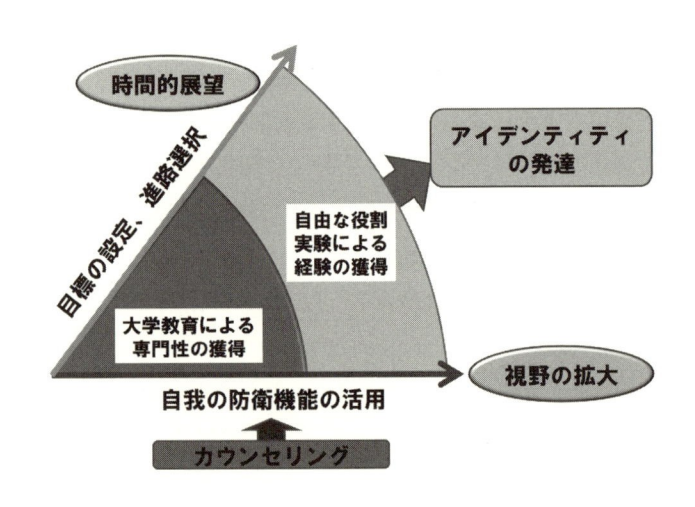

図 3-5 適応的な大学生と大学院生の家族ストレスへの対処方法（その2）

問題で手一杯の時は、他に頼れる大人を見つければ、その人に導かれて大きく前進する」と述べている。このような協力態勢は、日本の家族では伝統的に行われてきたことでもあった。A子は同居の母方祖父母が安全地帯を提供してくれたと述べており、D子のきょうだいも母方祖母の家が放課後に学童クラブのような所だったと表現している（前原他, 2000）。

F子も、母方祖母がひとりっ子で寂しかった彼女に優しくしてくれたこと、また、父方親族が母の就職を世話してくれたことなどを話した。

幼くして父と死別したK男も、母方伯父伯母に世話になっており、特に伯父はK男の男性モデルになったと述べた。12名の被調査者の中で祖父母という社会資源を最も活用したと思われるのは、J男である。彼は父母の離婚後に、父方祖母が近くに住んでいたので衣食住の世話を受け、また大学生になってからは母方祖母宅で暮らしており、どちらの祖母との関係も上手く活用している。Constance（2004）は親以外で子どもの苦しみを和らげてくれる人として、スポーツサークルのコーチ、学校の先生、学校のカウンセラーなどの人々がいて、その時の子どもの気持ちに受容的に関わってくれる大人の存在が傷ついた子どもの心に幾分かでも癒しを与えることができると述べている。そのような契機を掴むことのできた者には立ち直るチャンスが多いことを考えると、祖父母の他にも親せきの伯父伯母等の重要性が再認識される。

（3）大学教育による専門性の獲得、自分の領域の開拓、
　　　　資格取得を目指す等の目標設定

12名はいずれも大学生活を有意義に過ごしている学生と院生で、資格取得等による自分の領域の開拓と、それによる社会参加を目指して日々精進している。A子とB子は社会福祉士を目指して勉強中である。C子、D子、E子、F子は、臨床心理士を目指して大学院での学習に励んでいる。G子も学校心理士を目指し勉強している大学院生である。H子は小学校教諭の資格を目指し、I男も公立保育士を目指している。K男は作業療法士を目指す大学生で、J男、L男は、経済学や経営学の勉強をしているので、大学卒業後は一般企業就職を積極的に進路として選んでいる。特に、親が経済的に困りそれが家庭崩壊の引

き金になったJ男は、経済力を如何に獲得するかについて関心が高い。また、K男も母が未亡人になった後苦労している姿を見て育ったので、自分自身が自立できるだけの生活力の獲得に関心が高い。以上の12名の青年は、筆者との面接で大学に入って以降の知識の獲得によって自分が依拠する学問の領域から家族の問題を再び捉え直すことができたと述べていた。例えば、J男は、父母の離婚の背景には性格不一致ばかりではない経済問題があったことに気づいている。C子も、表面的には仲がよい父母だが障害児の弟の養育で悩んでおり、母はそのためにうつ傾向にあるなど臨床心理学的問題の背景を考えることができるようになった。

同様のことが、大学院生のD子、E子、F子においてもあると考えられた。

（4） 自己分化と親との関係修復（バランスよく付き合える関係への展開）

これは、「同性の親との関係」とも共通することになり、また「父母関係の認知」とも関わることであるが、「自己分化」とは情緒的に巻き込まれることなく理性的な形で父母とも関係が取れることである。また、いずれの親ともバランスよく関係を結べるようになるという成長が見られることである。例えば、D子やE子などの母に同一視が強かった娘が、大学院生になりそれまでに批判的な見方をしていた父との関係を修復できて、父に対しても感謝の気持ちを懐くことができるよう変化したという経過が見られた。

（5） 友人関係への移行（同性及び異性の友人関係）

大学生になれば親よりは友人に対して心を開き、その関係の中で情報伝達もできるし、また情緒的な交流をするのが一般的な発達であろう。12名の被調査者についても、親よりも友人に関心を強くもつようになっており、親に話せないことも友人には話すと述べたが、これは大学生の段階では健全な発達である（宮下・杉村，2008）。同性の友人に強く関心を示していたのは、E子、F子、G子で、男性ではJ男、K男であった。男女共に友人が多いのはA子、D子、H子、I男、L男であった。これは、最近の大学生や大学院生は男女の区別なく率直に物が言い合えるし、議論もできる対等の関係で交際しているという最近の風潮を反映している。12名については、現代の大学生に多く見られる「ふ

れあい恐怖心性」(岡田, 2002) と言われる心理状態をあまり感じることがなかった。青年期の友人関係に関しては、いわゆる社交では上記の「ふれあい恐怖心性」が妨害的に働く。しかし、表面的な社交ではない場面、例えば勉強や仕事などの場面でより目的的な会話や議論が必要になることと、同じ関心を共有することで対話が発展することになれば、お互いに心を開く交流が始まることが考察された。

(6) 婚約及び結婚

結婚とその前段階である婚約は、成育家族から出立して新たに自分たちの生殖家族を作る家族ライフサイクルの節目である。歴史的に婚姻率の高かった日本社会では、一定の年齢に達した時に周囲の勧めで見合い結婚をする者が半分以上もいたが、1970年を境にして恋愛結婚が主流となっている。しかし恋愛結婚であるとしても、そこに当事者たちの打算的な思慮が全くない純粋な恋愛、すなわち精神的な面だけの親密性だけで結婚に移行することは稀である。青年が今後の生き方としてその配偶者と共に生きることを決心するためには、様々な思惑や迷いを通ってその目標を掲げることに至るのである (平木, 2000)。

1歳年下の男性と婚約中であるC子は、障害児をもつ負担の多い父母に対してこれ以上の経済的な負担はかけたくないと、大学院終了後には自立したいと考えている。B子は一度目の結婚を実父母の離婚後にしたが、それは短い期間で離婚になった。その離婚の傷跡を抱えて生きる時期と、実母の方が離婚後に困惑状態になった時とが重なっていた。B子は母を支えながらも親のことが二重写しになって、自分に降りかかった困難の大きさが余計に苦しかった。しかし、B子は筆者との面接の数ヵ月前に再婚している。再婚の相手はB子の離婚歴も知っており、彼女の学業継続を十分に理解してくれる配偶者とのことで、この結婚によってB子は父母の失敗の傷跡と自分の以前の離婚による挫折の両方の問題から立ち直ろうと試みている。先にも記したが、これはWallersteinの著作中にも書かれていたカレンの例、すなわち親の離婚を経験した後に自らも男性関係で悩み、一度の挫折を経験した後に再起することを決意した挑戦的な女性の生き方と類似した姿勢と見ることもできよう (Wallerstein et al., 2000)。

(7) きょうだい間の支え合い

きょうだいは、同じ親から生まれた者たちでお互いに連帯感もあれば、またお互いに競争心も懐き合う関係である。そのような複数のきょうだいの関係を上手く折り合うように調整していくことも親の役割のひとつでもあるが、その様な家庭内調整の力を親が発揮でき、子どもたちが親のリーダーシップを受け入れる家庭状況においては健全なきょうだい関係が形成できる。もし、親が紛争中でそのリーダーシップが失われていれば、きょうだい関係にも軋轢が起こりやすいであろう。片親であっても親の愛情と統制力の及ぶ家庭では、きょうだいはお互いを尊重しつつ良い協力関係が維持できると考えられる。K男の家庭でも父の死後に母が就労していたので、一番上の姉が、二番目の兄と、K男を世話する役割を背負ったが、同胞3人で母が留守中には協力して家事を分担してきた。優秀な姉と、K男と近接分野を選んだ兄は、弟にとっては社会化のモデルにもなっている。J男は父子世帯で暮らした頃に年齢の近い兄と助け合って暮らしていたが、その兄にとっては年下の子どもを世話する役割を担うことが負担であった。しかし、2人は助け合っていたので、非行もなく苦しい時代を過ごすことができた。きょうだいが4人いるD子の家では、放課後は母方祖母宅を学童クラブのようにして過ごしていたことから仲がよかったし、また兄と姉が優秀であったことから今は社会人としてD子のモデルにもなっている。

(8) 自由な活動(趣味、スポーツ等)と役割実験

仲間とロックバンドを組んで音楽をしているJ男には、家庭の問題で陰鬱になりがちな気持ちの発散にはロック音楽が非常に役立った上、気持ちの通じる仲間にも出会えた。ロックとの出会いは、彼の陰鬱な世界から脱出する突破口であったと考えられる。

L男も吹奏楽のサークルに入っており、そこで音楽も楽しみながら社会人たちとの交際も始まり世界が広がってきた。バイトにも行き、お金を稼ぐということも始めた。

K男も、夜間にサッカーをする仲間を獲得し自分の気持ちを発散しているが、これは日中に勉学に集中することとうまくバランスがとれる活動である。その他、居酒屋の深夜のバイトは時給が高いということから新たな世界にK男はバイトとして入り、社会についての見聞を広めている。

女性でも同様なことが見られる。A子はお神楽の保存サークルという珍しい活動をしており、そこで他大学生との交際が始まり行動半径が広がっている。F子は児童期から美術に興味を持ち続けていて、自分の時間ができるとパステル画を描くという趣味がある。ひとりっ子のF子は両親が自分たちの問題で忙しく、子どもにかまう暇もなくて寂しかった時期には、絵を描くことで自分を慰めてきた。F子は臨床心理士を目指しているが、博士前期課程2年生になり臨床現場での実習が始まったので他の院生よりも多くの実習先に出向き、その他にもボランティア活動に参加し臨床心理士という新たな役割の実験を果敢に試みている。

(9) 防衛機制の適応的な活用（内的な社会資源との関連における方策）

自我が関与する防衛機制は、病的な者に関しては病理的な防衛機制が何重にも絡まるように作用するので、もつれ合った糸をほぐす作業が精神療法であると言われる。

一方で、健康な者もそれなりに現実適応をするために適切な防衛機制を活用している。日常的にもそれを活用することで快適な生活を送ることにつながっている場合もある。防衛機制は、専ら不安や脅威から逃れるための逃避的な機能として誤って受け取られる可能性があるが、ここでは強く健康な自我機能をもつ青年たちの用いる現実適応的な対処法として使われると考えることが前提である。

例えば、A子とG子は姉たちの逸脱したあり方に対して同情もするが、それには批判的でもあり、自分がそのようにならないための努力を行っている。すなわち、姉たちへ「反動形成」をすることで、自分自身を前進させようとしている。

J男は、社会的に無力で親としても頼りない病身の父を責めることはなく年

に1回程度の面会交流を継続しているが、彼の心の中では父とは違った生き方、行動の仕方をしていこうとする気持ちが強い。これも、「反動形成」とも言える防衛機制であると考えられた。

G子に関しては、実家で親と同居している実態もあり、年齢相応でない「よい子」をすることによって、自分自身の願望や反抗心を「抑圧」していると考えられた。それはE子においても見られる。E子の場合には、それが知性化であるか、または屁理屈を言うだけの合理化の場合も含まれるが、自己主張をするところがG子とは違っている。

現実よりは事態をより美しいものと加工する機制を「美化」の防衛機制というが、それを用いているのはB子で、離婚後に面会をしていない父のイメージを作り、できれば今も良い父であると思いたいと考えている。そのことによって、B子が現在は父と面会交流していないこと、自分の再婚についても知らせていないことによる罪悪感を払拭したいためである。

C子は、「知性化」という防衛機制を用いて母の奇行や家庭内の不穏な関係を理論的に捉えようとするところで、自分からの距離を作り不安を鎮めている。それは、A子も同様であると言えよう。

このように、自分自身の精神内界において巧みな防衛機制により不安や葛藤を加工することによって苦しい場面を通過できるようになることは、この青年たちの能力と柔軟性によると考えられ、彼らにはそのような内的な社会資源が備わっていると考えられた。例えば、被調査者の中で親の離婚を経験したJ男とB子にも、同様に知性の優れた部分と柔軟な面が認められる。

Wallerstein et al.（1997）も、親の離婚を克服する子どもたちの特性に関して述べているが、上記のJ男やB子と共通することは多い。例えば、知的な能力、初期の愛着関係が形成されているので基本的に情緒が安定していること、友人に向かうことができる積極性と共感性などの特性である。Constance（2004）は父母の離婚後にその間の子どもたちを20年間追跡して研究をした結果から、子どもが自分自身を救うことについて以下のように述べている。「あなたの家庭は、夢に見たような素晴らしい家庭でもなければ、運のいい子が手に入れて

いるような家庭でもないかもしれない。だが、だからと言って、あなたの家庭では充実した人生を送れないというわけではない。人生には絶対的なものなどはほとんどなく、起きていることをどう理解するか、どう解釈するかは、自分次第なのだ」とのメッセージを送っている。これは、一定の年齢に達し成人した者が、再度、自分の過去を構成し直すことができる可能性を表わした力強い言葉として考えられ、J男やB子のような境遇の若者にとっては貴重なメッセージではなかろうか。

(10) ニューオブジェクトとの出合い

ニューオブジェクトとは、第2章で引用された家裁の事例で用いた言葉であるが、親ではない別の対象でその子どもの心に働きかけ何かを気付かせ、そしてその子どもの成長を促すことに関与する大人（または年齢の問題ではなく青年でもよい）のことである。例えば、少年事件の少年の場合には、上述のような親からの葛藤に対処する方法を自分では思いつくことができない場合が多いが、家裁調査官との面接を通じて葛藤を克服する方法に思い当たり、家裁調査官の成長促進的な働きかけによって少年が肯定的な社会資源を自分の立ち直りに活用することができるようになる。そのような場合の家裁調査官にあたる役割がニューオブジェクトであるが、青年の場合には、身近にいる友人や先輩、大学の教員、または学生相談のカウンセラー、部活動のコーチなど多くの人の中で、上記のような信頼関係が発生する機会も多い。

第3章で引用した協力者である大学生・大学院生は、少年たちよりは成長した青年であったので、内外の社会資源を自分自身で探しその力を自主的に活用してきた者たちである。これまでにも彼らは、前向きな意味で影響を与えられた周囲の大人やきょうだい、更に友人にも恵まれていたことがあり、そのような社会資源によって啓発されて彼らの肯定的な側面が活かされてきた経緯がある。また、身近にそのような社会資源がない場合には、それを積極的に求めて学外のサークル活動などに発展し、新たな出会いを作る場合もある。アルバイトをする中で、新しい出会いを得るなどの機会を得ていることもある。他方では、ここで引用した大学生・大学院生のように自主的な行動がとれない内向的

な大学生・大学院生もいることは事実だ。そのような大学生・大学院生の場合には、学業上のメンターや先輩、指導教員、または大学内の学生相談担当の者などのニューオブジェクトの存在が、彼らの成長にとって必要になると考えられる。

3　青年との面接による支援のあり方

　以上の12例の青年たちについては、先に行われた調査研究に協力してくれた被調査者の中に含まれていた者で、その中で有志として面接に応じるという意思表示をした協力者であった。この協力者たちは、本章の主旨について関心のある青年たちであったとも考えられる。筆者の質問はどの協力者に対しても同様に設定された半構造化されたものであったが、各々の面接状況が異なっていたことは非常に興味深かった。協力者の青年たちとの面接経過がそれぞれに全く違った展開になったことは、実際に面接を行った筆者としては不思議な印象を得ている。筆者は、面接を行った日の彼らの状態に即して可能な限りサポーティブに関わり、家庭裁判所調査官であった時に行っていたように1回面接によりその青年の概略を把握し、そのようなアセスメントから彼らの肯定的資質を探りながら当該の青年の文脈に合わせた僅かな贈りものを用意した。すなわち、それは各人の面接の後半の部分で短いコメントを入れて、今後にその青年が自分自身を育てる時に役立つかもしれないヒントを伝えた。それは、彼らに励ましを与え、そこから先に自分で考えさせるために働きかける方法だった。筆者は、そのようなことを行うことによって面接に参加してくれた青年たちの一人ひとりの歴史を大事にしつつ生育史の中に貴重な体験として散りばめられたポジティブな事実を拾い集めて再構成する作業にとって、少しでも役立てて欲しいと望んだ。

　他方で、筆者が面接の最後に協力してくれた青年に対してインタビューの感想を聞いたところ、数人の協力者が、「過去において散逸していた記憶や思い出のエピソードを、面接の場で語ったことでひとつの纏まりをもったものにできた」旨を語ったことは、彼らの中に認められた共通性についても驚きを感じ

た。本研究に参加して下さった協力者にとって、以上のような関わりをもったことが、その学生及び大学院生の青年期の課題遂行について少しだけ役に立ったことを筆者は祈っている。原田（2006）は子どもにとって非常に重要な母親との関係は一生涯続く重要な絆で、それを土台として形成される父子関係も影響は大きい。子どもが幼児期であれば、その父母との関係は人格的な基礎になるのだが、初期に形成された親子関係の絆・自己対象関係は、基礎がしっかりできているところで親以外の対象にも広がり、その青年の自己形成や社会志向性に影響すると考えられている。従って、そのような者は発展的姿勢をもち前向きに生きるので上記の父母関係に対する対処の方法も巧みで、有効な方法を編み出す可能性がある。今後に可能であれば複数回の面接を数ヵ月の時間間隔をとることで継続し、青年期にあるクライエントと面接をもつ臨床的な研究の計画が設定できれば、この章で提示した内容を、より細かく検討することができる。この段階では、探索的な試みの結果として、提示するのみであるが、この内容は、臨床実践の中において吟味され、より充実した成果としていかなければならない。

第4章 若い夫婦の離婚紛争と祖父母の登場
紛争中の父母を支える祖父母たち

第1節　社会の変化と家族関係の変化

　筆者は、離婚するカップルや紛争中のカップルの事例に関しての相談に関与してきたが、最近10年間の実情を顧みると、幼い子は母親の元で養育されるという昔ながらの傾向が変化してきたという印象をもっている。少子化の動向もあって離婚騒動の中で両親が子どもを奪い合うという事案が多くなり、そればかりではなく子どもたちが幼い頃から養育に深く関与してきた父親が、子どもとの絆を何よりも大切に考えて自分の職業上の不利があっても子どもに執着する方向性をもつ男性が漸増しているように思われる。これは女性の社会進出に伴い、子どものいる夫婦間で父親の育児参加が増したことと、結果として男

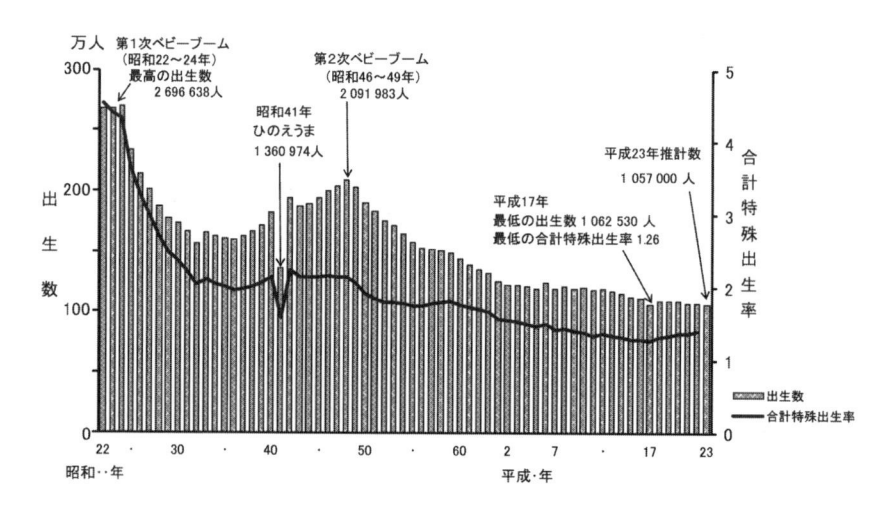

図4-1　出生数及び合計特殊出生率の年次推移（厚生労働省, 2012）

性側に生じた人間的変化でもあったと思われる。

　「男は仕事、女は家庭」と言われていた単純な役割分業の時代は過ぎ去り、男女共同参画社会になりつつあることによる現象のひとつでもあると思われる。父性と母性という語よりも、「親性」という言葉が用いられる状況に変わりつつあるとも考えられる。

　一方で、現在の日本の離婚率は、一時よりやや落ち着いたが1.99である。2011年3月の東日本大震災以降、日本社会は少しずつ変化してきた。大規模な災害と福島原子力発電所の事故の関連で未だに復興の進行しない地域もあり、食品汚染や節電による労働環境の変化も生じてきた。ある家族にとっては、この一連の出来事が家族の絆を弱くしてしまったという場合も散見される。

　また、そのようなことがなくても、日本社会では不況により労働環境が変化し、共働き家庭では夫婦のコミュニケーションを確保する時間的余裕も乏しくなり、また両方の父母共が働かなければ家族を維持することもできない家計の問題から、現代では子どもたちに、大人社会の慌ただしさのしわ寄せが及ぶ時代となっている。経済的にも時間的にも余裕のない若いご夫婦が、子どもを育てる状況は困難な場面が多く、家族の愛情は強くてもそれで十分に現実的問題をカバーできるとは限らない。そのような中で、若い夫婦の間で紛争が起こると、2人だけの対話状況においては、口げんか程度だった紛争が更にエスカレートしてしまうという弊害がある。昔ながらの、二世代同居、または三世代同居の大人数の家族においては、同居する周囲の者たちが若い夫妻に助言も説教もし、また夫婦喧嘩を優しく見守ることもできたのだが、核家族においてはそのように喧嘩を仲裁してくれる人もいない。子どもたちが、父母の口論をはらはらして見守り、その口論が更にエスカレートしていくことの恐怖を感じながら佇むことになる。

　日本では未成年の子どものいるカップル（有子夫婦）が全離婚件数のうちの約6割あり、その中で、約80％以上のケースで母親が子どもの親権者となり、約15％は夫（父）が親権者になる現状がある。離婚後に父親が子どもを引き取って養育する場合に、男所帯では女手がどうしても必要になる。過去に勤務し

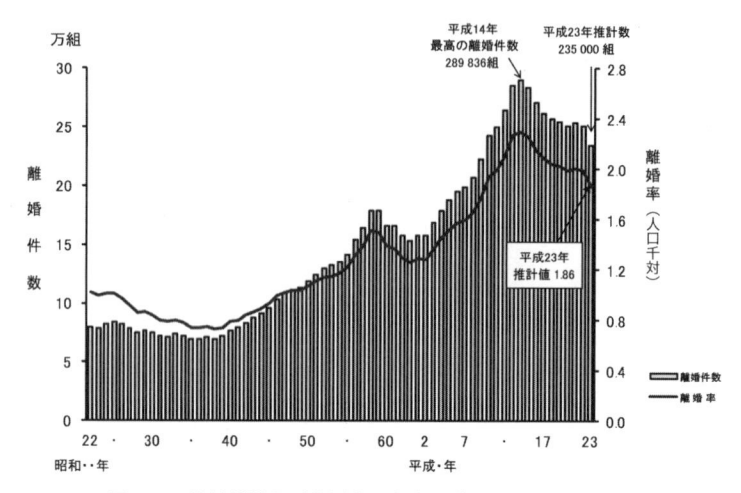

図 4-2　離婚件数及び離婚率の年次推移 (厚生労働省, 2012)

ていた家庭裁判所での臨床経験から顧みると、男性も直ぐには再婚の相手が見つからないので、一旦は父方祖母が登場することになる。特に大家制度が残る日本のタテ社会では、一家の大問題として子どもを養育することになった男性（息子）を救済することに子どもの父方祖母が導入されやすい。アメリカなどの新しい家族形態の社会では、あまり祖父母を子育ての社会資源と考えていない場合が多いようである。米国は飛行機を用いる移動が容易だが、孫のために飛行機で駆けつけることは無理で、物理的な距離があるため、電話やメールで孫と交信することで代理される。従って、そのような状況では、身近に孫と接する関係を困難にする傾向が生じてしまう場合が多い（Barth, 2004）。

　父方の祖父母が父母の離婚後に孫に関与することは、子どもを育てることになった父親にとっては気心の分かった援助者を得ることになるが、祖母自身の負担は大きい。父方祖母にとっては、自分が子育てをした約 30 年前と比較すれば体力も衰えているし、世の中の変化とともに育児の方針も違い戸惑う。父方祖父である人の理解もその裏では必要である。将来的には子どもの父親が、高齢化する自分の両親の介護を引き受けるという交換条件を出し、それを承知

してもらって現状を継続していく場合もある。

　他方、離婚後の母親が子どもを養育する場合には子育てには経済力が必要なので、父（元配偶者）から送られる養育費だけでは不足するため、母親も就労をすることが大半である。そのような状況下では母方で暮らす子どもたちの子育てに、やはり援助者が必要になる。この場合でも母方祖母は第一候補に挙げられ、趣味に交友に生きてきた優雅な生活が孫の養育への協力ということで変化が始まる場合が多い。母方祖母には母親自身が最も気兼ねなく頼め、それまでの孫との交流も頻繁であったという経緯もある場合が多く、気楽さと楽しさが共存して離婚後の女性にとっては心身共に支えられる環境となっていく。ヨーロッパなど伝統を重視する社会では、祖父母が世代を超えて離婚後の片親を支援することが行われている。その場合には母娘の関係が重視されることには変わりがない（Drew & Smith, 1999）。

　日本でも母と娘の連携ということは、前原他（2000）が重視している。しかし、この方法には祖母の体力の他、祖父はじめ他の家族の協力態勢が必要で、その構造を維持できる好条件ばかりではない。母方に子どもが暮らす場合には母親が最重要の養育者で、次に母方祖母となる順位が確保されるので、父方祖母が登場する場合よりは祖母にかかる負担が軽くなると考えられる。数年間という短期間で見ると、このような祖父母のサポートはそれが得られることでプラスの影響となるが、長期間を考えると想像以上に困難な事態に至るようになる。

　家裁調査官として、離婚時に子どもの親権者と監護者の指定を決定するための話し合いに立ち会っていた経験から、子どもの監護権の決定に際してこのような一切の社会資源が重視されていたと思われるが、それは決定前後の期間においてのみ有効であって、決定後の時間の経過とともに、その関係が変化すると考える方向が現実的である。しかし、決定を行う時点でのみ関与する機関（家庭裁判所などの機関）においては、予後の経過を考慮する点では不十分な部分があることは不可避的である。即ち、子どもを巡る状況の変化が数年間で起こると想定する方が当然であるのだが、その事実はひとつの事例に長く関わることができる民間の相談所で働いている筆者の現在の経験では、非常に現実的な問

題となっている。

　日本の司法界において家族法の改正議論が起こりつつあるが、今後に家族法が改正されると日本でも欧米諸国のように離婚後の「共同監護」に変化していく可能性が大きい。現在の日本の家族法では両親の離婚後には片親が親権者になることが決められているのであるが、「共同監護」ということに変化すれば、離婚後にも2人の親の子への権利と義務が継続するので、両性の親の影響が子どもに及ぶことになる。米国等では、当初は共同監護が子どもの人格発達上ポジティブに作用すると考えられていた。しかし、それが極端な平等主義によって画一的に行われた場合には、子どもが例えば1週間のうちに4日は母方で暮らし、他3日は父方で暮らす居所の定まらない状況に置かれるので、精神的に不安定になることが起こる。更に、離婚後の両親間の葛藤が残る場合には、「子の奪い合い」や別居親が今の子どもの養育状況の変更を求める等の紛争が起こる可能性もある。そのような事態になれば、両親間の紛争の渦中で子どもに両親に対する忠誠心の葛藤が起こり、幼い心を苦しめることになる。2011年には日本政府が「ハーグ条約」に加入することを決めたため、国際結婚をするカップルにおける法的な不平等を解消することがハーグ条約の加盟国である諸外国から求められるようになった。そのような背景から、「共同監護」に向けた法改正は世界の潮流であるので、日本の家族法も次第にその方向に動く可能性は大きいのだが、その法的な枠組みを作る前提として離婚後の子どもたちの福祉をどのように考え、どのように保障するか今後の重要な課題になると考えられる（日弁連法務研究財団，2007）。

　本章の目的は、若い世代の父母の離婚紛争の渦中で子どもを巡る紛争が起こり、未成年者たちに対する親の養育力が乏しくなる状況に置かれても、身近にいる祖父母が援助することによってある程度の期間は養育を代理することができること、更に、そのことが苦しい状況に置かれた子どもにとってはどれ程に有益であるかについて検討することである。方法としては、筆者が実際に関与した事例を素材とする他、健康で適応的な大学生と大学院生に対する質的調査の結果（本書第3章に引用）も検討の材料とする。

第2節　片親家庭を援助する祖父母の養育力

　筆者が経験した事例で、40代の男性が配偶者と5年前に死別した後に自分の母親（父方祖母）の協力を得て5年間も子育てをしてきたという男性がいた。亡くなった妻は彼と同業者であったので共同で事業を行っていたところ、妻の突然の病死により困惑した状況の中で、まだ幼児と小学校低学年という2人の男児を抱えていた男性は他県に住んでいた両親を呼んで同居し、それ以降は父方祖母に育児を協力してもらっていた。その後5年を経て次男は小学校3年、長男は中学に進学する頃、次男に問題行動が出た。その背景には育児の主体となっていた父方祖母の心身の衰えが顕著になるという変化があった。父方祖母は過去5年間における育児サポートの疲労から身体的にも負担が重なっていたが、それよりも高齢のため精神能力の低下により認知症が始まり、日常生活に困難が生じてきた。そのような状態になると、孫たちは祖母に甘えるよりは労わることを優先し、甘えたい感情を出せなくなる。この変化が次男の日常生活に影響を及ぼすようになり、問題行動として発現したのだった。

　この事例は配偶者と死別した男性の事例であったが、配偶者との離別の場合には事態がより複雑になる。例えば、子どもと別居していて、現在の状況（もう一方の配偶者が子どもを養育している状況）をやむを得ないと考えている配偶者の場合に、子どもと別居親の面会交流を時々行う約束が成立したとする。その窓を開くので別の状況で子どもたちと接触しないというルールも成立した。しかし、たまに会う別居親（生別している親）との関係で、子どもは喜びを得ることもあり、また葛藤も生起される。周囲が面会交流に対して配慮していても、子どもの親への忠誠心の葛藤の全てを消し去ることはできない。そのために面会交流時にそれが強く起こることがあり、これに対する早めの適切な対処が必要となる。例えば、前日に別居親である父と交流した後、翌日の朝に腹痛が起こり保育園を休む子ども、また、面会交流の後に夜中にこれまでなかった夜尿の問題が起こる子ども等がいて、そのような場合には早期の関与が必要である。

しかし、別居親との面会交流の後に退行的な反応をする子どもばかりではない。うまく経過する面会交流では遊園地で一緒に遊んだ後に買ってもらったおみやげが、どの玩具よりも一番大切と思う子どももいる。これは離婚後も父母双方がある程度は協調できるカップルの例である（Wallerstein et al., 2000）。

　他方、子どもの側でも揺れ動きがあるように、大人の側でも面会交流によって心理的な動揺があることも頻繁であり、自己コントロールが低下してしまって「面会交流のルール」を破りたい衝動に駆られる場合もある。特に元夫婦の仲が険悪な場合に、困った事態が引き起こされる。例えば、祖父母宅に子どもが遊びにでかけている隙に別居親が押し入り、その場から子どもを奪取して別居親の方に連れ去ること。また、子どもの通学路や通園路に待ち伏せして、突然に現れた別居親に驚いている子どもを自動車に乗せて連れ去るという行動化もある。このように様々な利害の対立に根拠をもつ策略が絡んで、争い合うカップルの関係に巻き込まれて辛い思いをする子どもたちと、そのような渦中で困惑する祖父母が存在する。上述のような過激な行動化をする別居親から孫を守りたいと思い、常に緊張をしている祖父母もいて大変に心労の重なることである。或る事例の祖母は、奪取されそうになった孫を抱えて転倒して危うく頭部を怪我しそうになった。また、そのような際に骨折した祖母もいる。他の事例では、祖父が孫を連れての散歩をする際に、手をつなぎ周囲を警戒しつつ歩くと述べた。このような苦労や工夫をしつつも、祖父母たちは、「可愛い孫」のために自分たちのエネルギーを注いできた事例が見受けられるが、いずれにしても子どもの父母が親としての養育能力の低下した状態において、健康で余力のある祖父母が養育力を発揮して孫たちの世代に関わることで、その子ども世代（未成年者の父母たちの世代）をサポートしている姿が観察される（棚瀬, 2007）。

　Myers & Perrin（2001）は、若年の結婚と出産、そしてその後の離婚がアメリカ社会では結構多いのだが、そのような場合には祖父母世代は壮年期でまだ現役で仕事を続けている場合があるので、必ずしも祖父母が孫を養育できない場合もある。また、それよりも後の年代で子どもが離婚し祖父母が孫のお世話

をする必要が生じる場合があるが、それも祖父母たちが選択的な関与をする場合が多いと述べている。即ち、必ずしも離婚した子どもたちの孫の養育に関与する方向ではなく、むしろ選択的な関与を行うのだ。それよりは、祖父母の役割は、離婚前の紛争を止める役割や離婚を回避させる役割が大きいと期待されているのだ。子どもが愛着している祖父母との面会交流は、監護権を実際に行使している親の側の祖父母に許される場合が多いのだが、金銭的な援助を行うことで面会権を与えられる側の祖父母もいる。この状況は、祖父母が非常に熱心に離婚後の子どもをサポートする日本の状況とは異なっていると考えられる。しかし、子どもたちが結婚して孫に恵まれたことを喜んだのだが、それと反対に子ども世代が離婚して未成年の子どもを育てていく将来の苦労を予想して本格的に悩んでしまう祖父母も存在するので、このような人間的な共感性に関しては2国間での差異があるわけではないと考えられる。

　筆者も、子ども世代が有子夫婦であるのにもかかわらず、離婚をしたことを悩み、かわいそうな孫の将来を考えて抑うつ的になった祖母を、カウンセリングによって精神的にサポートした臨床経験はあるのだが、そのように自分のこと以上に悔やんで悲観的になってしまう女性も男性もいるのだ。そのような温かい心情をもつ祖父母が存在するということは、親が離婚した後の子どもたちにとっては有力な社会資源になるのだ。実際的に一緒に暮らす場合も、また一緒には暮らさない場合もあるのだが、自分たちのことを本当に大切に思ってくれている祖父母が存在するということ自体が、重要な愛着の基地になるからである。

第3節　健全に成長した青年の家庭における祖父母の養育力

　次に、健康に成長した大学生や大学院生に関しても同居ないし身近な祖父母の養育力が過去においてどのように影響していたかを検討する。これは、筆者が青年期の男女の自己同一性の形成と家族についての認知との関連について先に研究を行った際、有志として協力してくれた数名の大学生と大学院生へのイ

ンタビュー結果から考察した内容の一部である。その内容は、本書第3章に概略を述べたのであるが、以下では典型的な5例を引用して考えてみたい。

（1） A子の事例

A子は社会福祉を専攻している女子学生であるが、父母関係がA子の姉たちの問題から悪化していた。A子の姉が心身症に罹かり、その治療や進学問題などで両親が争う姿を見てきたA子は、父母が口論する姿を見ることに耐えられずに同居の母方祖父母の部屋に逃げ込んでいた。そこでは、祖父母がA子と一緒に遊んでくれて彼女を慰めてくれた。A子はそのように思いやりのある母方祖父母に支えられつつ、高校時代まで家族と同居することができた。その後に遠隔地にある大学への入学を機に実家から離れて住むが、過去を振り返って、母方祖父母のサポートがなければ自分は高校時代に適応できなかったと考えている。

（2） C子の事例

大学院生のC子については、母親が障害をもった2番目の弟の養育にかかりきりの状態であったので、日常的には下校後の彼女の話を聞く余裕がなかった。やや内向的で神経質なC子は、小学校在学中は学業の問題より友人関係での葛藤を抱えがちで、いじめに遭った話などを聞いてほしいのに母親には精神的な余裕がなかった。C子がいじめられたと訴えても何も対処してくれない母親だったのだが、近所に住んでいた母方祖母がC子の話を聞いてくれ、彼女に優しく受容的に接してくれたのでやる気を復元することができて不登校にはならずに済んだと述べた。ここでも母方祖母の存在が、C子にとって、彼女の健康さを維持するために大きな力になっていた。

（3） D子の事例

D子は心理学を専攻する大学院生である。D子の家族はきょうだいが4人もいて、父母が共働きをしていたので朝早くに出勤し、夕方までは戻って来なかった。D子のきょうだいは学校が終了してから、放課後は母方実家に一旦寄って夕方までそこで過ごしてから自宅に戻るという生活をしていた。即ち、母方祖母宅が「学童クラブ」のようになっていて、D子と兄や姉、そして妹の4名

がその場に集って放課後を過ごしていたので寂しくはなかった。この場合にも、祖母の養育力は4人の孫にとって重要な社会資源であった。

（4）Ｉ男の事例

Ｉ男は保育士を目指す大学生であるが、男性3人の兄弟の次男である。父母は仲がよい夫婦であるが、母が仕事と3人の男子を育てることに忙しかったので、同居をしている父方祖父母が子育てを手伝ってくれた。3人の兄弟の中でも、Ｉ男は特に父方祖母への愛着が強かったと、子どもの頃の思い出を語っている。Ｉ男の場合には、父母関係は悪くなく、彼は父への同一化をしており親子関係も悪くはないが、同居の祖母へは強い愛着について語っていた。

（5）Ｊ男の事例

Ｊ男は経営学部に在学中の大学生であるが、父方祖母と母方祖母の両方にサポートされた人だ。彼が15歳の時に父母が離婚したが、母が先ず家を出てしまったので父方祖母の家から高校に通った。無事に高校を卒業し大学に入学して以降は、母方祖母と暮らし、大学に通学している。離婚後に父母ともに経済的な問題で自分の生活を立て直すことに必死という状況下で、親の養育能力が低下していた時期に彼は父方祖母に支えられて大学に入学した。親の養育力の低下は子どもの教育に関しても手薄になることにつながる場合が多く、両親の離婚を経験した後に大学入学を果たす子どもは一部であると言われている。Ｊ男は、上手に父方祖母と母方祖母の2人の力を借りて適応的な高校生活と大学生活を送り、健康な大学生として成長していた。その背景としてＪ男には能力があることが第一の要因であるが、2人の祖母の養育力は重要な社会資源であったと言える。

以上は、祖父母の力を借りて健康な成長を遂げた大学生、大学院生の例を挙げた。

上記の例から考察すると、祖父母は体力の限界などはあっても、日本の伝統的な子育て観をもっていて、子どもを「家の宝」として非常に大切に思って扱うという特質（社会資源としての貴重な資質）をもっていることが分かる。一方で、祖父母のそのような力を鋭敏に感じることができる子どもたちが祖父母に愛着

し、「愛着の基地」を親以外にも見出すことのできる状況が作れ、親の養育力が一時低下したとしても別の社会資源からのエネルギーを得ることで適応できると考えられる。特にJ男は能力的にも優れ意志力も強い子どもで、親の離婚による困難な状況を上手に乗り切った人である。即ち、Wallersteinによれば、親の離婚を経験しても3分の1の優れた子どもはそれを克服するというが、J男は「親の離婚を生き抜いた子」である（Wallerstein et al., 2000）。また、離婚家庭に育った子どもの場合でも、母方祖母との交流の保たれた者は適応力や自己効力感の面で問題がなく病理的な症状も少ないと言われる（Henderson et al., 2009）。前原他（2000）は、祖父母には「安全基地機能」として以外にも、「伝統文化伝承機能」、「遊び相手機能」、「人生観、死生観機能」という4つの機能があると分析した。その中でも、「安全基地機能」では母方祖母と孫娘の関係が最も親密であるという結果が出ている。男子では父方祖母の影響の方が母方祖母より大きいという仮説はあるが、それに関しては前原他の研究では実証されていない。

第4節　家裁の事例からの省察

ここで引用する事例は本質を歪めない程度に修正を加え、特定の事例であることが分からないように配慮したものである。

1　事例A（暴力的な夫と家出を繰り返す妻の事例）

本例は妻が暴力的な夫に対して離婚を求め何度も家出を繰り返し、3人の子どもは夫のいる家に父方祖母と共に住んでいる。夫は、子どもたちのためにも円満調整をと望み、妻は暴力的な夫から子どもを引き取って離婚したいと主張し、双方が対立しており以前にも家裁の調停を繰り返していた事例である。筆者が関与する前には、これまでに2回の調停の申立てがされていたが、どの場合にも解決が得られていなかった。家裁の調停の構造は、各期日は約1ヵ月間の時間的経過の後に行われ、そのような形式の関わり方では解決困難な事例で

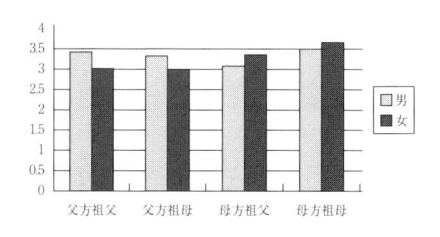

① 祖父母4群別、孫の性別
　安全基地機能得点

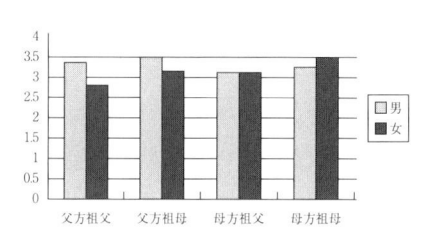

② 祖父母4群別、孫の性別
　伝統文化伝承機能得点

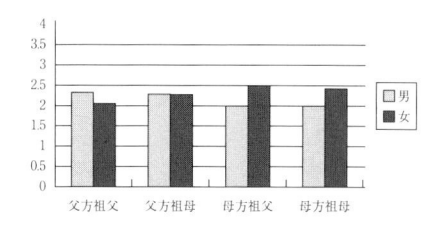

③ 祖父母4群別、孫の性別
　あそび相手機能得点

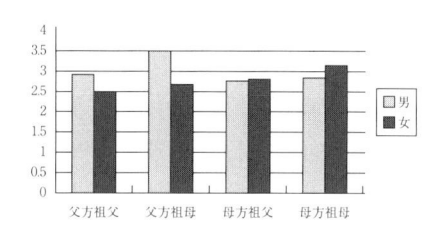

④ 祖父母4群別、孫の性別
　人生観・死生観機能得点

図4-3　孫娘とkin-keeperとしての母方祖母（前原他, 2000）

もあるので、この度、3回目の調停申立ての経過の中では家裁調査官であった筆者が調停期間日間のカウンセリングを行うという役割で関与を行った。この時点での子どもたちの監護者は夫であったが、実際には夫の母親（子どもたちにとっては父方祖母）が養育にあたっていた。

（1）　関与までの経過

夫（43歳）は洋服仕立業（自営）であるが、仕立業の仕事はあまりせずに賃貸ビルの家賃収入によって暮らしている。妻（38歳）は、別居後には保険外交員として働いている。子どもたちは、長男（11歳）、次男（9歳）、長女（7歳）がいるが、3人とも近所の公立小学校に通学している。実際に日常的な養育は、同居する父方祖母（76歳）が行っている。X年に結婚して以降、X+8年とX+10年に2回の紛争が起こり、調停への申立てが行われていた。その主な原因は、勤労意欲のない夫が働かない上に浪費家で、機嫌が悪いと家で妻に対し

て暴力を振るうことがトラブルの原因であった。今回は、X＋12年に夫から家出中の妻への円満調整の申立てに対して、妻からは弁護士を代理人として離婚の申立てがされている状況であった。

（2） 双方の生育史

夫の実家は紳士服仕立業で夫の実父は厳しい人だったので、夫は幼い頃から母にかばってもらいながら育てられているので、母子関係は密着していた。また、夫は子ども時代には、腕白で親のいいつけをきかないところがあり、母を困らせる子どもでもあった。実家の家業を継ぐための修行には出たが、実父が早くに亡くなったので、その後に家業に就いている。

妻の実家は農家であった。3人姉妹の次女で、地元の小学校・中学校から県立高校に進学し、高校卒業後には地元銀行に就職した。妻の実父母の夫婦関係はあまりよくなく、父が母に暴力を振るうのを娘時代から見てきた。それが嫌で、青年期にも家出をしたことがあった。2人は、X－1年に親戚の紹介で知り合い、約1年間交際をした後に入籍した。最初は、共働きであったが、妻は夫の実家の貸ビルが完成し、その一室に入居できた後には仕事を辞めている。妻によれば、夫は当初から貸ビルの収入をあてにして働かず、競馬、競輪に凝っており、手持ち金のない時には、実母の年金まで強引に持ち出して遊んでいたということであった。更に、このような生活ぶりに加え、昼間から自宅にいる夫は妻の行う家事にも口を出しては難癖をつけるが、妻が言い返せば暴力的な方向に発展していた。そのような夫との生活が、妻には苦しかったので家出をしたこともあった。周囲は、自己中心的な夫でも子どもが生まれて父親になれば改善するかもしれないと期待したのだが、その期待も空しく夫は横暴なままであった。しかし、周囲の者が2人が争うと仲裁し、特に夫の実母（妻にとっては姑）が中に入って関係調整をしていたとのことであった。

（3） 別居とその後の経過

X＋11年のある日、長男のお行儀を妻が糺したところ長男が妻に反抗した。長男はカッとして母親（妻）を叩き、出て行けと怒鳴った。妻は子どもからこのようなことをされるのは辛かったし、長男が夫のようになるのではないかと

考えるといたたまれずに、その日から家出し別居となった。この際に、妻は一番小さい長女を一緒に連れて出ようとしたのだが、それは夫に阻止されて叶わなかったと言っている。別居後、妻は住所を隠しているが距離的には比較的子どもたちの近くに住み、子どもたちの通学路や習いごとの帰り道などに時々は会っている。そのことを、「お父さんには黙っていなさい」と子どもたちには言い聞かせているとのことだ。

（4） カウンセリングの経過

① 夫の面接経過、及び家庭訪問と母子の面会交流

夫との面接では当初から約束を変更した後に出頭し、冒頭から以前に行われた調停が不本意であった旨の不満を述べた。全く自己中心的で横暴というのは前件記録に書かれていたが、その通りであるというのが第一印象であった。妻について聞くと非難や攻撃の言葉を述べるが、「お子様方は？」と尋ねたところ、子どもの一人ひとりについての現状を報告したので、子どものことはよく面倒を見ているし、子への愛情はあるのだと思われた。長男と妻の関係を聞くと、長男は妻が家に居た時は叱られていたのだが、今は妻がいないから落ちついてきたと報告し、妻のやり方が悪いということを言うための材料にしているようであった。長男は、妻が家出する前に叱られた際に母に包丁を向けて脅したというので、筆者はそれ程に過激なやり方であったことに驚いたのだが、夫のやり方を真似たのであることが後から分かった。夫婦関係を円満調整するためには、この夫の内省を促し、これまでの夫としてのあり方を反省してもらうように促すため、投影法の心理テストを施行する方法が効果的と思われたので投影法の心理テストを用い、結果のフィードバックを行いながら内省を促した。しかし、それは、反発を誘うことが多く、彼に対しては有効に作用しないように思われた。そのような状況であったが、「ご夫婦の問題は双方の相互性ということがあるので、両方の心理テストの結果を見ながら2人の齟齬のあり方について考えることは、有益だと思われます」という場面設定にはやや満足をしていたし、夫として見れば自分だけが悪いと言われたくないので、平等に扱われることでこれまでのやり方と違うと考えているようであった。

後半の面接経過では、筆者の方から夫に対して、「妻に戻ってほしいのだったら、貴方のやり方を変えることも必要ではないか？」と直面化するが、夫からは抵抗された。しかし、小学校の秋の運動会に際して、妻が小学校に来たことから子どもたちが喜んで手を振っているという光景を見た夫は、口では妻のことを「勝手な行動をする奴だ」と言いながら、それでも子どもたちが喜んでいたことは認めたようだった。そのこともあって、母子の面会交流の場を夫が設定するという動きにつながった。夫は、子どものためにも母親は大事と考えてきたのか、妻が来ることができるようなファミリーレストランでの食事会を企画するまでに変化を見せた。また、あるセッションは、筆者が風邪をひき体調の悪い日にあたっていたのだが、「今日は少し具合が悪くて」と言ったところ、夫の態度が変化し、「俺みたいなひねくれた人間のために、忙しい先生が体調も悪いのに面接してくれて済みません」と殊勝なことを言い始め、自分自身を顧みる場面として面接が展開したこともあった。

後半の夫との面接では、ちょうどその頃から、夏休みの期間になったので、筆者が、子どもたちに会うために夫と子どもの家を一度は訪問したい旨の提案をすると、それについては快く受け入れた。夏休みに夫宅に出向いたところ、3人の子どもと夫の実母から笑顔の歓迎を受けた。一番下の女子が少し寂しそうであったが、上2人の男子は活発で2人ではしゃいでいた。祖母は76歳でありやや足が悪いらしく、片足を引きずっていて、身体的には辛そうである。しかし、夫の実母は性格的には屈託ない明るい人で、夏休みに夫が4人を旅行に連れていってくれた話を楽しそうにした。ピエロの人形が壁に架かっていたので、「これはどうしたの？」と聞くと、長女が「お母さんが作ったの」と答えたが、この言葉を聞いた瞬間に子どもたちが黙ってしまった。筆者は、この場面で、「お母さんのことはこの家では話してはいけないタブーなのだ」と気が付いた。祖母は、その場をとりなすためにお茶を入れてきたが、足が悪いのに孫たちのために健闘している姿が健気でもあり、また気の毒でもあった。夫は、それ以降に夫の所有する貸ビルの1階のテナントが変わるので、その後に自分自身がそこでアイスクリーム屋を開店する計画を話し始めた。貸ビルもテ

ナントが変わり、その空き部屋が埋まらないと生活費の面でも困るので何か始める必要が生じたが、当面は子どもたちが喜ぶアイスクリーム屋を始めるという構想であった。これまでは怠惰だった夫が、子どもたちのためにやっと一歩一歩踏み出し始めた。夫の表情は、新しい店舗準備の作業もあるので明るくなり、態度も改善してきた。このように夫の微妙な変化が生じたことで、妻が要望している母子の面会交流についての提案をすることができる雰囲気が作れたのだった。しかし、この夫婦と親子が最初から自主的な母子の面会交流をすることは無理であるので、双方が都合のよい日で、また子どもたちが3人とも参加できる時間を選び、筆者も立ち会う形の面会交流の場を設定したところ、全員が食事会に参加することができた。妻は、その席では終始笑顔であったが夫への恐怖心は強いようで、子どもたちには一人ひとり話しかけたが夫とは目も合わさずに、決められた時間になると筆者と一緒に慌ててレストランを後にした。妻は、筆者が電車の駅まで送ったところ、電車に乗るのではなくて行く先はどこでもよいからその時に停車していたバスに飛び乗り、その場をできるだけ早くに離れるのだと言い、夫が迫ってくることの恐怖を表明してから慌てて帰路についた。

② 妻の面接経過

保険外交員をしている妻は第一印象では愛想のよい女性であるが、冒頭から暴力的な夫を批判し、そのような夫とは再び同居できないので離婚しかないと述べた。しかし、夫の家に残して来た子どもたちのことがいつも気にかかり時々は自宅付近に行き会っているが、子どもと会うことも内諸にしないといけないことが親としてはみじめであると泣いて話した。妻の境遇は、母としてさぞ辛いことであろうと推察したが、夫を責める攻撃性の強さも感じたので、第4回目のセッションでは、夫にも妻にも投影法の心理テストを施行することについての了解をもらうよう導入した。妻は、心理テストの所見から考えると見かけの対人関係から予想していたよりは人間的に深みがなく繊細さにも欠け、自分の衝動に負けてしまい自己本位な行動を起こしてしまう傾向があると考えられた。このような面について、妻に対してその次のセッションからフィード

バックをしながら内省を促した。妻は、その面接状況の中で、「私の方は先生の言うことを謙虚に受け止めて聞くつもりだが、夫は人に言われて素直にやる人ではない」と述べた。彼女も、他罰的で内省させにくい人のように考えられたのだが、母親として子どもを想う気持ちが強いことには共感でき、子どもたちと会わせて欲しいと要望する気持ちは理解できた。

　後半の面接経過では、夫の変化が少し始まっていると筆者が伝えたところ、妻の母としての気持ちから子どもと秘密でなく公然と会わせてほしいという要望が更に強く表明された。子どもとの面会交流には準備が必要で、子どもが適応的であれば面会を試行できるので子どもたちが元気にしているかどうかを実際に会って現在の生活への適応状況について観察してくる旨を述べた。ちょうど夏休みが近くなったので、夏休み中に筆者が夫と子どもの家の家庭訪問をして来る旨を伝えると、妻は非常に喜んだ。また、訪問の後に妻にその訪問時の子どもたちの様子を伝達すると、早くに一番下の長女だけでも引き取って裁判離婚をしたいとも述べた。しかし、母子が面会交流できる比較的穏やかなカップル関係と、裁判離婚という抗争的なカップル関係は異質なものであるので、今後とも3人の子どもを大事に考えるのであれば母子の面会交流が可能になるような関係を築いていくことが必要だと助言した。その後の展開は、強硬と思われた夫の方に一層の変化が見られたことから、妻の夫に向かう非難もやや緩和されたので、筆者が立ち会っての面会交流の方向に進行した。その後の経過は、夫との面接経過の中に書いたような母子の面会交流が筆者の立ち会いのもとに実現したので、妻も円満に母子の面会交流ができる方向が今後とも保障されるのであれば、裁判離婚まで考えなくてもよいかと考えるように変化した。

　以上のようなカウンセリング経過を経た後に舞台が調停手続きに移るのだが、このカップルは4回の家事調停を経て「別居した状況を維持しつつ、時々は母子が面会交流できることとする」旨の調停条項で合意することができた。子どもたちが、次第に大きくなれば、妻は夫が付き添わなくても子どもたちと会うこともでき、その先には子どもたちの意思が尊重されて監護と親権の問題が考えられる方向に進行すると推察された。筆者は、このような中間的な解決

ではあったが、子どもたちの現状を当面は尊重し時間の流れの中で自然に落ち着く方向になるという緩やかな方法を用いたのだった。しかし、その時点ではかわいそうな孫のために全力投球している76歳の父方祖母が、数年後にはどのような健康状態であるかが大きな鍵であるし、長男が2～3年後にはどのような思春期の青年になるかも大きな問題である。また、夫が始めたアイスクリーム屋の経営が、上首尾に展開するかどうかという不安材料もある。そのような幾つかの要因が数年間の時間経過の中でどのような進行をしてどのように影響し合うのかは、偶然性も関与するので予測が困難である。とは言え、76歳の父方祖母が4年後に80歳を健康で迎えることができるか、またはその時まで元気でいられないかもしれないという問題を考えると、祖母が親を代理できる時間的範囲は限られたものであることは事実である。その時に、夫がどれだけ子どもの気持ちを受け止められるように父性的な親として成長できているか、また、妻は外に住みつつも子どもたちをどの程度サポートし、母親らしい養育時間を持ち続けることができるかが、最終的に子どもたちの福祉につながると考えられた。このように若い頃から不安定であった夫婦関係が、中年期になっても折り合えないまま経過する未熟な夫婦の間の未成年者が、不利益な状況に長い期間置かれることが、将来的には最も重大な問題であると考えられる。

2　事例B（父方祖母から母方祖母へ支援態勢が変化した事例）

　4歳児の長男はその時点では母親と母方祖母の3人で暮らし、近所の幼稚園に通園していた。それ以前には、彼は父母と一緒に暮らしながら近所に住んでいる父方祖父母とも頻繁に交流していて、夕方の保育園のお迎えは父方祖母がしていた。父母が都内に所在する会社に勤務しており、近郊の自宅に戻るには時間がかかる上、保育園の退出時間には間に合わないという状況であったため、父方祖母が長男を保育園にお迎えに行き、食事と入浴をさせて母親が帰宅するまで遊びの相手もしているという生活だった。父方祖父も勿論のこと理解があり長男のために一緒に遊ぶ等の協力関係があった。しかし、結婚後5～6年を経た頃から、父母間に争いが多くなった。

エリート社員の夫は過激な労働を強いられていた上に、家庭では妻も仕事と育児で神経的に疲れていて緊張しており夫婦の対話がうまく運ばなくなった。その上、夫婦の齟齬は乱暴な言辞ばかりでなく暴力的な行動にも移される事態が発生してきた。夫は一度だけ夫婦間暴力があったと述べているが、妻は2～3回は夫からの暴力があったと主張していた。そのような父母間にあって長男は幼い上に家庭内の緊張状態の影響が及び、また慌ただしい日々の日課のため心身症を発症していた。その様な事態を妻の実母が知ることになり、妻の実母が娘を守るために地方から上京し、妻は子どもを連れて夫の家を出て都内で実母と同居するという行動に出た。夫が出張している時の出来事だったので、帰宅した夫は憤り家庭裁判所への申立てをしたところ、既に妻も離婚調停を提出していた。2人の紛争は家庭裁判所の段階では決着がつかず、地方裁判所で離婚訴訟を行うまでに発展した。その期間に長男に関しては母方祖母が養育に協力することで次第に落ち着きを取り戻して付近の幼稚園に喜んで通うようになり、3歳から始まっていた心身症も回復した。母方祖母は、地方の家に夫が居住しているのだが、そのような不都合を承知で上京した。長男は、母方祖母の温かい養育により心身症から回復し健康な4歳児に成長しつつあることが面接時に観察された。しかし、N県が本来の住居である母方祖母が、いつまでこのような協力を継続できるかが今後の問題にもなるのである。

この事例では父親が一時期は非常に感情的になったが、数ヵ月後には冷静さを取り戻し妻側と話し合う中で父子の面会交流を行う約束が成立した。この夫婦は、1ヵ月に一度の頻度で父子の面会交流を自主的に行えるカップルに変容し、長男もそれを楽しむことのできる子に成長して両性の親からの良い影響を受ける構造ができあがった。2人は「親性」に目覚めるまでに時間がかかった夫妻であるが、次第に成長してお互いの役割の大事さを認識する方向に変化した。この夫婦がこの段階に至るまでに、双方の祖父母の行った援助は多大であった。幼い長男がある程度の年齢になる頃、祖父母たちは高齢化して子育てに積極的には協力できなくなり、長男の養育に関して父母が再び理性的に協議する必要が発生してくると考えられるのだが、この事例の父母の場合には、自己

統制力や現実対処能力もあるので、そのような時にも理性的に対応を考えて相互に検討することができる親性が育てられていると期待したい。高学歴で社会的にも有能なことと、そのような柔軟な対処能力とは必ずしも一致してはいないのだが、この夫婦の場合には、カップルカウンセリングを経る経過で子どもにとっての最善の方法を考える親性が育成されたと考えられ、将来的にも子どもの福祉を優先して生活の仕方について判断をしていく可能性が養われたと言えよう。

第5節　今後の課題

1　親の離婚紛争に子どもを巻き込まないために

　1組のカップルに危機が訪れた場合にその親族の間で様々な動きが始まり、そこに心身ともに健康な当該カップルの親世代がいる場合には孫たちのためにその混乱を収めて、父母のカップル関係を改善するように働きかけるという連携が日本社会には未だ残っている。日本の現状では家族社会学で言われるように、家族の個人化が進行するという程には家族成員は散逸しておらず凝集性が残っており、特に母と娘の関係は密度が濃いと考えられる（柏木・平木，2009）。

　山田（2007）は、成人後に就労していても実家に居住する若者を表現して、「パラサイトシングル」という語を作ったが、そのような現象が見られる程に親子の関係が今も親密である。また、順調に成長し大学や大学院に進学した青年たちにも、更に父母間で紛争状況があってその間で困惑したがそれを克服した子どもたちにとっても、善意の祖父母のサポートによって精神的に支持された経験が、健康な青年たちのインタビュー結果から考察される。

　米国社会は離婚率が高いが、その社会の特性と歴史的に培われてきた家族関係の違いが日本の家族関係とは質的に異なっているので、今後とも日本では別の展開があることが考えられる。従来から米国各州の裁判所で行われてきた離婚しようとする夫婦に対しての「父母教育プログラム」は日本においても有効であると思われるが、裁判所に行く前の段階で、親族や姻族という日本的な社

会資源を上手に用いることができるような「人間力」や「聡明さ」を、若い世代が獲得する必要があると考えられる（棚瀬, 2007；井村, 2007）。いきなりに、家裁の家事調停というのではなく、その前に親族会議などが開かれ、そこで周囲の温かい目や手を借りて、多少の事であれば乗り切ることのできる柔軟性（しなやかさと、強さ）が求められる。しかし、その際に夫婦双方についての自己分化の問題は非常に大切である。祖父母（夫婦の親世代）が助けてくれるから頼ってもよいし、だから離婚しても何とかやっていけるなどの実家への依存的姿勢ではなく、サポートはサポートとして受けるけれども結婚そのものは自分たちの結婚であり、子どもを育てる主体は自分たちであるという自覚を忘れてはならない。依存するということは、それなりの干渉や介入が加わることで、別の困難もかぶるようになる場合もあり、全面的依存は、得策とは言えない。

　また、一定の年齢に夫婦の子どもたちが育っていれば、親の離婚によって片方の親を失うことは子どもの意向に添わないことが多いので、その点についても子の意向を把握する必要がある。一緒に住みたい親はどちらの親か、または大学生になれば親とは一緒には住みたくないし、自分ひとりか友人との生活を選ぶこともできるのである（Wallerstein et al., 2000）。

2　「父母教育プログラム」について

　日本でも幾つかの家庭裁判所で行われており、それは重要な活動と考えられる。米国各州では裁判所内とそれ以外の機関でも、離婚しようとしている父母に「教育プログラム」を施行し各種教材やガイダンスなどを提供してきたが、これは子どものグループに対しても行われているので、有用な活動であると思われる（棚瀬, 2007）。

　日本でも教育し啓蒙する対象者については、家庭裁判所に来たカップルのみでなく、離婚するカップルの9割が協議離婚によっているという実情から考えても多くのヤングアダルト世代により広くこの活動を展開することが有効と考えられる。即ち、事例Bのようにカップルの各々が成長して父母として協力関係がとれるような状態に至ることで、今後に母方祖母のサポートに依存でき

なくなった段階でも子どもの福祉を優先して協調的な対策をカップル間で検討できる関係であることが重要である。更に、既婚の娘や息子の中年夫婦が「離婚の危機」という状況に遭遇している親世代（すなわち子どもにとっての祖父母）に対する啓蒙、また、その危機状況にあるカップル間の子どもの世代に対しての教育が必要であることは勿論である。

　子どもに対しての教育プログラムには、その対象年齢に適合した情報が理解されやすく提示され、子どもから余計な不安や偏見を取り除くような工夫が必要である。そのように適切な情報が時機を見て与えられることによって、子どもの側で必要以上に不安になることや将来を絶望的に考えることも少なくなる。今後にこの用途のための適切な教材や教育プログラムの作成が検討されるべきであると考えている。また、子どもの所属する教育機関におけるスクールカウンセラーや、民間の相談機関（地域住民が気軽に利用できる相談機関）において、上記のような問題に悩むカップルやその子ども、そして祖父母に対しての相談を受けることのできるカウンセラーが増えることも必要である。そのためには、離婚とそれを巡る諸問題に関しての知識や訓練をカウンセラーが受け、この領域に関して育成されることは意味がある。更にクライエントからの各種の質問に対して適切に応答ができ、必要にして十分な情報提供が可能で、かつクライエントの不安を解消して前向きに生活に取り組めるようにサポートできる相談者であることが要請されるので、そのような人材の確保も今後の重要な課題であると考察された。

3　祖父母との面会交流

　上記の事例Aと事例Bに登場した子どもたちについては、これだけ祖母に対して幼い頃に養育を受け愛着を感じていれば、きっと青年期や大人になり進学・就職などで遠くに住むことになっても、時々は面会をしたいと思う子どもがいると考えてもそれは当然の願望であろう。しかし、日本の実務の実情では、祖父母との面会交流についてはこれまでは消極説が強かった。アメリカでは州によっても異なるのだが、面会交流が子どもにとって積極的に子の最善の利益

につながるのであれば容認できるとされ、また、適格な父母の意思に反していなければ、それが認められるというように考えられてきた。即ち、それは父母間に離婚後にも葛藤や紛争があり、そのような父母関係にあるにもかかわらず片側の親の祖父母に会わせることは、子どもの利益には反するという考え方である。

　一方、フランスでは、「父及び母は、重大な理由がある場合を除き、子と祖父母の人間関係を妨げることはできない。当事者間に合意が存在しない場合は、その関係の態様は家事裁判官の判決によって定められる」(民法第371条の4)とあり、積極的な考え方である(棚村, 2002)。祖父母が、親の代理になる程度や期間は限られたものであるが、愛着の基地のひとつになりうることは確かであり、その愛着関係を重視すれば、子どもの意思に反しない範囲での面会交流は許されてしかるべきではないかと考えられる。

　アメリカとフランスにおいては、以上のように祖父母との面会交流について考えられているのだが、日本においては祖父母との面会交流については、まだ消極的である。しかし、将来的には、父方か母方かいずれかの祖父母に対する愛着を子どもが強くもっている場合には、祖父母と子の面会交流については有利に事態を展開するために親が利己的に利用するという策謀が絡まない限りにおいて、自然発生的に起こる面会交流を妨げないことが子の利益につながると考えられる。

引用・参考文献

安部隆夫・樋口昇・山本廣子・森幸一・廣井いずみ・岡本隆之・浅野和之・丹治純子・丹治晋也・中儀香織（2003）．面接交渉に関する父母教育プログラムの試み　家庭裁判月報, **55**, 111-172.

Amato, P.R., Spencer, L.L. & Booth, A.（1995）. Parental divorce, marital conflict and offspring well-being during early adulthood. *Social Forces*, **73**, 895-915.

Anderson, R. & Dartiton, A.（1998）. *Facing it out: Clinical perspective on adolescent disturbance*. London: Gerald Duckworth & Co. Ltd.（アンダーソン，R. & ダーティトン，A., 鈴木龍(監訳)(2000).　思春期を生きぬく─思春期危機の臨床実践─　岩崎学術出版）

Anderson, S.A. & Fleming, W.M.（1986）. Late adolescents' identity formation: Individuation from the family of origin. *Adolescence*, **21**, 785-796.

Anne-Ring, P. & Marike, V.（2009）. Parental divorce and sibling relationships -A research note-. *Journal of Family Issues*, **130**, 74-79.

青木省三（2002）．思春期の心の臨床　金剛出版.

Arnold, L. E. & Caranahan, J. A.（1990）. Child divorce stress. Arnold, L.E.（Ed.）, *Childhood stress*. A Wiley-Interscience Publications John Wiley & Sons, Inc., pp.373-403.

Balfour, A.（2005）. The couple, their marriage, and Oedipus: or, problems come in twos and threes. In Grier, F.（Ed.）*Oedipus and the couple*. Karnac Books Ltd., pp.20-41.

Barnes, G. G.（1999）. Divorce transition: Identity risk and promoting resilience for children and their parental relationships. *Journal of Marital and Family Therapy*, **25**, 425-441.

Barth, J. C.（2004）. Grandparents dearling with the divorce of their child—Tips for grandparents and therapists—. *Comtemporary Family Therapy*, **26**, 41-44.

Benson, M.J., Harris, P.B. & Rogers, C.S.（1992）. Identity consequences of attachment to mothers and fathers among late adolescents. *Jounal of Research on Adolescence*, **2**, 187-204.

Bing, N.M., Nelson, W.M. & Wesolowski, K.L.（2009）. Comparing the effects of amount of conflict on children's adjustment following parental divorce. *Journal of Divorce & Remarriage*, **50**, 159-171.

Blos, P.（1962）. *On adolescence*. New York: Free Press.（ブロス，P., 野澤栄治(訳)（1971）．青年期の精神医学　誠信書房）

Bowlby, J.（1969,1981）. *Attachment and Loss:vol.1;Attachiment*. Hogan, London.（黒田実郎・大羽康・岡田洋子・黒田聖一（訳）（1991）．母子関係の理論1愛着行動　岩崎学術出版社）

Brade, P. & Marion, F.E.（2008）. The influence of parental separation and divorce on father-child relationships. *Journal of Divorce & Remarriage*, **49**, 78-109.

Bradshaw, C., Sudhinaraset,M.M., Mari,K. & Blum,R.W.（2010）. School transitions among military adolescents : A quantitative study of stress and coping. *School Psychology*

Review, **39**(1), 84-104.
Breivik, K., Olweus, D. & Endersen, I. (2009). Does the quality of parent-child relationships mediate the increased risk for antisocial behavior and substance use among adolescents in single-mother and single-father families? *Journal of Divorce & Remarriage*, **50**, 400-426.
Bush, N.F. (1993). Links among adolescent reconstructions of early family experiences and current identity development. *Dissertation Abstracts International*, **54**, 3358.
Chambers, J.C. (2005). Stregths for coping with family conflict. *Reclaiming Children and Youth*, **14**(2),107-111.
Chiland,C. (2008). Gender identity, In Chiland,C., *Sex make the world go round*. Karanac Books London, pp.20-41.
Constance, A. (2004). *We're still family*. Sandra Dijkstra Literary Agency. （コンスタンス, A., 天富俊雄他（共訳）寺西のぶ子（監訳）（2006）. 離婚は家族を壊すか—20年後の子どもたちの証言— バベル・プレス）
Davern,M.T., Steiger,P.K. & Luk,E.S. (2005). Adolescent and parental perception of interparental conflicts. *Journal of Applied psychology*, **1**(2), 20-25.
Davila,J., Stroud,C.B., Starr,L.R., Miller,A.,Yonda,A. & Hershenberg,R. (2009). Romantic and sexual activities, parent-adolescent stress, and depressive symptoms among early adolescent girls. *Journal of adolescence*, **32**,909-924.
Deeken, A. (1992). 家族関係における喪失体験と悲嘆への援助 家族心理学年報, **10**, 3-18.
土肥伊都子（1996）. ジェンダーアイデンティティ尺度の作成 教育心理学研究, **44**, 187-194.
土肥伊都子（2008）. 女性と男性のステレオタイプ 青野篤子・赤澤淳子・松並知子（編）ジェンダーの心理学ハンドブック ナカニシヤ出版 pp.97-109.
Drew,L.A. & Smith,P.K. (1999). The Impact of Parent Separation /Divorce on Grandparent-Grandchild Relationships. *Journal of Agimg and Human Development*, vol 48 (3), 191-216.
Ehrenberg, M. F. & Smith, S. L. (2003). Grandmother-grandchild contacts before and after an adult daughter's divorce. *Journal of Divorce & Remarriage*, **39**, 27-43.
Elizabeth, S.T. & Jeffrey, Z. (2001). *The Co-parentig Survival Guide : Letting Go of Conflict after a Difficult Divorce*. New Harbinger Publications. （青木聡（訳）（2010）. 離婚後の共同子育て：子どもの幸せのために 星雲社）
Erikson, E.H. (1959). *Identity and the life cycle*. International University Press. （エリクソン, E.H., 小此木啓吾（訳）（1973）. 自我同一性—アイデンティティとライフサイクル—誠信書房）
Erikson, E.H. & Erikson, J.M. (1997). *The life cycle completed*. London: W.W. Norton & Company. （エリクソン, E.H. & Erikson, J.M., 村瀬孝雄・近藤邦夫（訳）（2009）. ライフサイクル、その完結 みすず書房 pp.75-76）
Fesco,G.& Grych,J.H. (2010). Adolescent traigulation into parental conflicts: Adolescent-

parent relation. *Journal of marriage and Family*, **72** (2), 1-22.

Flook,L.& Fulini,A.J. (2008). Family and school spillover in adolescents' daily lives. *Children Development*, **79**(3), 776-787.

藤掛明 (2002). 非行カウンセリング　金剛出版.

藤野京子 (2008). 女子少年における非行少年の心理療法　精神療法, **34**, 50-56.

藤田博康 (2009). 夫婦間葛藤と家族ストレス　家族心理学年報, **27**, 94-104.

福島章 (1999). イメージと心の癒し　金剛出版.

Gardner,R.A., 深沢道子(訳) (1980). パパとママの離婚　社会思想社.

Goff, B., 日野智恵・日野健(訳) (2006). パパどこにいるの？　絵本シリーズ　パパとママが別れるとき　明石書房.

Goldstein, J., Frued,A. & Solnit, A.J. (1973). *Beyond the best interests of the child*. New York: The Free Press. (ゴールドスタイン, J., フロイト, A. & ソルニット, A.J., 島津一郎 (監訳) (1990). 子の福祉を超えて　岩崎学術出版)

原田和典 (2006). 青年期における自己対象関係による支えについての実証的研究―半構造化面接によるふりかえりから　青年心理学研究, 18巻, 19-40.

林もも子 (2010). 思春期とアタッチメント　みすず書房.

Henderson,C.E.,Hayslips,B.J.,Sanders,L.M.&Louden,I. (2009).Grandmother-grandchildren relationships quality predicts psychological adjustment among youth from divorced families. *Journal of Family Issues*,**30**, 1245-1260.

Henggerler,S.W., Schoewald,S.K.,Borduin,C.M., Rowland,M.D. & Cunningham,P.B. (1998). *Antisocial behavior in children and adolescents*. A Division of Guilford Publications New York.

Hetherington, E.M. (1989). Coping with family transition: Winners, losers, and survivors. *Child Development*, **60**, 1-14.

Hetherington,E.M. & Clingempeel,W.G. (1992). Coping with marital transitions. *Morographs of the Society for Research in Child Development*, **57**, 2-3.

Hetherington,E.M., Bridges,M. & Isabella,G.M. (1998). What matters? What does not? Five perspectives on the association between marital transitions and children's adjustment. *Americam Psychologist*, **53**, 167-184.

Hetherington,E.M. (2003). Social support and the adjustment of children in divorce and remarried families. *Childhood*, **10**(2), 217-236.

飛田操・狩谷桂子 (1992). 両親の仲の良さの認知と親子関係　福島大学教育学部論集, **51**, 55-63.

平木典子 (2000). 夫婦面接―その留意点、工夫点―：家族療法多世代理論の視点から　ケース研究, **262**, 20-39.

平木典子 (2004). 夫婦臨床にみえる日本の家族―ジェンダーアイデンティティの混乱から追究へ―　柏木恵子・高橋恵子 (編) 心理学とジェンダー　有斐閣　pp.209-214.

平山順子（2002）．中年期夫婦の情緒的関係―妻からみた情緒的ケアの夫婦間対称性―　家族心理学研究, **16**, 1-12.

平山順子・柏木恵子（2001）．中年期夫婦のコミュニケーション態度　発達心理学研究, **2**, 216-227.

廣井亮一（2005）．司法臨床入門　日本評論社.

廣井亮一（2008）．非行治療に向けてのシステムズ・アプローチ　精神療法, **3**, 34-40.

堀田香織（2009）．親の離婚を体験した青年の語り　心理臨床学研究, **27**, 40-52.

池田由子（1994）．離婚は子どもたちにどのような影響を与えるか　イマーゴ, **5**, 44-54.

生島浩・岡本吉生・廣井亮一（2011）．非行臨床の新潮流―リスクアセスメントと処遇の実際　金剛出版.

井村たかね（1990）．夫婦の危機への介入とロールシャッハ法　ロールシャッハ研究, **32**, 21-35.

井村たかね（1990）．暴力的な夫と家出を繰り返す妻―離婚と子どもの福祉―　心理臨床3巻4号, 307-316.

井村たかね（1995）．夫婦間および親子間の葛藤と女子少年の非行　心理臨床学研究, **13**, 157-168.

井村たかね（2000）．離婚後の母親の女性性および母性性の変化と女子少年の非行　家族療法研究, **17**, 49-59.

井村たかね（2001）．青年期危機への介入　近代文芸社.

井村たかね（2002）．父母の離婚と児童虐待　子どもの虐待とネグレクト, **4**, 317-323.

井村たかね（2003）．児童虐待と少年非行　家族問題相談研究　聖徳大学家族問題相談センター紀要, **2**, 31-41.

井村たかね（2004）．青年期の治療におけるコラージュの活用　家族問題相談研究　聖徳大学家族問題相談センター紀要, **3**, 3-12.

井村たかね（2007）．家族臨床心理学の視点　北樹出版.

稲葉昭英（2003）．結婚・再婚とメンタルヘルス　ケース研究, **276**, 3-23.

猪股丈二（1997）．離婚と子ども　季刊精神療法, **23**, 41-47.

乾吉佑（2008）．思春期・青年期の精神分析的アプローチ―出会いと心理臨床―　遠見書房.

石井千賀子・福山和女（2009）．自死家族の痛みを理解し，援助するために家族の歴史を活かす　精神療法, **35**, 16-25.

石川義博（2007）．非行少年と治療と矯正　金剛出版.

石川義博（2008）．犯罪・非行研究の歴史的展望―原因論と精神療法―　精神療法, **34**, 133-141.

石川義博・長谷川直美（1994）．矯正精神医学から見た現代社会における女性性の変化と少年非行　犯罪学雑誌, **60**, 7-15.

石坂好樹（1990）．児童青年精神医学における現代家族の問題点　児童精神医学とその近接領域, **31**(2), 4-29.

磯尾俊明（2011）．面会交流事件と間接強制について―最近の裁判例の紹介を中心として―　ケース研究, **308**, 138-160.

伊藤裕子（1995）．女子青年の職歴選択と父母の養育態度　青年心理学研究, **7**, 15-29.

伊藤裕子（2001）．性差覚醒状況におけるジェンダー・ステレオタイプ　心理学研究, **72**, 443-449.
伊藤裕子（編著）（2006）．ジェンダーアイデンティティ―揺らぐ女性像―ジェンダー・アイデンティティ　現代のエスプリ別冊　至文堂．
Ivey,A. (1971). Microcounseling: Innovations in interviewing training. Springfield Illinois.（アレン・E・アイビイ, 福原真知子（訳編）（1985）．マイクロカウンセリング　川島書店）
Jekielek, S.M. (1998). Parental conflict, marital disruption and children's emotional well-Being. *Social Forces*, **76**, 905-935.
次良丸睦子・五十嵐一枝（2001）．保育カウンセリング　金子書房．
Karlter, N. (1989). *Growing up with divorce-Helping your child avoid immediate and emotional problems-*. Free Press.（カルター，E., 北川玲（訳）（2009）．離婚と子どものこころ―わが子を守る実例集―　創元社）
神村栄一・海老原由香・佐藤健二・戸ケ崎泰子・坂野雄二（1995）．対処方略の三次元モデルの検討と新しい尺度（TAC―24）の作成　教育心理学研, **33**, 41-47.
柏木惠子（1974）．青年期における性役割行動の認知（第三研究）　教育心理学研究, **22**, 205-215.
柏木惠子・高橋惠子（2003）．心理学とジェンダー　有斐閣．
柏木惠子・平木典子（2009）．家族のこころはいま　東京大学出版会．
Kate, C.M. (2005). Late adolescent identity development: Narrative meaning making and memory telling, *Developmental Psychology*, **41**, 683-691.
家庭問題情報センター（2008）．共同監護について考える　ふぁみりお, **44**, 6-7.
Kathryn, L.C., Sandra, H., Arnold, I.S. & Lisa, S. (2008). Paired maternal and paternal parenting styles, child custody and children's emotional adjustment to divorce. *Journal of Divorce and Remarriage*, **48**, 1-20.
河野荘子（2009）．Resilience Processとしての非行からの立ち直り―モデルの提案―　犯罪心理学研究, **47**, 193-194.
Keller, P.S., Cummings, E.M. & Petersom,K.M. (2009). Marital conflict in the context of parental depressive symptom: Implication for the development of children's adjustment problems. *Social Development*, **18**, 536-555.
Kernberg, O.F. (1980). *Internal World and External Reality*. New York: Janson Aronson Inc.（カーンバーグ,O.F., 山口泰司（監訳）（2002）．内的世界と外的現実　pp.363-368）
木部則雄（2006）．こどもの精神分析―クライン派・対象関係論からのアプローチ―　岩崎学術出版社．
木部則雄（2008）．子供の精神分析での両親の行動化　精神分析研究, **52**, 374-384.
木部則雄（2011）．クライン派の精神分析入門第8回「海辺のカフカ―現代人のメンタリティ、そしてエディプス―」　臨床心理学, **11**, 596-602.
清永賢二（1999）．少年非行の世界　有斐閣選書．
小林和（1991）．精神分析の立場から見た青年期治療　馬場謙一（編）青年期の精神療法　金剛出版　pp.288-300.

厚生労働省（2010）．結婚と出産に関する全国調査—夫婦関係の調査概要　国立社会保障・人口問題研究所．
子安増生（1992）．キーワード・コレクション発達心理学　新曜社．
厚生労働省（2012）．人口動態統計　平成 21 年度離婚に関する統計．
Kraaij,V., Garnefski,N., Erik,J.W., Dijkstra,A., Gebhardt,W., Maes,S. & Laura, T.D. (2003). Negative life events and depressive symptoms in late adolescence: Bonding and cognitive coping as vulnerability factor? *Journal of Youth and Adolescence*, **32**(3), 183-193.
Kroger,J., Martinusser,M. & Marcia,J.E. (2010). Identity status change during adolescence and young adulthood: A meta-analysis. *Journal of adolescence*, **33**, 683-698.
黒沢香・村松励（2012）．非行・犯罪・裁判　キーワード心理学シリーズ 9　新曜社．
Kyrre, B., Dan,O. & Inger, E. (2009). Does the quality of parent-child relationships mediate the increased risk for antisocial behavior and substance use among adolescents in single-mother and single-father families? *Journal of Divorce & Remarriage*, **50**, 400-426.
Lansky, V. (2005). *It's Not Your Fault, Koko Bear*. Book Peddlers.（ランスキー，V., 中川雅子（訳）(2004)．ココきみのせいじゃない　太郎次郎社エディタス）
Linda,A.D., Peter,K.S. (1999). The Impact of Parental Separation/Divorce on Grandparent-grandchild Relationships. *Journal of Aging and Human Development*, **43**(3), 191-216.
前原武子・金城育子・稲谷ふみ枝（2000）．孫娘と kin-keep としての母方祖母　琉球大学教育学部紀要，**56**, 359-367.
Malanie,T.D., Petra,K.S. & Ernest,S.L. (2005). Adolescent and parental perception of interparental conflict. *Journal of Applied psychology: Social Section*, **1**(2), 20-25.
Mannoni, M. (1965). *Le premier rendez-vous avec le psychoanalyste*. Paris: Denoël/Gonthier.（マノーニ，M., 山口俊郎（訳）(1978)．子どもの精神分析　人文書院）
Marius,K.N. et al. (2005). Aggressive female youth benefit from outpatient family therapy : A randomaized,prospective,controlled trial Pediatrics International, **47**, 167-171.
Markland, S.R. & Nelson, E.S. (1993). The relation between familial conflict and the identity of young adults. *Journal of Divorce & Remarriage*, **20**, 193-209.
Marty,F. (Ed.), (2002). *Le jeune delinquent*. Desir/Payot.
Marty,F. & Charjou,J.Y. (2006). Identite et identification a l'adolescence. *Pedopsychiatrie*, **37**, 213-228.
松田文雄（2001）．青少年犯罪や暴力と行為障害　精神療法，**27**, 42-52.
松岡努（2004）．レジリアンスと創造的な退行について　家族問題研究　聖徳大学家族問題相談センター紀要，**2**, 11-19.
松木邦裕（2010）．対象関係論を学ぶ—クライン派精神分析入門　岩崎学術出版社．
皆川邦直（1990）．親であること、子であること　女子パウロ会．
皆川邦直（2000a）．思春期の精神発達の鍵となる親子関係　慶應義塾看護短期大学紀要，**10**, 34-37.

皆川邦直（2000b）．児童青年精神医学の課題　精神医学，**42**, 171-178.
皆川邦直（2006）．治療における超自我の理解　精神分析研究，**50**, 234-241.
Missotten,L.C., Luyckx,K., Branje,S., Vanhalst,J. & Goossens,L. (2010). Identity style and conflict resolution styles : Association in mother-adolescent dyads. *Journal of Youth and Adolescence*, **23**, 1-8.
宮下一博・大野朝子（1997）．青年期の集団活動とアイデンティティ　千葉大学教育学部紀要Ⅰ教育科学編，**45**, 7-14.
宮下一博・杉村和美（2008）．大学生の自己分析　ナカニシヤ出版．
宮下一博・松島公望・橋本広信（2009）．ようこそ！青年心理学　ナカニシヤ出版．
水本深喜（2010）．青年期から成人期における母娘関係の世代間変化と世代間伝達　家族心理学研究，**24**, 103-115.
水田一郎（2005）．恋愛・結婚・離婚の心理学　こころの科学，**122**, 56-62.
文部科学省（2011）．平成22年度児童生徒の問題行動等生徒指導上の諸問題に関する調査．
Morgan,M. (2005). On being able to be a couple: the importance of a creative couple in psychic life. In Grier,F. (Ed.), *Oedipus and the couple*. Karnac Books Ltd.,pp.9-30.
諸井克英（1996）．家庭内労働の分担における衡平性の知覚　家族心理学研究，**10**, 15-30.
諸井克英（1997）．子どもの目から見た家庭内労働の分担の衡平性　家族心理学研究，**11**, 69-81.
諸井克英（2003）．夫婦関係学への誘い　ナカニシヤ出版．
諸井克英（2005）．女子青年における父親と母親からの影響認知　同志社女子大学学術年報，**56**, 89-95.
村松励（2002）．少年非行・最近の動向　臨床心理学，**2**, 154-162.
村瀬嘉代子（2003）．統合的心理療法の考え方　金剛出版．
室田洋子（1995）．家族の生活とその発達―思春期・青年期の発達と家族　金田利子・岡野雅子・室田洋子（編著）生活者としての人間発達　家政教育社．
Myers,J.E. & Perrin,N. (2001). Grandparents Affected by Parental Divorce : A Population at Risk？ *Journal of Counseling & Development*, vol.72, 62-66.
中村伸一（2011）．家族・夫婦臨床の実践　金剛出版．
中村伸一（1997）．家族療法の視点　金剛出版．
Natasha, S. et al. (2006). Predictor of Substance Use And Family Therapy Outcome Among Physically And Sexual Abused Runaway Adolescents. *Journal of Marital and Family Therapy*, **32**(3), 261-281.
日弁連法務研究財団　離婚後の子どもの親権及び監護に関する比較法的研究会（編）(2007)．子どもの福祉と共同親権　別居・離婚に伴う親権・監護法制の比較研究　日本加除出版．
Nickel, M.K., Nickel, C., Leiberich, P., Tritt, K., Mitterlehner, F.O., Lahmann, C., Rother, W.K. & Loew, T.H. (2005). Aggressive female youth benefit from outpatient family therapy : A randomized ,prospective controlled trial. *Pediatrics international*, **47**, 167-171.
Nicol, M.B., Nelson Ⅲ ,W.M. & Kelly, L.W. (2009). Comparing the effects of amount of

conflict on children's adjustment following parental divorce. *Journal of divorce & Remarriage*, 50, 159-171.

野田愛子（1997）．親の離婚の子どもに及ぼす長期的影響―ワラースタイン教授の研究から―　ケース研究，256, 2-14.

布柴靖枝（2009）．中年期における夫婦（カップル）ストレス　家族心理学年報，27, 54-67.

小田切紀子（2004）．離婚した母親の家庭状況の類型から見た心理的適応　心理臨床学研究，21, 621-629.

小倉清（2001）．子どものこころ．慶應義塾大学出版会．

岡田努（2002）．現代大学生のふれ合い恐怖的心性と友人関係の関連についての考察　性格心理学，10, 69-84.

岡本佑子（2004）．女性のアイデンティティ発達に関する研究の発展　岡本佑子(編)　女性の生涯発達とアイデンティティ　北大路書房　pp.7-8.

小此木啓吾（1977）．モラトリアム人間の時代　中央公論新社．

大橋秀夫（2008）．医療初年院におけるグループミーティングの経験から　精神療法，34, 171-179.

大野恵美・岡田まみ子・濱野昌彦（2010）．PAS理論の概要と家裁調査官関与にヒント　家調協・研究展望，38, 41-52.

大野祥子（2006）．母と娘　伊藤裕子(編)　現代のエスプリ別冊　ジェンダーアイデンティティ―揺らぐ女性像―　至文堂　pp.178-190.

大島聖美（2009）．妻から夫への信頼感が青年期後半の娘の心理的健康に与える影響　発達心理学研究，20, 351-361.

太田垣章子・榊原富士子・新川てるえ・二宮周平・本沢巳代子　NPO法人WINK(編)（2008）．離婚家庭の子どもの気持ち　日本加除出版．

Peters, B., Ehrenberg, M.F. (2008).The Influence of Parental Separetion and Divorce on Father-Child Relationships. *Journal of Divorce & Remarriage*, 49, 78-109.

Poortman, A.R., Voorpotel, M. (2009). Parental Divorce and Sibling Relationships: A research note. *Journal of Family Issues*, 30, 79-91.

Rabionwitz, V.C. & Martin, D. (2001). Choice and consequences: Methodological issues in the study of gender. In Unger, R. K. (Ed.), *The handbook of the psychology of women and gender*. New York: Wiley & Sons.

Roufes, E.E. (Ed.) (1981).*The Kids' Book OF Divorce By ,For, And About Kids*. The Lewis Publishing Company.（ローフス，E., 円より子(訳)（1982）．子どもが書いた離婚の本　コンパニオン出版）

Rustine,M. & Quagliata,E. (2000). *Assessment in child psychotherapy*. Karnac Books Ltd.

Ruszczynski,S. (2005). Reflective space in the intimate couple relation: The marital triangl. In Grier,F. (Ed.)(2004). *Oedipus and the couple*. Karnac Books Ltd., pp.31-48.

齊藤万比呂（2008）．行為障害概念の歴史的展望と精神療法　精神療法研究，34, 3-12.

坂野雄二・大島典子・冨家直明・嶋田洋徳・秋山香澄・松本聡子 (1995). 最近のストレスマネイメント研究の動向　早稲田大学人間科学研究, **8**, 121-141.
佐々木友昭・根岸保子 (2011). 子を巡る紛争における調査官関与の工夫—当事者助言用DVDビデオを使用した親教育プログラムの定着とその効用の検証—　家裁調査官協議会「研究展望」, **39**, 36-46.
佐々木敏明 (2007). それでも青年は荒野をめざす　思春期青年期精神医学, **17**, 109-115.
佐藤篤司・皆川邦直 (2007). 児童・思春期の親治療について　思春期青年期精神医学, **17**, 137-150.
Schmideberg, M. (2002). Traitment psychanalytique d'enfants et d'adolescentsasociaux. In Marty, F. (Ed.) (2002). *La jeune delinquent*. Desir Payot, pp.235-250.
瀬地山葉矢 (2007). 両親の離婚を体験した女児とのプレーセラピー　精神分析研究, **51**, 12-19.
関谷秀子 (2003). 男性と付き合いたいが付き合えない青年期女性の精神療法　精神分析研究, **47**, 74-78.
Shalini, A. & Ahalya, R. (2005). Marital conflict among parents : Implications for family therapy with adolescent conduct disorder. *Contemporary family therapy*, **27**, 473-482.
下坂幸三 (1999). 家庭内暴力に対する応急の対応について　家族療法研究, **16**, 63-67.
下山晴彦 (1986). 大学生の職業未決定の研究　教育心理学研究, **34**, 20-30.
下山晴彦 (1992). 大学生のモラトリアム下位分類の研究—アイデンティティの発達との関連で—　教育心理学研究, **40**, 121-129.
下山晴彦 (2007). 近年の大学の変化と学生相談の役割　精神療法, **33**, 541-546.
新川てるえ (2011). 子連れ再婚を考えた時に読む本　太郎次郎社エディタス.
Slesnick, N., Bartle-Haring, S. & Gangamma, R. (2006). Predictor of substance use and family therapy outcome among physically and sexually abused runaway adolescents. *Journal of Marital and Family Therapy*, **32**, 261-281.
管佐和子 (1998). 思春期女性の心理療法　創元社.
杉村和美 (2005). 女子青年のアイデンティティ探求—関係性の観点から見た2年間の縦断研究—　風間書房.
須永和宏 (2005). 子どもたちのメンタリティ危機　慶應義塾大学出版会.
鈴木可奈子・德田智代 (2009). 夫婦関係および家族システムの機能状態が青年期の不安に及ぼす影響　家族心理学研究, **23**, 1-11.
舘哲朗 (2001). 青年期接食障害患者に対する力動的治療の実際　精神療法, **27**(6), 19-26.
高橋靖恵 (2009). 青年期問題と家族ストレス　家族心理学年報, **27**, 42-53.
武智優子 (2008). 思春期・青年期とジェンダー　青野篤子・赤澤淳子・松並知子(編)　ジェンダーの心理学ハンドブック　ナカニシヤ出版　pp.20-36.
棚村政行 (2002). 祖父母の面接交渉　判例タイムズ　**1100**, 76-77.
棚瀬一代 (2007). 離婚と子ども　創元社.
棚瀬一代 (2010). 離婚で壊れる子どもたち　光文社.
谷冬彦 (2008). アイデンティティ形成と性同一性　臨床心理学研究, **8**, 330-335.

鑪幹八郎・宮下一博・岡本祐子（1997）．アイデンティティ研究の展望Ⅳ　ナカニシヤ出版．
鑪幹八郎・岡本祐子（2002）．アイデンティティ研究の展望Ⅵ　ナカニシヤ出版．
寺戸由紀子（1994）．離婚と面接交渉　イマーゴ，**5**, 121-129.
寺戸由紀子・井村たかね（1989）．最近の面接交渉の実態と調停及び調査官活動　ケース研究，**218**, 152-169.
Thayer, E. & Zimmerman, J. (2001). *The co-parenting survival guide : letting go of conflict after a difficult divorce.* New Harbinger Publications.（セイアー，E. & ツィンマーマン,J. 青木聡(訳) (2010)．離婚後の共同子育て　コスモスライブラリー）
Thomson, L.R. & Roberts, J.M. (2009). Parental divorce and college students: The impact of family unpredictability and perceptions of divorce. *Journal of Divorce & Remarriage*, **50**, 248-259.
徳永祥子（2011）．非行臨床におけるライフストーリーワークの実践　子どもの虐待とネグレクト，**13**(1),111-120.
Tolman, D. & Barown, L. (2001). Adolescent girls' voice: Resonating resistance in body and soul. In Unger, R. (Ed.), *The handbook on the psychology of women and gender.* New York: Wiley & Sons.
津田尚子（2003）．母親相談として開始された一女性の心理面接過程　精神分析研究，**47**, 67-71.
Tyson, P. & Tyson, R.L. (1990). *Psychoanalytic theories of development.* London: Yale University Press. (Tyson, P. & Tyson, R.L., 皆川邦直・山科満(監訳) (2008)．精神分析的発達成論の統合　岩崎学術出版社）
Umberson, P. & Chrstihel, W. (1993). Divorced father: Parental role strain and psychological distress. *Journal of Family Issues*, **14**, 278-400.
Unger, R.K. (2001). *Handbook of the psychology of women and gender.* New York: John Willy & Sons, Inc.（アンガー ,R.K., 日本心理学会ジェンダー研究会(訳) (2004)．女性とジェンダーの心理学ハンドブック　北大路書房）
瓜生武（2004）．家族関係学入門　日本評論社．
牛島定信（2012）．現代青年かたぎ 2012　精神療法，**38**, 5-11.
Waddell, M.(2005)．Comming into one's own: The Oedipus complex and the couple in late adolescence. Grier,F. (Ed.), *Oedipus and the couple.* Karnac Books Ltd., pp.73-100.
Waddell, M. (2008).Assessing adolescents: Finding a space to think. In Rustin,M. & Quaglata,E. (Eds.), *Assessment in child psychotherapy.* London: H Karnac Books Ltd.（ワデル ,M. (2007)．思春期のアセスメント―考える空間を探して―　ラスティン,M. & カグリアータ ,E.(編), 木部則雄(監訳)　こどものこころのアセスメント―乳幼児から思春期の精神分析アプローチ―　岩崎学術出版社　pp.172-191）
Wadsworth,M.E. & Berger,L.E. (2006). Adolescents coping with poverty-related family stress: Prospective predictors of coping and psychological symptoms. *Journal of Youth and Adolescence*, Vol.35, **1**, 57-70.

若林昌子（1998）．子の監護をめぐる若干の問題　ケース研究，**223**, 134-143.

若林昌子（2012）．子の監護法制の動向と現代化への課題―面会交流の実務、国際間の子のハーグ条約問題を中心に　法律論叢，**84**, 499-525.

Wallerstein, J.S. (1988). Woman after divorce: Preliminary report from a ten-year follow-up. *American Journal of Orthopsychiatry*, **56**, 65-77.（ウォラースタイン，J., 五味淵久美子（訳）（1994）．離婚後の女性たち―10年間のフォローアップによる予備報告―　イマーゴ，**5**, 56-69）

Wallerstein, J.S. (1990). 江副智子（訳）　重荷を背を負わされた子ども―離婚の長期的影響―精神分析研究，**34**(2),111-120.

Wallerstein, J.S. (2005). Growing up in the divorced family. *Clinical Social Work Journal*, **33**, 401-418.

Wallerstein, J.S. & Kelley, J.B. (1980). *Surviving the breakup*. New York: Basic Book.

Wallerstein, J.S. & Blakeslee, S. (1989). *Second Chances*. Tickor & Fields. Inc.（高橋早苗（監訳）（1997）．セカンドチャンス　草思社）

Wallerstein, J.S, Balvedeere, C.A. & Rasnikoff, D. (1997). Parental divorce and developmental progression. *International Journal of Psycho-Analysis*, **78**, 135-154.

Wallerstein, J.S, Lewis, J. & Blakeslee, S. (2000). *The unexpected legacy of divorce-A 25 year landmark study-*. New York: Harperion.（ウォラースタイン，J., ルイス，J. & ブレイクスリー，S., 早野依子（訳）（2001）．それでも僕らは生きていく―離婚・親の愛を失った25年間の軌跡―　PHP出版）

Warfield, J.W. (1993). Late adolescent identity: Parents adolescent attachment and differentiation. *Dssertation Absstracts International*, **57**, 107.

渡部信吾（2010）．子の監護を巡る親教育プログラムについて―米国ネブラスカ州ダグラス郡の実情―　ケース研究，**303**, 225-237.

渡辺久子（2000）．思春期の子どものこころ　慶應義塾看護短期大学紀要，**10**, 4-16.

Wesolowski, K.L., Nelson, W.M. & Bing, N.M. (2008). Relationship components and nature of postdivorce parenting responsibilities among individuals going through a divorce. *Journal of Divorce & Remarriage*, **49**, 258-271.

Willi, J. (1975). *DIE ZWEIERBEZIEHUNG*. Rowohlt Verlag Gmbh.（ヴィリィ，J., 中野良平・奥村満佐子(訳)（1985）．夫婦関係の精神分析　法政大学出版局）

Willi,J. (1996). *Okologishe Psychoterapie*.Hogrefe.（ヴィリィ，J., 奥村満佐子(訳)(2006)．エコ心理療法　―関係生態学的治療―　法政大学出版局）

Winnicott,W. (1984). *Deprivation and delinquency*. Mark Paterson associates.（ウィニコット.W., 西村良二（監訳）（2005）．愛情剥奪と非行　岩崎学術出版社）

山田昌弘（2007）．希望格差社会　ちくま文庫．

山田昌弘・塚崎公義（2012）．家族の衰退が招く未来　東洋経済新報社．

山口恵美子（2010）．面会交流と子どもの心―子の福祉にかなった面会交流を願って―　社団

法人家庭問題情報センター.

山口義枝・青木紀久代・滝口俊子・斎藤謁・小田切紀子（2011）．新訂　乳幼児・児童の心理臨床　放送大学教育振興会．

山本晃（2010）．青年期の心の発達—ブロスの青年期論とその展開—　星和書房．

山本誠己（2011）．　少年事件・家事事件と縦断的研究—非行少年と離婚家庭の子どもたちのその後—　家裁調査官協議会「研究展望」，**39**, 93-107.

山内俊雄（2007）．性同一性障害を通して、男らしさ・女らしさを考える　榎本博明（編）現代のエスプリ別冊　セルフ・アイデンティティ—拡散する男性像　至文堂　pp.251-261.

Yongmin, S. & Yuanzhang, L. (2002). Children's well-being during parents' marital disruption process: A pooled time-Series analysis. *Journal of Marriage and Family*, **64**, 472-488.

吉川和男・富田拓郎・大宮宋一郎（2008）．少年犯罪・非行の精神療法—マルチシステミックセラピーによるアプローチ—　精神療法，**34**，306-313．

百合草貞二（2007）．アイデンティティ概念は現代の若者の＜生の実感＞を伝えきれるのか？　心理科学，**28**(1)，85-94．

〈著者略歴〉

井村たかね

聖徳大学心理・福祉学部心理学科、同大学院臨床心理学研究科教授
臨床心理士、神奈川県出身
上智大学大学院文学研究科臨床心理学専攻博士前期課程修了
1975年から2002年まで家庭裁判所調査官として家庭裁判所に勤務
2002年から現職
1979年～1981年、パリ第5大学第3期博士課程に留学　博士（心理学）
専門は、家族臨床、カウンセリング、司法臨床　等
著書に、『家族臨床心理学の視点』（単著）、『よくわかる家族心理学』（共著）、『ファミリーカウンセリングQ&A』（共著）、『青年期危機への介入』（単著）、論文では、「最近の面接交渉の実態と調停及び調査官活動」（ケース研究218号）、「外国人少年の調査方法」（家裁月報46巻6号）、「少年事件の実務から見た異文化葛藤」（ケース研究 214号）、「夫婦間・親子間の葛藤と女子少年の非行」（心理臨床学研究13巻2号）、「離婚後の母親の女性性および母性性の変化と女子少年の非行」（家族療法研究17巻2号）、「父母の離婚と児童虐待」（子どもの虐待とネグレクト4巻2号）　など

家族のための臨床心理学——子どもの福祉の立場から家族を援助する方法——

2012年9月25日　初版第1刷発行

著　者　井村たかね

発行者　木村　哲也

定価はカバーに表示　　印刷　みずほ企画印刷／製本　新里製本

発行所　株式会社　北樹出版
URL：http://www.hokuju.jp
〒153-0061　東京都目黒区中目黒1-2-6
電話 (03)3715-1525(代表)　FAX (03)5720-1488

© Takane Imura 2012, Printed in Japan ISBN 978-4-7793-0344-9
（落丁・乱丁の場合はお取り替えします）